Josef Lauter · Methodik der Grundschulmathematik

Josef Lauter

Methodik
der
Grundschulmathematik

Auer Verlag GmbH

Meiner Frau Maria

Gedruckt auf umweltbewusst gefertigtem, chlorfrei gebleichtem
und alterungsbeständigem Papier.

8., überarbeitete Auflage. 2001
Nach der Neuregelung der deutschen Rechtschreibung
© by Auer Verlag GmbH, Donauwörth
Alle Rechte vorbehalten
Gesamtherstellung: Ludwig Auer GmbH, Donauwörth
ISBN 3-403-0**1029**-5

Inhaltsverzeichnis

1. Vorwort

Wer sich daran macht, ein Buch zu schreiben, stellt sich, wie auch immer, auf einen möglichen und vorgestellten Leserkreis ein, dessen Erwartungen er erfüllen will. Der Leserkreis dieses Buches besteht selbstverständlich aus Grundschullehrerinnen und Grundschullehrern, sowie Studentinnen und Studenten des Lehramtes für Grundschulen. Allerdings ist dieser Kreis nicht homogen. Ein Teil der Lehrerinnen und Lehrer hat die fundierte fachmathematische und -didaktische Ausbildung an einer Universität oder Pädagogischen Hochschule, andere aber haben in ihrer Ausbildung nur wenig oder gar nichts von einer neueren Mathematikdidaktik gehört, müssen aber täglich einen fundierten Mathematikunterricht in der Grundschule geben. An sie alle, insbesondere aber an die letzte Gruppe, hat der Autor gedacht. Ihnen soll das vorliegende Buch Hilfestellung geben und sie davon entlasten, bei der täglichen Unterrichtsvorbereitung ständig umfangreiches Literatur- und Quellenstudium betreiben zu müssen.

Entsprechend stehen didaktische und methodische Unterrichtsvorschläge im Mittelpunkt der Ausführungen. Es handelt sich hierbei in aller Regel um erprobte Beispiele aus der Unterrichtspraxis. Die fachmathematischen Zusammenhänge und Hintergründe sind nur insoweit angedeutet, wie es zum korrekten Verständnis des Unterrichtsgeschehens unbedingt notwendig ist. Fachtermini werden sparsam verwendet und wenn möglich umgangssprachlich erklärt.

Deutlicher sind die psychologischen und allgemeindidaktischen Zusammenhänge artikuliert. Damit soll erreicht werden, den Mathematikunterricht nicht als isoliertes Unterrichtsfach zu sehen, sondern ihn integriert zu wissen in das Gefüge von Erziehung und Unterricht, wie es heute für Grundschule notwendig und wünschenswert ist.

Dies wird auch im Aufbau des Buches deutlich. Es wurde versucht, einen Kompromiss zwischen einer rein thematischen Konzeption und einer rein zeitlichen Orientierung an Hand eines Lehrplans oder Schulbuches zu finden. Dem gemäß wurden das erste und zweite Schuljahr und das dritte und vierte Schuljahr jeweils als Einheiten aufgefasst, die für die einzelnen mathematischen Themen den Rahmen bilden. Mit dieser Aufteilung soll sowohl dem jeweiligen Entwicklungsstand der Kinder Rechnung getragen werden, der zu Schulbeginn sicher anders ist als im vierten Schuljahr. Andererseits sollte aber auch die fachliche und vor allem didaktische Einheit der einzelnen Themenbereiche nicht verloren gehen.

Der Autor hat vielen engagierten Grundschullehrerinnen und -lehrern für zahlreiche Ideen zu danken, die direkt oder indirekt in diesem Buch ihren Niederschlag gefunden haben. Ganz besonders sei Frau Rektorin Sophie Feil für die Durchsicht des Manuskripts, für zahlreiche Vorschläge und für jahrelange erfreuliche Zusammenarbeit gedankt.

Herzlichen Dank sage ich auch meinem Kollegen und Freund Herrn Professor Dr. Peter Baireuther für die kritische Durchsicht des Manuskripts und zahlreiche wertvolle Anregungen.

Der Auer Verlag hat es bei der Herstellung dieses Buches nicht an Sorgfalt und Entgegenkommen fehlen lassen. Ihm, vor allem Frau Hainz, sei dafür herzlich gedankt.

Josef Lauter

2. Das erste und zweite Schuljahr

Erstes und zweites Schuljahr können von der Entwicklung des Kindes her und damit auch von den didaktisch-methodischen Intentionen und Möglichkeiten des Mathematikunterrichts als Einheit angesehen werden. Diese Schuleingangsphase ist dadurch geprägt, dass das Kind ganz und gar dem anschaulichen Denken verhaftet ist und sich erst allmählich zum konkret-operativen Denken (Piaget 1970, S. 50) hin entwickelt.

Die wichtigste Voraussetzung für jeden schulischen Unterricht ist zwar vorhanden, nämlich dass das Kind zum Gebrauch der Sprache fähig ist – natürlich nur insoweit, wie es sich um einfache Ausdrücke und grammatische Formen handelt; die Bildung komplexerer Begriffe, die ja nur über Abstraktion zu erreichen ist, ist aber ausgeschlossen. Stattdessen erwirbt es in diesem Zeitraum die Fähigkeit, an Hand konkreter Darstellungen Operationen auszuführen, Operationen zu verknüpfen, zu ersetzen und umzukehren. Die sich daraus ergebende Notwendigkeit der Verwendung von konkretem Arbeitsmaterial im Mathematikunterricht der Grundschule ist inzwischen allgemein anerkannt und muss auch heute immer wieder betont werden.

Ein an den kindlichen Möglichkeiten und Fähigkeiten orientierter Unterricht hat aber nicht nur die kognitive Entwicklung des Kindes, sondern auch seine soziale Entwicklung zu respektieren. So ist das Schuleingangsstudium durch einen gewissen Egozentrismus gekennzeichnet (Piaget 1967 S. 152), der es dem Kind schwer oder gar unmöglich macht, sich in die Lage anderer Personen zu versetzen. Soziale Beziehungen sind noch schwach entwickelt, wenn es sich nicht um solche zu Personen der eigenen Familie handelt.

Der Grundschullehrer weiß, wie instabil z. B. Freundschaften zwischen Kindern der ersten Klasse sind. Natürlich wird dadurch die Erreichung von Unterrichtszielen wie Kooperationsbereitschaft und das Beachten der Regeln für ein Unterrichtsgespräch (den andern ausreden lassen, auf Argumente des andern eingehen, dem andern zuhören usw.) erheblich erschwert. Dem erfahrenen Grundschullehrer ist bekannt, wie schwer verschiedene Sozialformen, wie etwa Partnerarbeit und Gruppenunterricht, im 1. und 2. Schuljahr zu realisieren sind.

Nicht zuletzt zur Verbesserung der sozialen Kontakte sollte am Anfang des Unterrichts eine pränumerische Spielphase stehen.

2.1 Die pränumerische Phase

Der Erwerb der natürlichen Zahlen und der Rechenoperationen ist wichtigster Inhalt des Mathematikunterrichts der Grundschule. Trotzdem wäre es falsch, die in allen Lehrplänen und Lehrgängen vorgesehene pränumerische Phase* nur unter dem Aspekt des Zahlenerwerbs sehen zu wollen. Es wird zwar in dieser pränumerischen Phase die Vorstellung der Zahl in verschiedenen Verwendungsformen angestrebt, doch ist das Ziel der Beschäftigung mit konkreten Gegenständen aus der Umwelt des Kindes und mit strukturiertem Material, wie es typisch für die pränumerische Phase ist, allgemeiner anzusetzen. Aus diesem Grunde ist die pränumerische Phase unverzichtbarer Bestandteil eines mathematischen Erstunterrichts, auch wenn die Kinder einen wie auch immer gearteten Zahlbegriff (z. B. durch Zählen) mitbringen. Ziel dieser pränumerischen Beschäftigung mit Gegenständen ist über die Vorbereitung des Zahlbegriffs hinaus der Erwerb von grundlegenden mathematischen Fähigkeiten. Die Schüler sollen Gegenstände vergleichen, unterscheiden, sortieren und klassifizieren können. Dies sind elementare mathematische Tätigkeiten und Fähigkeiten, die für den gesamten Mathematikunterricht aller Stufen und die Mathematik schlechthin typisch sind, aber darüber hinaus auch allgemein als menschliche Möglichkeiten angesehen werden müssen, sich in der Umwelt zurechtzufinden und die Umwelt seinen Denkformen anzupassen (Akkomodation und Assimilation).

In dieser Phase wird auch die Bildung von Begriffen angebahnt. So führt z. B. das Klassifizieren des strukturierten Materials nach der Eckenzahl zu den Begriffen Dreieck und Viereck. Diese Begriffsbildung wird durch Abstraktion erreicht: Der Begriff Dreieck bildet sich erst, wenn von Größe, räumlicher Lage, Farbe und anderen Eigenschaften konkreter Dinge abgesehen wird und nur die geradlinige Begrenzung und die Eckenzahl einer näheren Betrachtung unterzogen wird.

Darüber hinaus soll die pränumerische Phase auch zur Intensivierung der Bildung sozialer Beziehungen zwischen den Schülern und zwischen Schüler und Lehrer dienen. Gegenstände aus der Umwelt der Kinder und Arbeitsmaterial eröffnen die Möglichkeiten des Zusammenspielens und Zusammenarbeitens. Zwar wird ein Gruppenunterricht nur mit Schwierigkeiten im Erstunterricht zu erreichen sein, doch gibt es zahlreiche Möglichkeiten für Sozialformen im Unterricht, die soziale Kontakte zwischen Schülern ermöglichen, etwa Partnerarbeit und das Kreisgespräch.

Bildbetrachtungen und Sortierübungen

Inhaltlich ist diese erste Unterrichtsphase geprägt durch das Arbeiten mit konkretem Material, wobei ein strukturiertes Material nur eine von verschiedenen Möglichkeiten darstellt. Naturgemäß bringt das Verteilen und Vorstellen eines Arbeitsmaterials Unruhe und einen merklich erhöhten Geräuschpegel mit sich. Will der Lehrer diese Schwierigkeit in den allerersten Stunden vermeiden, so empfiehlt sich etwa eine Bildbetrachtung. Fast in jedem der gebräuchlichen Unterrichtswerke findet man als erstes eine Bildseite, auf der

---

* Der Begriff der pränumerischen Phase wird hier weit ausgelegt und beinhaltet nicht nur Aktivitäten, die unmittelbar den Zahlenbegriff vorbereiten, sondern alle Spiele und Arbeitsformen in der Eingangsstufe, die ohne explizite Zahlvorstellung durchgeführt werden können.

eine dem Kind bekannte interessante Situation dargestellt ist, etwa Kinder auf dem Schulweg, Kinder im Klassenraum usw. Diese Bilder geben reichhaltig Anlass zum Gespräch zwischen Lehrer und Schüler, aber auch zwischen den Schülern. Der Lehrer hält die Kinder zur genauen Beobachtung und zur sprachlichen Wiedergabe des Gesehenen an. „Was siehst du alles auf dem Bild?" (Sammelaufgabe). „Siehst du auch Erwachsene, Lastwagen, Tiere usw." (Eventuell erste Negationen: Auf dem Bild sind keine Katzen.) „Ich sehe ein Mädchen, das eine rote Schultasche trägt. Wo ist es?" (Genaues Beobachten, erste Lagebeschreibung.)

Ein beliebtes Spiel in dieser Situation ist: „Ich sehe etwas, was du nicht siehst". Damit kann differenziert gefragt werden (z. B. „ein Junge mit schwarzen Haaren und einer Schultüte im Arm") oder allgemein („etwas rotes"). Das Letztere kann als lustiges Ratespiel ausgebaut werden, wobei das Kind, das den gemeinten Gegenstand geraten hat, die nächste Frage stellen kann.

Natürlich werden bei einer solche Bildbetrachtung auch wichtige Begriffe vorbereitet, etwa die Lagebeziehungen (vor, hinter, neben, über, unter, auf usw.) aber auch der Mengenbegriff. Dies sollte aber nicht in nicht-kindgemäßen Ausdrucksformen wie „die Menge aller Spielsachen" geschehen, sondern in natürlichen Ausdrucksformen: „alle Spielsachen", „alle Stühle" usw. oder im Bilden von Oberbegriffen: Mein Schreibzeug: Bleistift, Buntstift, Radiergummi, Spitzer, Lineal.

Es geht hier nicht um eine ausdrückliche Erwähnung des Mengenbegriffs. Dieser ist, wie alle mathematischen Begriffe, ein abstrakter Begriff, der nur als Ergebnis eines längeren Lernprozesses gebildet werden kann. Es geht vielmehr darum, mathematische Begriffsbildungen vorzubereiten. Durch Beschreiben von Gegenständen, durch Sortieren und Unterscheiden werden grundlegende Fähigkeiten entwickelt, die in allen mathematischen Teilgebieten und darüber hinaus für eine Orientierung in der Umwelt von großer Bedeutung sind.

Diesem Ziel dient auch folgende Sammelaufgabe: Als Hausarbeit werden Abbildungen aus alten Versandhauskatalogen ausgeschnitten und sortiert: Kleider, Schuhe, Spielzeug usw. Bei der Besprechung des Ergebnisses kann sowohl die Zugehörigkeit einzelner Bilder zu vorgegebenen Oberbegriffen besprochen werden oder aber die Nicht-Zugehörigkeit (z. B. ein Spielzeug unter den Schuhen).

Weitere Sortieraufgaben können in den nächsten Stunden konkret oder auf Arbeitsblättern gestellt werden. Der Lehrer bringt etwa Spielsachen mit, die in verschiedenen Schachteln einsortiert werden, eine Schachtel für Bälle, eine für Spielautos, eine für Malstifte usw. Als Sozialform bietet sich hier die Kreisanordnung an. Kinder und Lehrer sitzen auf ihren Stühlen in einem großen Kreis. Das Spielzeug und die Schachteln stehen in der Mitte. Schüler und Lehrer unterhalten sich über die Zugehörigkeit der einzelnen Gegenstände zu den Spielzeugarten.

Diese Unterrichtsform ermöglicht es den Kindern besser, die Eigenschaften und Zuordnungsvorgänge zu beobachten, sie erlaubt Schülern und Lehrern einen direkteren Zugriff zum Spielmaterial und fördert den sozialen Kontakt zwischen Lehrer und Schülern und unter den Schülern.

Die Darstellungen entsprechen der Situation auf einem Arbeitsblatt (oder im Schulbuch, wenn das Buch für Eintragungen freigegeben ist) und ermöglichen die Einführung und Pflege einfacher Notationstechniken: Verbinden zusammengehöriger Gegenstände, Einpfeilen zum Andeuten der Zugehörigkeit, Umkreisen von zusammengehörenden Gegen-

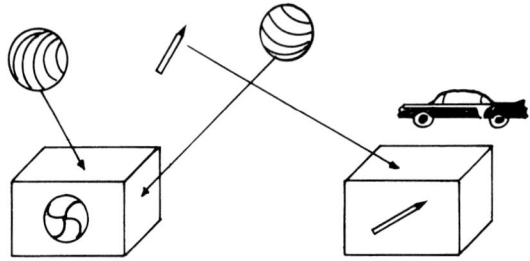

ständen, Durchstreichen von nicht zur Menge gehörenden Gegenständen. Beim Einpfeilen zeigt sich häufig eine interessante Erscheinung: Viele Kinder wagen nicht, Figuren oder schon eingezeichnete Pfeile mit einer Linie zu durchschneiden. Es kommt dann zu sehr kunstvollen, aber unübersichtlichen Linienführungen. Diese Schwierigkeit kann vermieden werden, wenn die Arbeitstechnik zunächst an der Wandtafel oder am Tageslichtprojektor besprochen wird.

Arbeitsmaterial

Der Einsatz von didaktischem Material gehört zu den markantesten Zügen eines kindgemäßen Mathematikunterrichts. Dabei handelt es sich keineswegs um eine Eigenart, die nur einen so genannten modernen Mathematikunterricht auszeichnet. Schon immer wurden Dinge (Äpfel, Kastanien, Bohnen, Steine, Stäbe usw.) zur Darstellung von arithmetischen und geometrischen Operationen und Beziehungen benutzt. Allerdings wurde durch die Grunduntersuchungen von Piaget und Bruner und die darauf aufbauenden didaktischen Arbeiten von Dienes, Fricke u. a. der Akzent in zweierlei Hinsicht verschoben.

1. Es wurde die Bedeutung des didaktischen Materials als Arbeitsmaterial für die Hand des Schülers herausgestellt. Es genügt nach dieser Auffassung nicht, mit Demonstrationsmaterial zu arbeiten, vielmehr müssen die Schüler Gelegenheit haben, selbst Handlungen mit Material auszuführen, aus denen sich dann als „verinnerlichte Handlungen" die Operationen entwickeln.
2. Zusätzlich zu Gegenständen aus der Umwelt des Kindes (Äpfel usw.) werden künstliche Materialien verwendet.

Die Einsicht in die Notwendigkeit des Einsatzes von Arbeitsmaterial für die Hand des Schülers ist heute allgemein. So gibt es keinen Mathematiklehrgang für die Grundschule, bei dem nicht ein Arbeitsmaterial mitgeliefert oder empfohlen wird. Dabei hat das künstliche Material gegenüber den Gegenständen aus der Umwelt des Kindes den Vorteil, dass seine Eigenschaften eindeutig festgelegt sind, die Gegenstände leicht auch zeichnerisch wiederzugeben sind und das Material jederzeit bereitsteht. Demgegenüber stehen die berechtigten Einwände, dass der Erwerb von Arbeitsmaterialien z. T. mit erheblichen Kosten verbunden ist. Außerdem wird der Erfahrungsbereich der Kinder eingeschränkt, denn eine beabsichtigte Transferbildung, also die Übertragung der Einsicht in die am Material entdeckten Strukturen auf andere Erfahrungsbereiche ist nicht ohne weiteres möglich. Dies gelingt noch am ehesten bei Cuisenairestäben oder Zahlenstreifen, wenn etwa die Kleiner-Größer-Beziehung von den Streifen auf Zahlen übertragen wird.

Andererseits sind Gegenstände aus der Umwelt der Kinder zum Teil nicht eindeutig in den zu beobachtenden Eigenschaften und die Gegenstände rufen emotionale Nebenwirkungen hervor, die sich störend auf den Unterrichtsverlauf ausüben können. So sind Kinder sicher

14

mehr daran interessiert, mit Spielzeugautos zu fahren als sie nach Farbe oder Größe zu klassifizieren.

Arten des Arbeitsmaterials

Arbeitsmaterial für die Hand des Kindes wird auch oft als strukturiertes Material bezeichnet. Ein Material kann dann strukturiert genannt werden, wenn es sich zur Darstellung einer mathematischen Struktur eignet.

In dieser weitgefassten Definition können auch z. B. Steckwürfel als strukturiertes Material bezeichnet werden, denn schon unzusammengesteckt lassen sich Relationen zwischen ihnen finden, etwa: „... hat die gleiche Farbe wie ..." Erst recht können solche Beziehungen zwischen Steckwürfeltürmen aus 2, 3 und mehr aufeinander gesteckten Würfeln gefunden werden.

Im engeren Sinn versteht man unter einem strukturierten Material (nach Hole 1973 S. 158) „eine Menge von Dingen (Merkmalgegenstände) die jede Kombination von Merkmalen genau einmal repräsentiert, wobei aus jeder gegebenen Merkmalklasse (z. B. Farbe, Form, Größe usw.) genau ein Merkmal gewählt ist."

In diesem Sinn bilden die so genannten „Logischen Blöcke" (Dienes) ein strukturiertes Material. Sie bestehen aus 48 Klötzen aus Holz oder Kunststoff, die wohldefinierte Merkmale aufweisen. Als Merkmalklassen existieren Farbe (rot, gelb, blau), Form (rund, quadratisch, dreieckig, rechteckig), Größe (groß, klein) und Dicke (dick, dünn).

Es existieren eine Reihe gleich oder ähnlich gestalteter Materialien, die z. T. aus nur drei Merkmalklassen und entsprechend weniger (meist 24) Plättchen bestehen.

Erfahrungsgemäß fällt Kindern zunächst das Merkmal Farbe auf. Erste Einteilungen werden immer nach der Farbe vorgenommen, während das Merkmal „Dicke" für Kinder am wenigsten augenfällig ist. Infolgedessen fällt diese Merkmalklasse bei den 24er-Sätzen weg.

Am Anfang empfiehlt es sich ohnehin, nur mit einer Auswahl der Plättchen zu arbeiten. Für Kinder des 1. und 2. Schuljahrs ergeben sich schon einige Schwierigkeiten, 48 verschiedene Merkmalklötze zu überschauen.

Ein weiterer Typ von Arbeitsmaterial besteht aus Stäbchen oder Streifen, die insbesondere (aber nicht ausschließlich) in der Arithmetik verwendet werden.

Hier sind insbesondere die Cuisenairestäbe, auch als farbige Stäbe (Klett-Verlag) bekannt, zu nennen. Sie bestehen aus Stäben der Länge 1 cm bis 10 cm, wobei jede Länge durch eine spezielle Farbe gekennzeichnet ist

1 – weiß	6 – dunkelgrün
2 – rot	7 – schwarz
3 – grün	8 – braun
4 – lila	9 – blau
5 – gelb	10 – orange

Durch die gewählten Farben werden auch Zahlenverwandtschaften angedeutet, z. B. rot – lila – braun für Verdoppelungen 2 – 4 – 8, grün – dunkelgrün – blau für die Dreierzahlen 3 – 6 – 9 und gelb – orange für die Fünferzahlen 5 und 10.

Die Farben der Stäbe bilden zwar für die Schüler anfänglich eine Motivation zum Spielen und Arbeiten mit dem Material, doch verliert sich die Bedeutung der Farben im Laufe der Beschäftigung mit den Stäben im Vergleich zu der ihrer Längen. Es ist daher nicht abwegig, auch einfarbige Stäbe oder Streifen zu benutzen.

Die Frage, ob ungegliederte oder gekerbte Stäbe, also Stäbe, bei denen die Zahleinteilungen ersichtlich sind, zu bevorzugen sind, ist nicht eindeutig zu beantworten. Es ist zwar richtig, dass im weiteren Verlauf des Unterrichts fast ausschließlich die Länge den Kindern als Identifikationsmerkmal dient. Will man jedoch bei der Gewinnung der Zahlen intensiv auf Zuordnungen abheben und dabei auch Mengen den Zahlstreifen zuordnen, so ist eine Markierung der Stäbe durch Kerbungen hilfreich.

ungekerbt   gekerbt

Für den Bereich der Arithmetik eignen sich besonders Steckwürfel, Würfel aus Plastikmaterial mit Zapfen zum Zusammenstecken. Dieses wenig spezialisierte Arbeitsmaterial ist darüber hinaus sehr vielseitig verwendbar, natürlich auch zum freien Spiel. Bei diesem Material zeigt sich deutlich, dass der Einsatzbereich eines unspezifischen homogenen Materials wesentlich größer ist als der eines sehr speziellen Materials. Dies sollte auch als Argument bei der Anschaffung von Arbeitsmaterialien bedacht werden.

Weitere solcher „homogener" Materialien, die insbesondere im arithmetischen Bereich mit Erfolg eingesetzt werden, sind z. B. farbige Plättchen, Steckbrett und Steckrollen, aber auch Knöpfe und Perlen. Diese Materialien brauchen meist gar nicht mehr angeschafft zu werden. In sehr vielen Schulen sind solche Materialien zur Genüge vorhanden. Häufig helfen auch Nachfragen bei älteren Kolleginnen und Kollegen.

Weitere Materialien sind im Grundschulunterricht wünschenswert. Sie werden später an geeigneter Stelle besprochen werden. Als Grundausstattung sollte aber in jedem Fall vorhanden sein:

1. Strukturiertes Material (meist speziell zum jeweiligen Lehrgang, z. B. Begriffsspiel, Logische Blöcke usw.)
2. Rechenstäbe oder Rechenstreifen
3. Steckwürfel

Pränumerische Spiele mit Material

Jedes Arbeitsmaterial hat für Sechsjährige einen großen Aufforderungscharakter. Deshalb drängen die Kinder geradezu danach, das neue „Spielzeug" in die Hand zu nehmen und zu spielen. Dies ist nur dann weniger oder überhaupt nicht der Fall, wenn Kinder vorher, etwa schon im Kindergarten, mit diesen Materialien gespielt haben.

Der Grundschullehrer sollte in jedem Fall eine oder mehrere Stunden für freies Spiel mit dem Arbeitsmaterial vorsehen und die Zeit nach der Vorerfahrung der Kinder bemessen. Als erstes Material empfehlen sich die Steckwürfel, mit denen die Kinder gerne konkrete Dinge bauen: eine Brücke, einen Stuhl, einen Tisch, einen Roboter, einen Lastwagen u. Ä. Ein Problem in dieser Phase ist die Organisationsform. In der Regel steht für 2 oder 4 Kinder ein Beutel (ca. 100 Stück) Steckwürfel zur Verfügung. Es würde zunächst eine Überforderung der Kinder bedeuten, wenn man verlangen würde, dass alle Kinder zusammen einen Gegenstand gemeinsam bauen. Man kann im Gegenteil häufig beobachten, dass sich die Kinder zunächst einmal um das vorhandene Material streiten und jedes den größten Teil für sich ergattern will. Hier sollte der Lehrer einschreiten und darauf drängen, dass der zur Verfügung stehende Vorrat nicht unter die Kinder der Gruppe aufgeteilt wird, sondern sich jedes Kind nur die Würfel wegnimmt, die es gerade einbauen will.

Dies geht natürlich zunächst besser in Partnerarbeit als mit größeren Gruppen.

Schon bei diesem ersten freien Spiel ist es wichtig, dass die Kinder sprachlich ausdrücken, was sie tun: „Hier soll ein roter Würfel hin", „Ich brauche noch zwei blaue" usw. Ziel dieses freien Spiels ist neben den dargestellten sozialen Qualifikationen und dem Kennenlernen des Materials auch die Kenntnis und Zuordnung der Farbbezeichnungen (was aber im Allgemeinen von Sechsjährigen erwartet werden kann).

Häufig ist die erste Reaktion der Kinder, wenn sie mit dem Arbeitsmaterial konfrontiert werden, dass sie beginnen, die Klötze oder Würfel nach Farben zu ordnen. Nach einiger Zeit des freien Spiels sollte der Lehrer die Kinder dann auch zu solchen Sortierübungen auffordern. Dies erfolgt am besten in der Form, dass die Klötze in entsprechende Kästen gelegt werden. Bei der Arbeit auf dem Tisch genügen auch weiße Blätter, auf die die Klötze gelegt werden.

An dieser Stelle empfiehlt sich die Einführung von Merkmalsymbolen, indem die Kästen oder die Blätter durch einen entsprechenden Farbklecks oder durch die andern Merkmalzeichen gekennzeichnet werden. Natürlich wählt man hier die Zeichen, wie sie nachher im Mathematiklehrbuch benutzt werden. Es ist ratsam, einen ganzen Satz von Symbolkarten anzufertigen. Diese Merkmalsymbole sind für die Kinder eine leicht verständliche und einfach zu beherrschende Schriftsprache, die es dem Lehrer ermöglicht, kurz gefasste und eindeutige Handlungsweisungen zu geben. Die Schüler werden durch Vorzeigen oder Legen von Merkmalzeichen in die Lage versetzt, auch ohne explizite sprachliche Formulierung die Richtigkeit ihrer Lösung oder ihrer Gedanken darzulegen. Damit leistet der mathematische Erstunterricht einen wesentlichen Teil zur kompensatorischen Erziehung. Er kann auch Kindern ein Erfolgsgefühl über eine selbst gefundene richtige Lösung vermitteln, die nicht in der Lage sind, diese Lösung auch verbal zu formulieren.

Durch Sortierübungen erfolgt ein natürlicher Übergang zu gelenkten Aufgaben, von denen hier einige geschildert werden sollen:

Partnerspiel: Ein Schüler legt Farbsymbole, der Nachbar sortiert die Würfel ein.

Gruppenspiel: Ein Spielführer diktiert die Farbfolge einer Kette durch Legen von Farbsymbolen, die andern Mitglieder der Gruppe stecken entsprechende Steckwürfelketten zusammen.

Gruppenspiel: 20 Steckwürfel verschiedener Farbe liegen auf dem Tisch. Farbsymbolkärtchen, darunter mehrere für dieselbe Farbe liegen verdeckt. Schüler raten reihum die Farbe eines Kärtchens; wenn sie beim Aufdecken zutrifft, darf ein Würfel der entsprechenden Farbe weggenommen werden.

Die Einführung des strukturierten Materials und der farbigen Stäbe (bzw. der Rechenstäbe) erfolgt in der gleichen Art wie bei den Steckwürfeln. Aber insbesondere beim freien Spiel und bei den Sortierübungen ist das begleitende Sprechen noch wichtiger als bei den Steckwürfeln. Die Plättchen des strukturierten Materials werden eindeutig identifiziert:

„Dies ist das große dreieckige rote Plättchen" usw. Natürlich wird hier der Symbolkartensatz um die Zeichen für

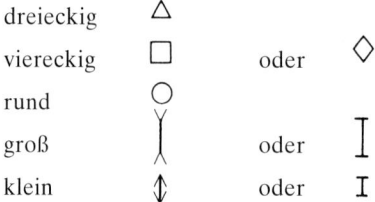

dreieckig	△		
viereckig	□	oder	◇
rund	○		
groß	⅄	oder	I
klein	⇕	oder	I

usw. erweitert.

Werden Aufgaben durch Legen von Symbolkarten gestellt, so muss darauf geachtet werden, dass Zeichen derselben Symbolklasse (z. B. rot, blau, gelb oder groß, klein) zusammegenommen werden, da es sonst hier zu früh schon zur Problematik der Schnittmengenbildung kommt.

Die Eigenschaften des strukturierten Materials werden günstigerweise mit dem folgenden Tabellenschema eingeübt:

	○	△			
○ △ ◇	x				
		x			
rot	x				
blau		x			
· · ·					
groß	x				
· ·					

In der linken Spalte sind die Symbole aller Eigenschaften aufgeführt. In der oberen waagerechten Zeile sind entweder Plättchen des strukturierten Materials abgebildet, die dann durch Ankreuzen ihrer Eigenschaften eindeutig gekennzeichnet werden sollen, oder die obere Zeile ist frei und kann mit konkreten Plättchen belegt werden. Dabei ergibt sich ein reizvolles Spiel zwischen Sitznachbarn. Zunächst legt jeder in die obere Reihe 4 oder 5 Plättchen entsprechend der Anzahl der vorhandenen Spalten und kreuzt die richtigen Eigenschaften an. Danach werden die Plättchen abgenommen und das Blatt mit dem Nachbarn getauscht, der nun anhand der eingetragenen Markierungen das Plättchen identifizieren muss und das richtige Plättchen hinlegt.

An diesem Beispiel wird deutlich, was man unter reversibler Aufgabenstellung versteht. Die Aufgabe ist hier, bei vorgegebenem Plättchen die Eigenschaften anzukreuzen, die Umkehraufgabe aber, zu einem vorgegebenen Merkmalsatz das richtige Plättchen zu finden.

Es ist geradezu ein Kennzeichen mathematischer Aufgabenstellungen, dass sie reversibel, also umkehrbar sind. Die Bedeutung der Reversibilität wurde durch Piaget herausgestellt. Der Lehrer sollte es sich zur Gewohnheit machen, sich zu fragen, ob und wie zu einer gegebenen Aufgabe auch die Umkehraufgabe zu stellen ist. Im weiteren Verlauf der Ausführungen wird öfter auf Umkehraufgaben hingewiesen.

In Einzel- oder Partnerarbeit können auch die beliebten Folgen oder Schlangen mit strukturiertem Material gelegt werden. Sie sind in zwei Formen denkbar:

1. als Folge, wobei die Eigenschaften der Plättchen einer gewissen Gesetzmäßigkeit gehorchen,
2. als Unterschiedsfolge.

Beim ersten Typ ist es ratsam, von einer vorgegebenen Folge auszugehen, etwa die, bei der sich die Farben Blau und Rot abwechseln. Zunächst müssen die Kinder die Gesetzmäßigkeit erkennen, indem sie von allen Eigenschaften abstrahieren und nur die Farbeigenschaft berücksichtigen. Die Fortsetzung dieser Folge ist dann kein Problem mehr.

Schwieriger ist die Aufgabe, wenn die Formen wie oben in einer gewissen Gesetzmäßigkeit aufeinander folgen, denn, wie bereits besprochen, achten Kinder in der Regel zunächst auf die Farbeigenschaft.

Ein weiterer Schritt besteht darin, die Gesetzmäßigkeit der Folge durch Merkmalkärtchen anzugeben. Dies können die Kinder selbst in Partnerarbeit übernehmen und das Ergebnis gegenseitig kontrollieren.

Dieselben Arbeitstechniken bieten sich auch bei den so genannten Unterschiedsschlangen an, die zuerst von Dienes (Dienes 1968, S. 23) vorgeschlagen wurden und heute in kaum einem Mathematiklehrgang fehlen.

Trotz ihrer Klarheit bedürfen sie in der Klasse einer gründlichen Vorbereitung. Für die Kinder besteht nämlich eine erschwerte Situation darin, nicht die Eigenschaften eines Plättchens zu betrachten, sondern den Unterschied in den Eigenschaften zweier Plättchen.

Dies muss an einzelnen Plättchenpaaren, etwa am Tageslichtprojektor, geübt werden. Hierbei haben sich insbesondere die transparenten farbigen Plättchen bewährt, wie sie von einigen Lehrmittelfirmen angeboten werden.

Die Anzahl der Merkmalunterschiede kann durch die Anzahl der Verbindungslinien angedeutet werden:

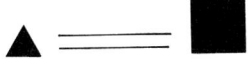   2 Unterschiede: Form und Größe

Beherrschen die Kinder diese Arbeitstechnik, so können verschiedene Typen mit sukzessiv schwieriger werdenden Gesetzmäßigkeiten von den Schülern in Partner- oder Gruppenarbeit gelegt werden. Bei Gruppenarbeit ist vorher festzulegen, in welcher Reihenfolge die Kinder dran kommen.

Folgende Unterschiedsschlangen sind denkbar:
- jeweils 1 unterschiedliches Merkmal zu den Nachbarplättchen
- jeweils 2, 3, 4 unterschiedliche Merkmale zu den Nachbarplättchen
- wechselnde Unterschiedszahlen, z. B. 1 – 2 – 1 – 2
- geschlossene Unterschiedsschlangen (dabei muss das letzte gelegte Plättchen nach zwei Seiten der vorgegebenen Gesetzmäßigkeit gehorchen)

Interessante Einzelaufgaben bestehen für die Schüler darin, dass der Lehrer auf einem Arbeitsblatt Figuren vorgibt, die aus Unterschiedslinien bestehen, etwa

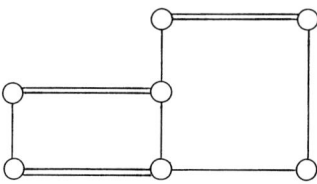

Sie sind dann von den Schülern an den mit 0 gekennzeichneten Stellen mit Plättchen zu belegen. Eine Kontrolle muss hierbei durch den Lehrer erfolgen. Für Kinder ist nämlich nur schwer einsichtig, dass mehrere Lösungen richtig sind. Die Aufgabenstellung wird eindeutiger, wenn der Lehrer schon ein oder mehrere Plättchen vorgibt.

Eine weitere Gruppe von Arbeitsaufgaben mit strukturiertem Material besteht in den so genannten Transformations- oder Tauschspielen. Dabei sollen die Eigenschaften der Plättchen einer vorgegebenen Figur nach bestimmten Gesetzmäßigkeiten abgewandelt werden.
Beispiel: Die Figur

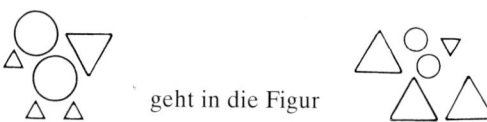

über, indem die Eigenschaften groß und klein gegenseitig ersetzt werden und alle anderen Eigenschaften unverändert bleiben, symbolisch

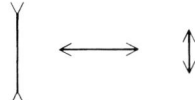

In diesen Transformationsspielen begegnet der Schüler zum ersten Mal einer mathematischen Grundvorstellung, nämlich der Abbildung oder Funktion. Eine solche liegt dann vor, wenn jedem Element einer Ausgangsmenge, hier der Ausgangsfigur, eindeutig ein Element einer zweiten Menge zugeordnet wird. Dies ist hier die Endfigur. Dieser Abbildungsbegriff gewinnt im weiteren Verlauf des Mathematikunterrichts in Grundschule und den weiterführenden Schulen immer mehr an Bedeutung. Wir werden im geeigneten Zusammenhang darauf zurückkommen. Die ersten Transformationsübungen dieser Art sollten nur die Farbe verändern, da dabei die Gestalt der ganzen Figur gewahrt bleibt. Die Änderung der Größe ergibt für Kinder lustige Veränderungen der Gesamtfigur. Formveränderungen, etwa nach folgendem Schema

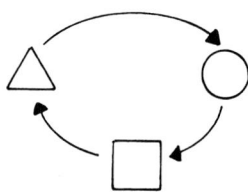

gestalten die Figur meist völlig um und sind daher als schwierige Übungen einzustufen. Gleichzeitiges Tauschen von mehr als einer Eigenschaftsklasse ist nur für sehr aufgeweckte

Schüler durchführbar und daher für die ganze Klasse nicht ratsam. Als Sozialform empfiehlt sich wiederum die Partnerarbeit.

Es ist viel über Mengenlehre im Erstunterricht geschrieben und gesagt worden und in dieser zum Teil emotional geführten Diskussion sind viele Dinge entstellt dargestellt worden. Allerdings hat sich durch diese Diskussion auch gezeigt, in welchem Rahmen die Behandlung von Mengen und Mengenverknüpfungen in der Grundschule geschehen soll und sinnvoll ist (siehe Lauter 1978). Es kann nicht darum gehen, in der 1. Klasse den Mengenbegriff und die Mengenverknüpfungen als abstrakte Begriffe in voller Allgemeingültigkeit einzuführen, und das alles eventuell noch vor der Gewinnung der ersten Zahlen. Es ist richtig, dass die natürlichen Zahlen als Kardinalzahlen von Mengen gedeutet und die Rechenoperationen auf Mengenoperationen zurückgeführt werden können. Es ist auch richtig, dass das Operieren mit Arbeitsmaterial dem kindlichen Auffassungsvermögen entspricht. Insofern ist es sinnvoll, Zahlen und Zahlverknüpfungen über das Operieren mit Mengen einzuführen, jedoch ist daher noch nicht ein vollständiger Kurs Mengenlehre vor der Einführung der Zahl und der Zahloperationen begründet.

Folgerichtig taucht das Thema Mengen in den „Empfehlungen und Richtlinien zum Mathematikunterricht in der Grundschule" der Kultusministerkonferenz vom 3. 12. 1976 (zitiert nach Müller-Wittmann 1977, S. 159) explizit erst in Klasse 3 auf, während die zur Herleitung der Arithmetik wichtigen Vorstellungen im 1. und 2. Schuljahr unter dem Thema Gegenstände und ihre Merkmale erscheinen.

Im Mittelpunkt dieser propädeutischen Behandlung steht denn auch das Operieren mit konkreten Gegenständen auf Grund ihrer Eigenschaften, also Sortieren, Vergleichen, Beschreiben usw.

Dabei werden auch zwei Eigenschaften gleichzeitig beachtet: „Zu zwei vorgegebenen Merkmalen alle Gegenstände aus einem Vorrat heraussuchen, die beide Merkmale, genau eines der beiden Merkmale, mindestens eines der beiden Merkmale, keines der beiden Merkmale besitzen." Und weiter: „Eine Menge nach zwei Merkmalen einteilen, die Einteilung auf verschiedene Weise darstellen (Tabelle, Baum-, Venn-, Karnaughdiagramm), die Darstellung deuten."

Diese Formulierung schließt auch eine Verwendung der formalen Symbole der Mengenlehre aus, obwohl natürlich in den genannten Einteilungen die Mengenoperationen wie Schnittmengen- und Vereinigungsmengenbildung implizit enthalten sind.

In diesem Zusammenhang darf auch nicht vergessen werden, dass das Operieren mit Gegenständen und das Ordnen und Klassifizieren anhand ihrer Merkmale auch allgemeinere mathematische Ziele verfolgt als nur die Einführung der Zahlen und der Zahloperationen. Darüber ist weiter unten noch zu sprechen.

Die Menge als Zusammenfassung von wohlunterschiedenen Gegenständen ist weithin ein abstrakter Begriff, der zunächst für Kinder nur schwer fassbar ist. Kinder betrachten einzelne Gegenstände und ihre Eigenschaften, zunächst aber nicht die Zusammenfassung auf Grund einer gemeinsamen Eigenschaft.

Dieses Beachten und Beobachten der Eigenschaften von Gegenständen kann durch die sog. Torspiele gefördert werden.

Die einzelnen Gegenstände werden von einem Startplatz zu einem Ziel geführt, wobei aufgestellte Tore nur dann passiert werden dürfen, wenn die Gegenstände die Eigenschaften aufweisen, die an den Toren angegeben sind.

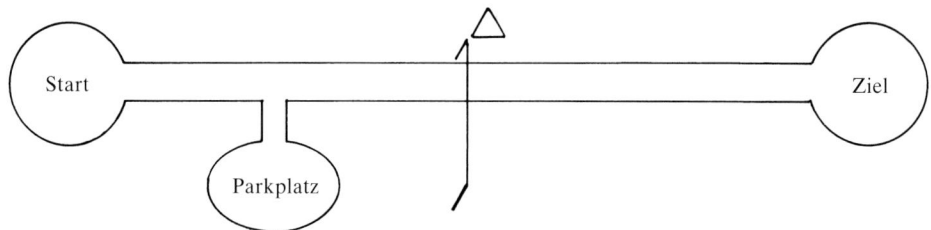

Werden z. B. im oberen Diagramm alle Plättchen eines strukturierten Materials vom Start weg bewegt, so dürfen nur die dreieckigen Plättchen das Tor passieren. Aus der Menge aller Plättchen wird also die Teilmenge der dreieckigen Plättchen aussortiert.

Für den praktischen Unterricht seien einige methodische Hinweise gegeben:

Die Einführung der Torspiele erfolgt am besten in der Großgruppe. Die Straßen und Tore sind mit Tesakreppstreifen auf dem Boden markiert, die Tore durch Merkmalkärtchen gekennzeichnet. Eine besonders kindgemäße Motivation ergibt sich dadurch, dass jedes Kind ein einzelnes Plättchen des strukturierten Materials sozusagen als Passierschein bekommt und über die Straße zum Ziel läuft oder am Tor aufgehalten wird.

Für die Plättchen (Kinder), die nicht durch die Tore dürfen sollte ein so genannter Parkplatz vorhanden sein, auf dem sie „abgestellt" werden.

Die Situation wird komplizierter durch die Hinzunahme eines zweiten Tores mit einer Eigenschaft aus einer andern Merkmalklasse, etwa

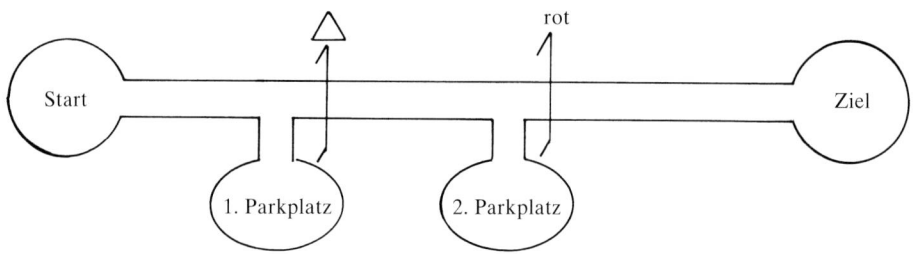

In diesem Fall kommen alle dreieckigen Plättchen durch das erste Tor, aber nur die Plättchen, die dreieckig und rot sind, gelangen ans Ziel. Auf dem ersten Parkplatz werden alle nicht dreieckigen Plättchen abgestellt, auf dem zweiten Parkplatz alle nicht roten Dreiecke.

Werden die Tore vertauscht, so gelangen zwar wieder alle roten dreieckigen Plättchen ans Ziel, die Besetzung der Parkplätze ist aber anders. Auf dem ersten Parkplatz befinden sich jetzt alle nicht roten Plättchen, auf dem zweiten alle Plättchen die rot, aber nicht dreieckig sind.

Hieraus ersieht man, dass man zwar die Schnittmenge zweier Mengen mit der Hintereinanderschaltung zweier Tore gewinnen kann, dass diese Konstellation aber nicht mit dem bekannten Venndiagramm

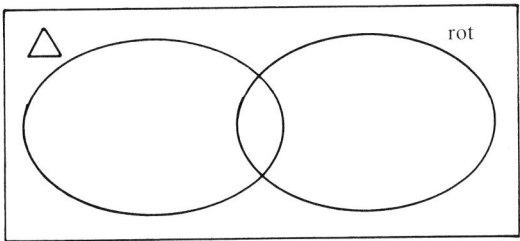

gleichwertig ist. Dies ist allein äußerlich daran ersichtlich, dass im Venndiagramm vier einzelne Teilmengen der Grundmenge auftreten, bei der Torkonstellation aber die gesamte
Grundmenge in eine Menge vor den Toren, eine Teilmenge zwischen den beiden Toren und
die Schnittmenge am Ziel zerlegt wird. Diese Problematik soll selbstverständlich im Unterricht nicht besprochen werden, sie ist aber vom Lehrer zu berücksichtigen, wenn er versuchen will, die Mengendarstellung des Tordiagramms direkt ins Venndiagramm zu übertragen.

Neben der Hintereinanderschaltung der beiden Tore ist eine Parallelschaltung möglich.

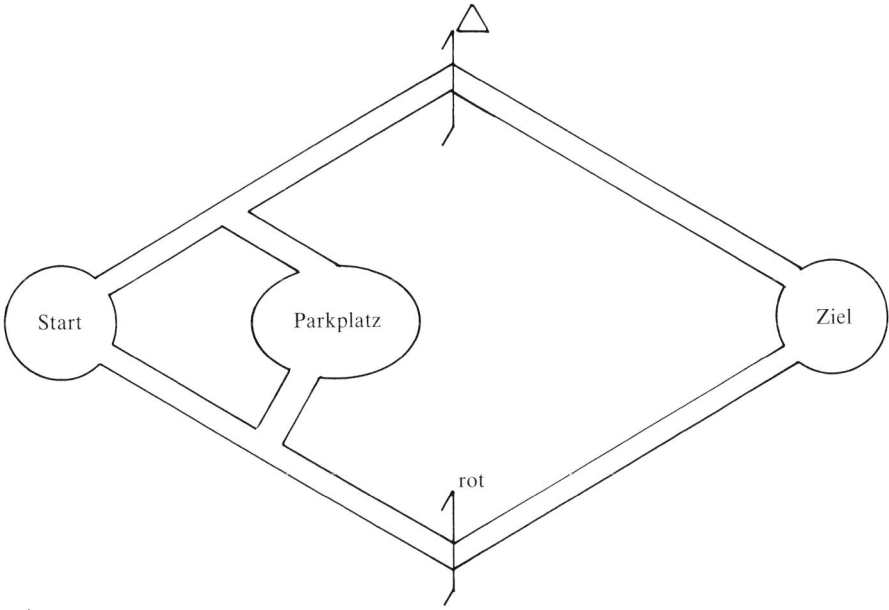

In diesem Fall gelangen alle Plättchen ans Ziel, die dreieckig oder rot sind. Wiederum sollte
ein Parkplatz angelegt sein, der die Plättchen aufnimmt, die durch keines der beiden Tore
dürfen.

Wird dieses Spiel wieder in der Großgruppe mit Kindern gespielt, so ist es wichtig, zu vereinbaren, dass man auch zurückgehen darf. Wer also nicht durch ein Tor kommt, der darf es
beim andern Tor auch versuchen.

Eine gewisse Problematik taucht auf, wenn Plättchen beschrieben werden sollen, die ans

Ziel gelangen. Die Kinder sagen häufig spontan: Alle roten Plättchen *und* alle dreieckigen Plättchen kommen ans Ziel. Diese Formulierung ist richtig und darf nicht, wie man es zuweilen hört, verbessert werden in: „Alle roten Plättchen *oder* alle dreieckigen Plättchen haben das Ziel erreicht." Das einschließende „oder" steht zwischen den kennzeichnenden Eigenschaften und nicht zwischen den Mengen. Mit „alle roten Plättchen" umschreibt man aber die Menge der roten Plättchen und nicht nur die Eigenschaft rot. Richtig ist dagegen auch die Formulierung: „Alle Plättchen, die rot *oder* dreieckig sind." Hier steht das „oder" zwischen den Eigenschaften „rot" und „dreieckig". Das hier verwendete „einschließende oder" bedeutet: Mindestens eine der Eigenschaften.

Nach der Einführung dieser Torspiele in der Großgruppe können entsprechende Aufgaben auch in Einzel- und Partnerarbeit mit Hilfe von Arbeitsblättern durchgeführt werden. Natürlich wird hierbei zunächst strukturiertes Material verwendet. Bald jedoch werden einige Schüler die Lösung ohne das konkrete Durchfahren der Straßen gewinnen können.

Als weitere Differenzierungsmöglichkeit können an den Toren auch verneinte Eigenschaften notiert werden, was durch Durchstreichen des Kennzeichens angedeutet wird, z. B.

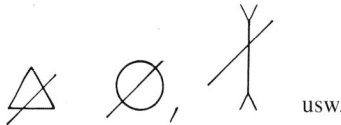 usw.

Diese Übungen sind allerdings für die Mehrheit der Schüler schwer.

Ein weiteres Ordnungsschema vorzugsweise für das strukturierte Material ist der Baum oder auch Entscheidungsbaum. Der Baum ist ein fundamentales Orientierungsschema, das in zahlreichen Bereichen angewandt wird. Ein Baum ist (nach Bauersfeld 1970, S. 70) „eine Menge von Punkten und Verbindungen zwischen diesen Punkten derart, dass es zwischen zwei beliebigen der Punkte genau einen Weg gibt".

In der Grundschule findet das Baumdiagramm vor allem Verwendung für Sortierübungen des strukturierten Materials und bei Ordnungsübungen von Zahlen, die in irgendeinem (vorzugsweise nichtdekadischen) Stellenwertsystem geschrieben sind.

Ähnlich wie die Torspiele kann das Baumdiagramm im Kreisgespräch erarbeitet werden, indem das Schema mit Tesakrepp auf den Boden geklebt wird. Nach einem Vorschlag von

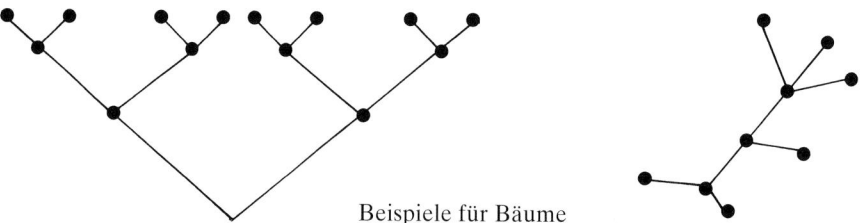

Beispiele für Bäume

Bauersfeld (a. a. O., S. 72) wird das Schema als ein System von Geleisen, also etwa als Verschiebebahnhof gedeutet. Dabei werden die Äste an einem Verzweigungspunkt mit den Merkmalkarten einer Merkmalklasse belegt. Für die 24 Plättchen mit den Eigenschaften klein und groß, rund, dreieckig und viereckig, rot, blau, gelb und grün sieht der Verzweigungsbaum also so aus:

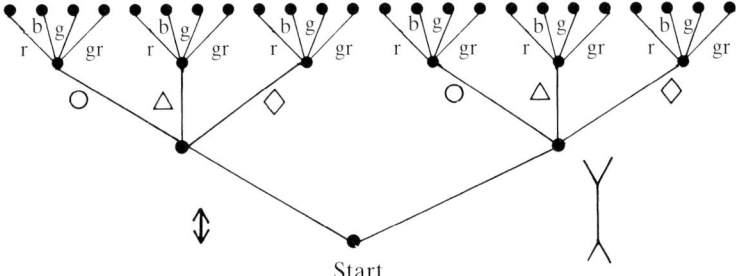

Die einzelnen Plättchen können nun dieses Wegenetz vom Start her durchlaufen und gelangen nach 3 Entscheidungen an die für sie reservierte Stelle. Im Gruppengespräch kann dann über den Baum gesprochen werden. Die Kinder beantworten zunächst Fragen nach einzelnen Plättchen, über ihre Lage und den Weg, der die Plättchen in die Endlage gebracht hat, dann auch über Teilmengen: „Wo liegen alle großen Plättchen, alle runden", „wo die großen runden" usw.

Durch Umordnung des Diagramms ist es zu erreichen, dass die Plättchen gleicher Form oder gleicher Farbe zusammenliegen. Für das Zusammenliegen ist immer die erste Verzweigung nach dem Start maßgebend.

Sortierungsübungen für Teilmengen des strukturierten Materials mit Hilfe des Baumdiagramms werden dann in Einzel- oder Partnerarbeit auf einem Arbeitsblatt durchgeführt, wobei zur Lernzielkontrolle die Plättchen in ihrer Endlage gemalt werden können.

Ziele der pränumerischen Phase

Die pränumerischen Spiele haben zunächst einmal die Aufgabe, die Kinder an gewisse Arbeitstechniken zu gewöhnen. Hierzu gehört der Frontalunterricht (bei einführender Erklärung) und in bescheidenem Umfang auch die Gruppenarbeit. Dabei sollen die Schüler die elementaren Regeln eines Gesprächs lernen: Zuhören, wenn der Lehrer oder ein Mitschüler spricht, seine eigenen Gedanken formulieren, beim Spielen sich an vereinbarte Regeln halten. Durch die Einzelarbeit soll der Schüler zu konzentriertem und in gewissem Umfang auch ausdauerndem Arbeiten angehalten werden. Er darf sich nicht entmutigen lassen, wenn ein Lösungsversuch scheitert und er soll den Mut haben, sich allein an eine neue Situation heranzuwagen.

In der Partner- und Gruppenarbeit kann das Lernziel Argumentieren angestrebt werden. Argumentieren heißt hier: Behauptungen aufstellen, Aussagen machen, die Aussagen anderer überprüfen, eventuelle Gegenaussagen machen, aber auch seine Meinung und Aussagen revidieren, sich überzeugen lassen usw. Dabei ist es nicht so, dass dieses Argumentieren unbedingt verbal geschehen muss. Vielmehr macht ein Kind auch eine Aussage, wenn es ein Plättchen hinlegt, es korrigiert die Aussage, wenn es ein Plättchen an eine andere Stelle legt und es stellt eine Gegenbehauptung zur Aussage eines Mitschülers auf, wenn es dessen Plättchen weglegt und ein anderes an diese Stelle legt. Auf diese Weise kann der Mathematikunterricht wesentlich zur kompensatorischen Erziehung beitragen. Kinder können auf Grund richtigen Operierens Erfolgserlebnisse haben, ohne dass sie in der Lage sind, das richtige Ergebnis auch sprachlich zu formulieren.

Diese sozialen Lernziele sind vielleicht die wichtigsten der pränumerischen Phase. Darüber hinaus sollen die Kinder selbstverständlich auch Vorerfahrungen für den Erwerb des Zahlbegriffs machen. Dazu gehört das Kennenlernen des Materials, das auch später im numerischen Rechnen eingesetzt wird. Weiter soll durch Operieren mit konkretem Material die Invarianz von Mengen bewusst werden, d. h. eine Menge (und damit auch ihre Zahleigenschaft) bleibt unverändert, wenn die Elemente verschieden räumlich angeordnet werden. Diese Invarianz ist eine wichtige Voraussetzung für ein Verständnis der Zahl. Selbstverständlich verändert sich die Zahl einer Menge nicht, wenn ich die Elemente räumlich weiter auseinander oder enger beisammen anordne (Piaget 1967).

Neben dem Material lernt das Kind aber auch eine Reihe von graphischen Verfahren (Verbinden, Einpfeilen, Umfahren usw.) und Diagrammformen (Baumdiagramm usw.) kennen. Dies entspricht dem Lernziel des Mathematisierens (Winter 1972). Mathematisieren heißt: Aus Sachsituationen mathematische Informationen ziehen, den Zusammenhang von Dingen erkennen, Vergleichen, Zuordnen, Daten übersichtlich darstellen, Daten verarbeiten usw.

Wenn nach den Lernzielen der Mengenspiele gefragt wird, dann wird häufig der Erwerb des logischen Denkens angeführt. Dieses Ziel erscheint aber reichlich pauschal und muss hinreichend differenziert werden. Zumindest müssen folgende Denkformen unterschieden werden (Ellrott-Schindler 1975, S. 123)
– kombinierendes Denken
– schlussfolgerndes Denken
– hypothetisches Denken.

Auch eine Argumentationsweise der folgenden Art: „Mengenalgebra ist isomorph zur Aussagelogik, folglich lernt das Kind logisches Denken, wenn ausreichend Mengenlehre betrieben wurde" ist nicht haltbar, da unter Aussagenlogik lediglich eine mathematische Struktur verstanden werden muss und eine Verallgemeinerung auf das „logische Denken" unzulässig ist.

Es sei noch darauf hingewiesen, dass durch pränumerische Spiele auch affektive Lernziele erreicht werden können. Die Kinder empfinden Freude beim entdeckenden Spiel, und allein deshalb sollten diese Spiele nicht auf die Eingangsphase beschränkt bleiben. Es bietet sich vielmehr an, die genannten und ähnliche Aktivitäten immer wieder in den Unterricht mit einzubeziehen. Dabei steht nichts im Wege, die Kinder selbst entscheiden zu lassen, welche Spiele wieder durchgeführt werden sollen.

2.2 Gewinnung der ersten Zahlen

Wohl jedes Kind hat heute eine gewisse Zahlvorstellung, wenn es in die Schule kommt, und es wäre unsinnig, wollte man diese Vorkenntnisse der Schüler im Unterricht nicht berücksichtigen. Allerdings bestehen große Unterschiede in der Zahlauffassung, die Kinder von Haus aus mitbringen. Dies wurde überzeugend durch die Arbeiten von R. Schmidt (Schmidt 1982) nachgewiesen.

Fast alle Kinder können bis 10 zählen, wenn sie in die Schule kommen. Allerdings muss hier gefragt werden, ob es sich um rein verbales Zählen oder bereits um ein quantifizierendes Zählen (Griesel 1971, S. 90) handelt. Beim verbalen Zählen spricht das Kind die Zahlwörter der Reihe nach aus, ohne dabei irgendeine konkrete Zahlvorstellung zu haben. Es hat die Zahlwörter gelernt, wie es auch kleine Gedichte und Sprüche gelernt hat, etwa beim Treppensteigen oder als Abzählreime.

Das quantifizierende Zählen ist bereits ein Zuordnen, und zwar werden die Elemente einer Menge den Wörtern der Zahlwortreihe umkehrbar eindeutig zugeordnet, wobei jedes Element der Reihe nach angetippt wird und die Zahlwörter in ihrer festgesetzten Reihenfolge ausgesprochen werden.

Als weitere Zahlvorstellungen bringen Kinder die kardinale Vorstellung bei kleinen Zahlen mit. Sie sind z. B. in der Lage, Mengen mit 3 oder 4 Elementen simultan zu erfassen und die Zahleigenschaft anzugeben. Nach einer gebräuchlichen Regel erwirbt ja das Kind in jedem neuen Lebensjahr die Vorstellung einer Zahl hinzu, also etwa im 3. Lebensjahr die Vorstellung von 3, im 4. Jahr von 4 usw.

Zahlreiche Kinder können im Alter von 6 Jahren schon erstaunlich gut mit Geld umgehen. Hier unterstützt natürlich die große Motivationskraft des Geldes den Lernprozess. Andere Kinder kennen Zahlen von Hausnummern oder Spielen her.

Dic Aufgabe des Lehrers ist es daher heute weniger, die Zahlen von 1 bis 5 neu einzufuhren, sondern vielmehr die Zahlvorstellungen der Kinder in diesem Zahlbereich zu vereinheitlichen.

Dazu ist es nötig, sich zunächst einmal Rechenschaft über die didaktische Bedeutung der natürlichen Zahlen zu geben. Wir tun dies im nächsten Abschnitt, allerdings unter weitgehendem Verzicht auf die Darlegung des Problems der natürlichen Zahlen in philosophischer, psychologischer und sogar fachthematischer Hinsicht.

Aspekte des Begriffs der natürlichen Zahlen

Eine jahrhundertealte mathematische Diskussion um das Wesen der natürlichen Zahlen wurde 1889 von dem italienischen Mathematiker Peano durch das Aufstellen der nach ihm benannten 5 Axiome für die Fachmathematik zufriedenstellend beantwortet.

Die Mathematikdidaktik kann sich jedoch damit nicht zufrieden geben. Sie muss vielmehr über die Frage nach Modellen für die Axiome Wege suchen, eine möglichst umfassende Darstellung aller Aspekte der natürlichen Zahlen im Unterricht zu geben.

Bei dieser Suche zeigt sich, dass der Begriff der natürlichen Zahl ein äußerst komplexer Begriff ist, dem von der Anwendung her mindestens folgende Aspekte zukommen (nach Müller-Wittmann 1977, S. 166):

- Kardinaler Aspekt. Natürliche Zahlen charakterisieren endliche Mengen bezüglich ihrer „Mächtigkeit", etwa 3 Äpfel, 4 Kinder usw. Die Zahlangabe beantwortet die Frage: „Wie viele?"
- Ordinaler Aspekt. Hier sind sogar zwei verschiedene Verwendungsmöglichkeiten zu unterscheiden, als Zählzahl und als Ordnungszahl. Die Zählzahlen sind die Zahlen, die beim Zählprozess in festgelegter Reihenfolge durchlaufen werden (eins, zwei, drei…). Beispiele findet man in Abzählreimen, aber auch bei Hausnummern.
  Ordnungszahlen werden verwendet, um bestimmte Rangplätze in einer geordneten Reihe zu bezeichnen (der erste, der zweite usw.). Die zugehörige Frage ist: „Der wievielte?" Beispiele: das dritte Kind, der vierte Baum usw.
- Operatoraspekt. Hier bezeichnen Zahlen die Vielfachheit eines Vorgangs und beantworten die Frage: „Wie oft?" Die entsprechenden Zahlwörter sind die Zahladverbien einmal, zweimal… Beispiel: Wievielmal kann ich 3 m Schnur von 15 m Schnur abschneiden? Der Operatoraspekt ist nicht auf natürliche Zahlen beschränkt. Auch Bruchzahlen lassen sich als Operatoren deuten: „Das dreieinhalbfache des Lohnes usw."
- Maßaspekt. Hier erscheinen natürliche Zahlen als Maßzahlen für Größen (3 m, 4 kg, 2 Stunden) und geben Antwort auf die Fragen: „Wie lang?", „wie schwer?", „wie lange (zeitlich)?". Dieser Aspekt steht in einem engen Zusammenhang zum Operatoraspekt.
- Rechenaspekt. Die Menge der natürlichen Zahlen bildet bezüglich der Addition und Multiplikation algebraische Strukturen. Zahlen erscheinen hier als Verknüpfungsergebnis, ohne dass sie weiter interpretiert werden müssen. Beispiel 3 + 5 = 8. Durch die Addition wird jedem geordneten Paar von natürlichen Zahlen eindeutig eine natürliche Zahl zugeordnet.
- Codierungsaspekt. Die natürlichen Zahlen werden verwendet, um Dinge zu benennen und zu unterscheiden. Beispiele: Telefonnummern, Postleitzahlen usw.

Alle diese Aspekte hängen natürlich zusammen, wobei das Zählen dabei eine wichtige Rolle spielt. So kann die Kardinalzahl einer Menge durch Auszählen, Additionsergebnisse können durch Weiterzählen ermittelt werden. Dies zeigt die Bedeutung des Zählens für die Grundschuldidaktik, und damit wird es auch verständlich, dass die Methodiker des ausgehenden 19. Jahrhunderts dieser Operation in ihrer „Zählmethodik" eine so große Bedeutung zubilligten.

Auch in der heutigen Mathematikmethodik wird selbstverständlich gezählt, darüber hinaus sollten aber die verschiedenen Aspekte der natürlichen Zahl systematisch und in ihrem Zusammenhang vorgestellt werden.

Für die Einstiegsphase in dem Bereich der natürlichen Zahlen bieten sich hier aber nur der kardinale und der ordinale Aspekt an, weil die anderen Aspekte Voraussetzungen benötigen, die die Kinder des 1. Schuljahres nicht mitbringen. Es ist aber nicht einzusehen, warum dem kardinalen Aspekt gegenüber den anderen Aspekten eine solche Vorrangstellung eingeräumt werden soll, dass er ausschließlich in der Eingangsphase verwendet werden soll. Vielmehr sollen „die Aspekte des Zahlbegriffs von Anfang an parallel zueinander entwickelt und integriert werden" (Müller-Wittmann a. a. O., S. 173).

In den meisten gebräuchlichen Mathematiklehrgängen erfolgt die Einführung der ersten Zahlen nach dem kardinalen Aspekt, also über endliche Mengen. Dies liegt deshalb nahe, weil dieser Zugang auf Grund der psychologischen Grundlagenuntersuchungen (Piaget) und der didaktischen Forschung (Dienes) der am besten erforschte ist. Allerdings wäre eine ausschließliche Beschränkung auf diesen Aspekt unnatürlich, da der praktische Gebrauch der Zahlen alle oben angeführten Betrachtungsweisen aufweist.

Auch die folgenden Überlegungen gehen vom kardinalen Modell aus, versuchen aber, schon frühzeitig und an geeigneten Stellen andere Aspekte der natürlichen Zahlen mit zu berücksichtigen.

Zuordnungen

Die Kardinalzahl einer Menge ist die Eigenschaft, welche alle zu dieser Menge gleichmächtigen Mengen gemeinsam haben. (Dieser auch in dieser Form noch nicht leicht verständliche Satz wird im rein mathematischen Sprachgebrauch durch folgende Definition ersetzt: Eine Klasse gleichmächtiger Mengen heißt Kardinalzahl. In dieser Definition ist für den Mathematiker die Schwierigkeit umgangen, festzulegen, was eine Eigenschaft ist. Eigenschaft wird hier als die Menge aller Objekte aufgefasst, die nach einer bestimmten Vorschrift zusammengehören. Eine Eigenschaft wird hier also über einen Abstraktionsprozess festgelegt, indem die konkreten Objekte vernachlässigt werden und die ihnen allen zukommende Gemeinsamkeit als neues Objekt betrachtet wird. So kann Rot als die Gesamtheit aller roten Gegenstände bezeichnet werden. Analog ist 3 die Menge aller Mengen, die etwa zur Menge {a, b, c} gleichmächtig ist.)

Nun muss aber noch ein Verfahren gefunden werden, wie diese gemeinsame Eigenschaft bestimmt werden kann. Diese gemeinsame Eigenschaft ist die sog. „Gleichmächtigkeit", die durch Zuordnungen festgestellt werden kann. Eine eindeutige Zuordnung der Elemente zweier Mengen A und B liegt z.B. hier vor:

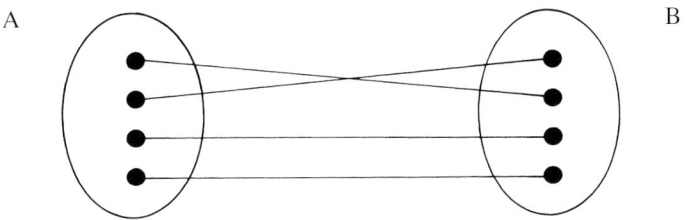

Dies kann in folgender Definition zusammengefasst werden:

Eine Menge A heißt gleichmäßig zur Menge B, wenn es eine eineindeutige Zuordnung der Elemente von A zu den Elementen von B gibt. Das heißt

1. Jedem Element von A ist genau ein Element von B zugeordnet
2. Jedes Element von B kommt genau einmal als zugeordnetes Element vor.

Wird die Zuordnung durch Verbindungslinien angedeutet, so muss von jedem Element der ersten Menge genau eine Linie ausgehen und bei jedem Element der zweiten Menge eine Linie enden.

Nach dem Vorigen sind nur dann, wenn eine solche eineindeutige Zuordnung möglich ist, die beiden Mengen gleichmächtig und haben damit dieselbe Kardinalzahl.

Einige Gegenbeispiele mögen diesen Sachverhalt noch verdeutlichen. In den folgenden Fällen ist eine eineindeutige Zuordnung nicht möglich, und es besteht folglich auch keine Gleichzahligkeit der Mengen.

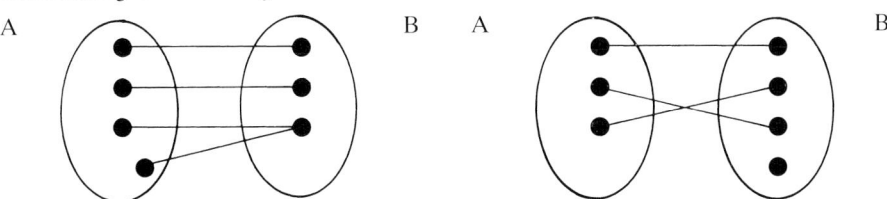

Das fundamentale Verfahren der eineindeutigen Zuordnung ermöglicht es ganz generell festzustellen, ob Mengen dieselbe Kardinalzahl besitzen.

Es ist bekannt, dass mit Hilfe einer eineindeutigen Zuordnung Hirten von Nomadenvölkern den Bestand ihrer Herde kontrollieren. Am Morgen legen sie für jedes Tier, das den Pferch verlässt, ein Steinchen in einen Beutel. Am Abend nehmen sie für jedes heimkehrende Tier ein Steinchen heraus. Wenn sie anschließend kein Steinchen im Beutel haben und kein Tier kommt mehr dazu, so sind sie sicher, dass kein Tier verloren gegangen und keines zugelaufen ist.

Die Versuche von Piaget (Piaget 1970) haben die grundsätzliche Bedeutung der eineindeutigen Zuordnung auch für den Erwerb der Zahlen durch das Kind gezeigt. Bevor das Kind nicht in der Lage ist, die Möglichkeit einer eineindeutigen Zuordnung zwischen den Elementen zweier Mengen zu erkennen, die ungleichmäßig geordnet sind, etwa so

ist es nicht fähig, den Zahlenbegriff zu bilden. Es ist nur natürlich, wenn im Mathematikunterricht diese Erkenntnis berücksichtigt wird.

Ein lustiges Spiel, in dem Zuordnungen spielerisch durchgeführt werden, ist die „Reise nach Jerusalem". Alle Kinder der Klasse oder in großen Klassen nur ein Teil, etwa Jungen oder Mädchen, machen mit. Zunächst sitzt jedes Kind auf einem Stuhl und kein Stuhl bleibt leer. Im Gespräch wird die Situation geklärt „Es sind genau so viele Stühle wie Kinder". Dann laufen die Kinder um die Stühle herum (vielleicht sogar im Takt eines Tamburins). Der Lehrer nimmt einen Stuhl weg. Auf ein Zeichen hin (Unterbrechung des Rhythmus) sucht sich jedes Kind einen Stuhl. Es sind aber weniger Stühle als Kinder da oder mehr Kinder als Stühle. Das Kind, das keinen Stuhl bekommen hat, muss ausscheiden, und das Spiel beginnt auf Neue. Das Kind, was als letztes übrig bleibt, bekommt einen Preis.

Weitere sehr kindgemäße Zuordnungen lassen sich in Form von sog. provozierten Zuordnungen bilden. Provozierte Zuordnungen sind Zuordnungen, die sich auf Grund einer natürlichen Zusammengehörigkeit von Gegenständen ergeben, z. B. Tasse – Untertasse, Messer – Gabel, Ei – Eierbecher usw. Dies kann beim Tischdecken ausgenutzt werden. Vor der Klasse wird für eine festgesetzte Anzahl von Kindern der Tisch gedeckt. Diese Situation ist nicht schwer zu realisieren. Es können etwa Pappgeschirr und Plastikbestecke verwendet werden, wie man sie in Kaufhäusern als Campingartikel bekommt.

Bei der konkreten Durchführung ist die sprachliche Ausgestaltung wichtig. Die Kinder sprechen: „Ein Teller für Karin, ein Teller für Elke" usw. „Es sind genau so viele Teller wie Kinder." „Ich brauche noch eine Gabel für Markus. Jetzt hat jedes Kind eine Gabel." Die nicht beteiligten Kinder beobachten den Vorgang. Die in Frage kommenden Zahlen sind nicht zu klein zu wählen, damit eine simultane Erfassung der Menge durch die Kinder ausgeschlossen wird.

In Einzel- und Partnerarbeit lassen sich eineindeutige Zuordnungen mit konkretem Material herstellen, etwa indem kleine Plättchen den entsprechenden großen, blaue den roten, oder dreieckige den runden Plättchen usw. zugeordnet werden. Dabei kann die Zuordnung auf verschiedene Arten durchgeführt werden:

- die zugeordneten Elemente werden aufeinander gelegt,
- die zugeordneten Elemente werden in einer Doppelreihe nebeneinander gelegt,
- die zugeordneten Elemente werden durch Schnüre oder Fäden verbunden,
- die Plättchen werden auf ein Blatt Papier gelegt und die zugeordneten Elemente durch Linien verbunden.

Der Psychologe Bruner hat die Bedeutung der drei Darstellungsformen (Repräsentationsmodi)
- durch Handlungen (enaktiv)
- durch Bilder (ikonisch)
- durch Zeichen und Sprache (symbolisch)
herausgestellt (Bruner 1972) und als prinzipiell gleichberechtigte Weisen (Modi) bezeichnet, mit denen man Wissen darstellen kann.

In der Didaktik und Methodik des Mathematikunterrichts wird diese Erkenntnis systematisch verwertet, indem für zahlreiche mathematische Inhalte Darstellungsvorschläge in allen drei Repräsentationsmodi erprobt werden. So finden sich auch in diesem Buche zahlreiche methodische Realisierungsmöglichkeiten in allen drei Darstellungsweisen.

Von besonderer Bedeutung ist dabei der so genannte intermodale Transfer, also die Fähigkeit beim Schüler, die Inhalte und Strukturen von einer Darstellungsform in eine andere zu übertragen. In der Eingangsstufe bietet es sich natürlich an, einen Inhalt zunächst in der enaktiven Ebene, also durch konkrete Handlungen vorzustellen. Dabei sollte aber der Unterricht nicht stehen bleiben, ein Transfer zur bildlichen Form ist anzustreben. Inwieweit auch die symbolische Form miteinzubeziehen ist, muss von der Abstraktionsfähigkeit der Schüler abhängig gemacht werden.

Die eineindeutigen Zuordnungen, die bisher nur auf der handelnden Ebene durchgeführt wurden, sollten demnach auch in bildlicher Form erarbeitet werden. Der intermodale Transfer, also die Übertragung in die bildliche Darstellungsform, kann durch die letzte oben angeführte Zuordnungsform erleichtert werden. Statt der auf ein Blatt gelegten konkreten Plättchen werden die Plättchen nun gemalt.

Die Schüler sollen dann Elemente mit entsprechenden Eigenschaften in verschiedenen Mengen erkennen und einander zuordnen können. Indem dies bei allen Elementen geschieht, wird die Gleichmäßigkeit kontrolliert.

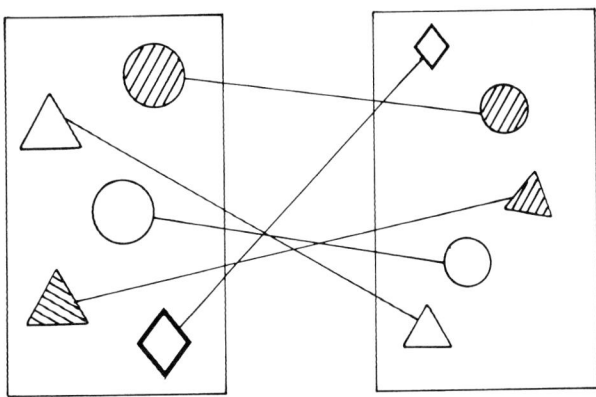

In zeichnerischer Form ergeben sich durch vielfältige Gestaltung von Arbeitsblättern zahlreiche Möglichkeiten für eineindeutige Zuordnungen. In Anbetracht der Ergebnisse von Piaget sollte der Lehrer dabei die Elemente möglichst vielgestaltig anordnen, etwa auch in Kreisform (hier Steckwürfel in zwei verschiedenen Farben).

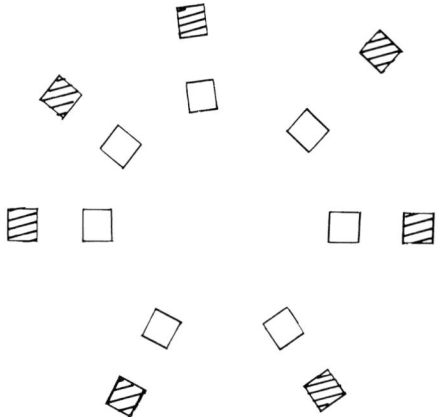

Abbildungen mit realen Situationen sind natürlich für Kinder besonders motivierend. Dabei können beispielsweise folgende Zuordnungen durchgeführt werden und damit die Gleichmächtigkeit konstatiert werden: Personen – Sitzplätze, Kinder – Bälle, Autos – Garagen usw.

Aber die Gleichmächtigkeit soll nicht nur reproduktiv festgestellt werden, sondern auch durch Zeichnen. Etwa können in einer Zeichnung Tanzpaare aus Mädchen ● und Jungen ○ durch Zuordnung gebildet werden

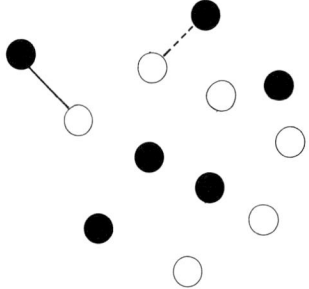

oder bei einer unvollständigen Zeichnung der Auftrag erfolgen: Male gleich viele Mädchen wie Jungen (Grass, Hole, Werner, S. 42)!

Simultane Erfassung

Eineindeutige Zuordnungen sind zwar ein Mittel, um die Gleichmächtigkeit bei beliebigen Mengen festzustellen, doch würde es eine Unterforderung der Schüler bedeuten, wenn man die Zahlen von 1 bis 5 mit Hilfe solcher Zuordnungen einführen würde. Nach aller Erfahrung sind Kinder im Einschulungsalter in der Lage, bis zu 5 Elemente simultan zu erfassen und die Zahleigenschaft anzugeben. Sollte das bei schwierig zu überschauenden

Mengen nicht möglich sein, so kann zunächst mit ebenso viel Strichen notiert werden, wie viel Elemente in der Menge sind: ||||

Beispiel: Ein Schüler spielt Kellner und geht in der Klasse von Tisch zu Tisch und notiert die Zahl der „Gäste" am Tisch durch Strichmarkierungen auf seinem Notizzettel. Dabei kann die Zahl durch Zählen ermittelt werden.

In der Regel sind die gesprochenen Zahlwörter „eins" bis „fünf" allen Kindern bekannt, weniger die entsprechenden gedruckten Zahlzeichen. Ein großer Teil der Schüler hat aber Schwierigkeiten mit der korrekten Schreibweise der Ziffern, was natürlich auf das bekannte motorische Unvermögen der Kinder zurückzuführen ist. Der Lehrer sollte unbedingt auf der richtigen Normschreibweise der Zahlen beharren. Die genaue Schreibweise der Ziffern muss ebenso geübt werden, wie die der Buchstaben, und hierbei helfen dieselben methodischen Mittel: Schreiben in der Luft, Nachspuren groß geschriebener Vorlagen usw. Wichtig ist die Schreibrichtung und der Beginn, was bei den folgenden Ziffern durch die Pfeilrichtung angegeben ist:

1, 2, 3, 4, 5

Zu beachten ist, dass bei den Ziffern 5 die abwärts verlaufenden Ziffernelemente zuerst ausgeführt werden und der Querstrich (keine Schlangenlinie) zuletzt angehängt wird.

Man kann darüber diskutieren, ob die Zahlen von 1 bis 5 in zeitlichem Abstand einzuführen sind, wobei dann die einzelnen Zahlen durch zahlreiche verschiedene Mengen repräsentiert werden, oder zusammenhängend, etwa in einer oder zwei Stunden.

Auf Grund der oft betonten Vorerfahrung der Kinder wird hier für eine zusammenhängende Einführung plädiert, wobei etwa folgende Reihenfolge gewählt werden kann: 2 – 4 – 3 – 5 – 1. Dabei wird die 4 durch Verdoppelung von Mengen mit 2 Elementen gewonnen, die 3 über Mengen, die mehr Elemente als 2, aber weniger als 4 haben, die 5 über Zusammenlegungen einer Zweier- und einer Dreiermenge.

Die 1 wird als Sonderfall an den Schluss gestellt, der darin besteht, einen auch sprachlich (durch den grammatischen Gebrauch des Singulars) herausgehobenen Fall mit einer Zahl zu belegen. Außerdem kommt eine, wenn auch intuitiv zu treffende Unterscheidung zwischen dem Zahlwort ‚ein(s)' und dem Indefinitpronomen ‚ein' erschwerend hinzu.

1 bis 5 Elemente legen die Schüler mit Material auf den Tisch, wobei sie oder ihr Tischnachbar Kärtchen mit dem richtigen Zahlsymbol dazulegen. Bei schwächeren Schülern kann auch die Anzahl zunächst mit Strichen notiert werden.

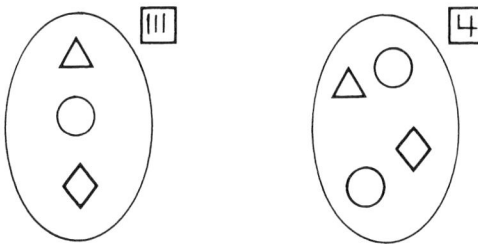

Die Zuordnung von Zahl zur Menge ist natürlich keine eineindeutige Zuordnung. Es gehört zwar zu jeder Menge genau eine Zahl, aber eine Zahl kann zu vielen Mengen gehören. Dieser Sachverhalt kann in einem so genannten Schichtenbild dargestellt werden.

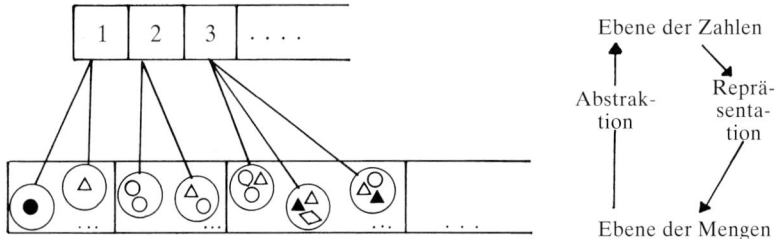

Ebene der Zahlen

Abstrak-tion   Reprä-senta-tion

Ebene der Mengen

Von der Ebene der Mengen gelangt man durch Abstraktion zur Zahlebene. Eine Menge ist ein Repräsentant für eine Zahl, eine Zahl kann durch verschiedene Mengen repräsentiert werden.

Solche Zuordnungsübungen können dann auch in beiden Richtungen verlaufen

1. Zu vorgegebenen Mengen oder Bildern von Mengen soll die zugehörige Zahl gefunden werden.
2. Zu vorgegebenen Zahlen sollen Mengen angegeben werden.

Bei dem ersten Aufgabentyp werden Bilder von Mengen vorgegeben, die entweder der richtigen Zahl zugeordnet werden müssen, oder zu denen die richtige Zahl geschrieben werden muss.

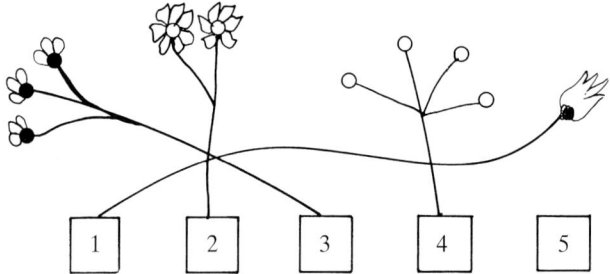

Eine besonders eindrucksvolle Übung besteht darin, die Kinder Karten mit Mengenbildern entsprechend der Anzahl der abgebildeten Elemente in mit Zahlen gekennzeichneten Kästen einsortieren zu lassen.

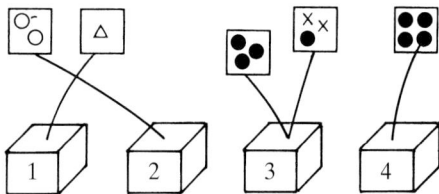

Hierdurch wird anschaulich die mathematische Definition der Kardinalzahl als Klasse gleichmächtiger Mengen (siehe S. 29) wiedergegeben.

Der zweite Aufgabentyp erfordert, dass zu vorgegebenen Zahlen Repräsentanten gelegt oder gezeichnet werden.

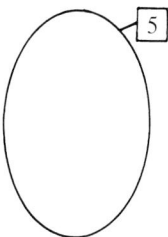

Beide Aufgabentypen sind Umkehraufgaben (reversible Aufgaben) voneinander.

In den neueren Lehrplänen und Lehrbüchern wird der Begriff Menge möglichst vermieden, weil durch den Gebrauch dieses Begriffs suggeriert werden könnte, es würde „Mengenlehre" betrieben. Allerdings ist der Begriff Menge und seine Verwendung in der Rechenmethodik viel älter als die Reformbewegung der siebziger Jahre, die vereinfachend mit dem Begriff „Mengenlehre" bezeichnet wurde. Bereits im ganzheitlichen Rechnen und in früheren didaktischen Richtungen wurde von Mengen gesprochen. Auch die Notwendigkeit der Unterscheidung von Zahl und Repräsentant der Zahl legt den Begriff „Menge" nahe.

Allerdings sollte man sich im Unterricht um eine natürliche Sprechweise bemühen. Sprechweisen wie „eine Menge drei" oder „die Menge dieser drei Äpfel" sind nicht einwandfrei oder zumindest vermeidbar. „Diese drei Äpfel" drückt denselben Sachverhalt in kindgemäßer Weise aus.

„Groß" und „klein" sind Eigenschaften, die Zahlen oder Größen zugeschrieben werden können, aber nicht Mengen. Der Lehrer sollte also Sprechweisen wie: „Diese Menge ist größer als jene" vermeiden und statt dessen sagen: „4 Äpfel sind mehr als 3 Äpfel", „hier sind mehr Äpfel als da".

Die simultane Erfassung von 1 bis 5 Elementen wird erleichtert, wenn die Elemente in verschiedener Weise angeordnet sind. Dabei sollen allerdings keine starren Anordnungen (Kühnel) verwendet werden, sondern möglichst vielfältige Variationen. Dies kann handelnd z. B. durch Zusammenstecken von 1 bis 5 Steckwürfeln geschehen, die dann in entsprechende mit Zahlen versehene Kästen oder auf Blätter gelegt werden. Z. B. lässt sich die Zahl 4 durch folgende Steckwürfelkombination repräsentieren.

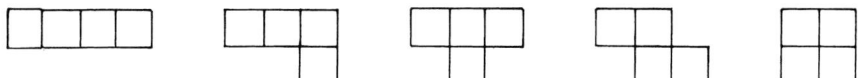

Hier ergibt sich auch die Gelegenheit, die Rechenstreifen oder Cuisenairestäbe zum ersten Mal zu verwenden. Durch Belegen mit Einern wird die Länge des Streifens oder Stabes mit einer Zahl identifiziert. Dasselbe kann bei gekerbten Streifen mit Zuordnungen erreicht werden.

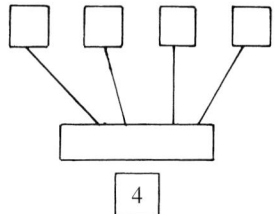 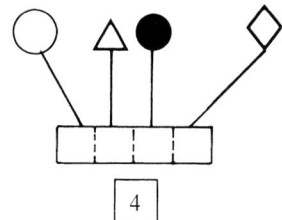

Durch dieses Verfahren wird eine sog. Variation der Veranschaulichung (Dienes-Golding 1970, S. 44) vorgenommen. Dadurch wird zweierlei erreicht:

1. Wenn ein abstrakter Inhalt (hier die Zahl) in mehreren Modellen vorgestellt wird, identifiziert sich beim Kind nicht der Inhalt mit dem Modell. Vielmehr ist das Kind in der Lage, sich schneller vom Konkreten zu lösen und nur mit dem abstrakten Objekt zu arbeiten.

2. Durch verschiedene Modelle für einen Inhalt wird dem verschiedenen Auffassungsvermögen der Kinder besser Rechnung getragen. So zeigt die Erfahrung deutlich, dass manche Kinder Zahlen und Zahloperationen besser anhand von einzelnen Elementen erfassen, andere aber besser mit Hilfe von Stäben.

Es soll aber auch nicht verschwiegen werden, dass das Prinzip der Variation der Veranschaulichung sich bei schwächeren Schülern hinderlich auf den Lernprozess auswirken kann. Die Vorstellungskraft schwächerer Kinder bewirkt, dass sie häufig an der konkreten Darstellung haften bleiben, ohne bis zur dahinter stehenden mathematischen Struktur vorzudringen. Ein häufiger Wechsel verwirrt dann mehr als er fördert. Hier ist ein differenzierendes Vorgehen angebracht.

Die Kleiner-Größer-Beziehung, Ordnungszahlen

Im Gegensatz zur älteren Didaktik werden die Beziehungen zwischen Zahlen, also vor allem die Kleiner- und Größerbeziehung, aber auch die Nachfolger- und Vorgängerbeziehung schon recht frühzeitig im Unterricht mit einbezogen. Dies entspricht der sog. operativen Methode (Fricke, Besuden 1970), nach der erst die Zusammenbehandlung verwandter Operationen die volle Erfassung des mathematischen Inhalts, hier des Zahlbegriffs, gewährleistet.

Durch die Benutzung von Stäben, Streifen oder Steckwürfeltürmen kann man von den kindgemäßen Relationsvorschriften: „... ist größer als ...", „... ist kleiner als ...", „... ist höher als ..." ausgehen.

Einige Kinder werden nebeneinander gestellt, und die Klasse äußert sich: „Volker ist größer als Doris", „Frank ist kleiner als Markus", „Monika und Heidi sind gleich groß" usw. Nun wird versucht, die Größe der Kinder mit Steckwürfeltürmen (im verkleinerten Maßstab) nachzubauen. Hier kann die symbolische Vorstellungskraft der Kinder ausgenutzt werden, indem die Türme mit den Namen der Kinder belegt und damit mit ihnen identifiziert werden.

Sprachlich sollte zu einer Relationsaussage auch immer die Umkehraussage gemacht werden, also „Frank ist kleiner als Markus" – „Markus ist größer als Frank".

Diese Aktivität findet ihre Fortsetzung, indem Steckwürfeltürme in zahlenmäßig festgelegter Höhe gebaut und verglichen werden.

„2 ist kleiner als 3, 3 ist größer als 2" usw. Hierbei werden zwar die Worte „größer" und „kleiner" noch anschaulich bezüglich der Höhe der Türme gebraucht, aber der Übergang zur Relationsvorschrift zwischen Zahlen ist schon gegeben.

Ebenso können die Zeichen für <, > und = vom Konkreten abgelöst werden, indem zwei konkrete Türme mit Dach und Boden (zwei Stäbe oder Brettchen) versehen werden. Hierfür bietet sich die Hafttafel oder der Tageslichtprojektor an, wobei die zugehörige Zahl(un)gleichung gleich mit angegeben wird.

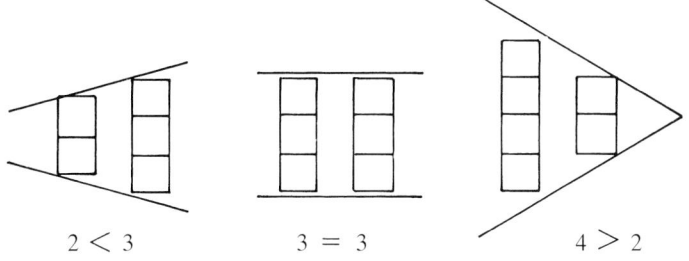

$$2 < 3 \qquad 3 = 3 \qquad 4 > 2$$

Das Gleichheitszeichen wird von der anschaulich gegebenen Relation „... ist so groß wie ..."
abgeleitet, lässt sich dann aber unmittelbar als „... ist gleich ..." deuten, wenn die Türme aus
gleichartigen Würfeln zusammengesetzt sind.

Vorsichtig ist jetzt der Übergang von der bildlichen Ebene zur symbolischen Ebene zu vollziehen, zunächst indem die Steckwürfeltürme noch mitgezeichnet werden.

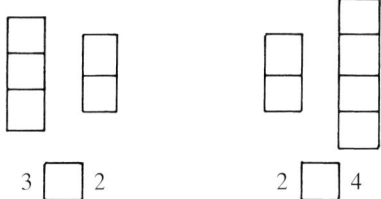

$$3 \;\square\; 2 \qquad\qquad 2 \;\square\; 4$$

In die Kästchen sind dann die richtigen Relationszeichen einzutragen. Später sind dann
nur noch die Zahl(un)gleichungen mit Platzhaltern ($\square$) vorgegeben, für die die Schüler
richtige Zahlen oder Zeichen setzen sollen. Schwächere Schüler sollen noch dazu angehalten werden, die Aufgaben durch Steckwürfeltürme zu repräsentieren. Es sind prinzipiell
drei verschiedene Aufgabentypen denkbar, wobei die Stellung des Platzhalters variiert
wird, z. B.

$$4 \;\square\; 2 \qquad \square < 5 \qquad 3 > \square$$

Das sog. Prinzip der mathematischen Variabilität (Dienes 1970, S. 46) besagt, dass die Platzhalter an allen denkbaren Stellen erscheinen müssen, wenn das Kind die generelle Struktur
einer Gleichung bzw. Ungleichung verstehen soll. Nach der vorgesehenen Herleitung wird
den Kindern der erste Aufgabentyp am leichtesten fallen. Für den zweiten und dritten Typ
gibt es unter Umständen mehrere richtige Lösungen. Schon hier sollen die Kinder erkennen,
dass Aufgaben mehrere richtige Lösungen besitzen können.

Die Kontrolle über die Richtigkeit der Lösung kann vom jeweiligen Sitznachbarn des
Schülers übernommen werden. Überhaupt muss der Lehrer die Schüler daran gewöhnen,
möglichst selbst oder im Gespräch mit dem Nachbarn die Richtigkeit der Lösung zu kontrollieren und nicht immer auf die Bestätigung durch den Lehrer zu warten.

Die Folge der natürlichen Zahlen von 1 bis 5 kann nun auf zwei Arten aufgebaut werden,
einmal über sog. Treppen von Steckwürfeltürmen, oder über Mengen mit wachsender Kardinalzahl. Entsprechend dem früher Gesagten (S. 35) sollten beide Methoden im Unterricht
besprochen werden. Die erste Art über Treppen von Steckwürfeltürmen bzw. über Stäbe ist
nach dem Vorhergehenden sicher das Naheliegendste.

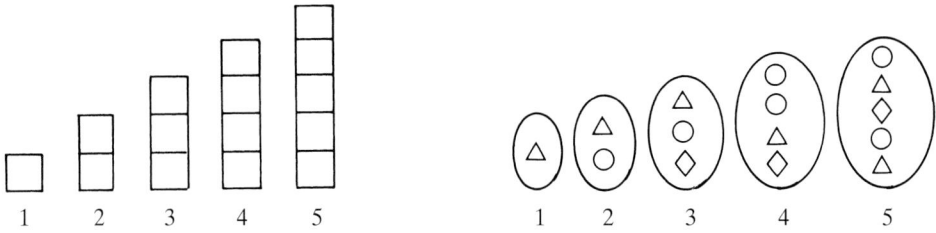

Die Folge der Mengen wird aufgebaut mit der Vorschrift „immer ein Element mehr". Der Lehrer sollte nicht versäumen, auch Türme bzw. Mengenfolgen in fallender Reihenfolge bauen und benennen zu lassen.

Ein nettes Kreisspiel bietet sich hier an: „Rucksackpacken". Das erste Kind sagt: „Ich mache eine Reise und packe in den Rucksack: Einen Ball". – Zweites Kind: „Ich mache eine Reise und packe in den Rucksack: Einen Ball und einen Käse". Jedes Kind wiederholt von Anfang an und fügt ein möglichst lustiges Ding dazu. Wer etwas vergisst, scheidet aus. Sieger ist, wer die meisten Dinge behalten kann.

Auf einem Arbeitsblatt kann folgende Übung angeboten werden: Perlen auffädeln

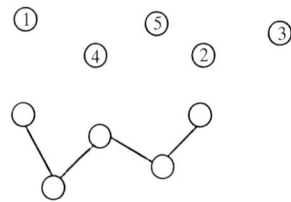

Die Perlen sind in der richtigen Reihenfolge mit einem Faden (Strich) zu verbinden.

Die Umkehraufgabe ist:
Die Perlen müssen beschriftet werden.
Hier sind natürlich Vorgänger und Nachfolger der Zahlen gefragt, ohne dass diese Begriffe im Unterricht genannt werden.

Zählübungen sind hier am Platz, die durch lustige Abzählreime aufgelockert werden können:

> „Eins, zwei, drei, vier, fünf
> strick mir ein Paar Strümpf,
> nicht zu groß und nicht zu klein
> sonst musst du der Fänger sein."

Oder:

> „Eins, zwei, drei, vier, fünf, sechs, sieben,
> Eine Bauersfrau kocht Rüben,
> Eine Bauersfrau kocht Speck,
> Und du bist weg."

Selbstverständlich sollen die Kinder auch die Namen für Ordnungszahlen erlernen und gebrauchen. Ordnungszahlen bezeichnen ja bestimmte Positionen in der Folge der natürlichen Zahlen und werden ähnlich wie die ersten Kardinalzahlen auch wie selbstverständlich von den Schülern verwendet. Als Anwendung können für eine Stunde die Stühle wie in einem Theater oder einem Zirkus gestellt sein. Ein Kind ist Platzanweiser, die andern nehmen nach seiner Anweisung Platz: „Bitte zweite Reihe, fünfter Platz", „Monika soll auf den dritten Platz der zweiten Reihe" usw. Natürlich setzt dies voraus, dass der Reihenanfang eindeutig gekennzeichnet ist. Dann sprechen die Kinder selbst über diese Situation: „Ich sitze auf dem dritten Platz der ersten Reihe" usw.

Ordnungsübungen und die Nennung der Ordnungszahlen brauchen nicht auf den Mathematikunterricht beschränkt bleiben. Auch im Sportunterricht und in anderen Situationen ergibt sich vielfältig Gelegenheit, die Ordnungszahlen zu wiederholen.

Zahlzerlegungen

Wenn auch die Zahlen 1 bis 5 simultan zu erfassen sind, so sollten sie doch nicht monographisch, d. h. als isolierte Objekte im Unterricht behandelt werden. Dies würde einer operativen Auffassung zuwiderlaufen. Vielmehr können Zahlen nur dann vom Kind vollständig erfasst werden, wenn das vielgestaltige Beziehungsgeflecht zu andern Zahlen deutlich wird.

Zu solchen Beziehungen gehören die besprochenen Kleiner-, Größer-, Nachfolger- und Vorgängerbeziehungen, aber auch die Beziehungen, die durch Verdoppeln, Halbieren und durch Zerlegung in Summanden entstehen.

Dabei geht es bei Letzteren noch nicht eigentlich um die Addition von Zahlen, sondern um additive Zahlzerlegungen.

Es werden solche Zerlegungsmöglichkeiten bei konkreten Mengen gesucht und den Teilmengen und der Gesamtmenge entsprechende Zahlen zugeordnet.

Beispiel: 5 Kinder, davon 3 Mädchen und 2 Jungen

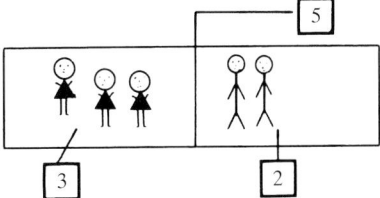

Natürlich werden hier zunächst Zerlegungsmöglichkeiten gewählt, die sich durch die Gegenstände anbieten: Schulhefte in Schreibhefte und Rechenhefte, Spielautos in Lastwagen und PKW, Kinder in Mädchen und Jungen usw. Zur numerischen Kennzeichnung sollte der Verbindungsstrich zur Zahl der Grundmenge nur an die Mengenschleife herangeführt werden, während der Verbindungsstrich zur Kardinalzahl der Teilmenge in die bezeichnete Teilmenge hineinragt.

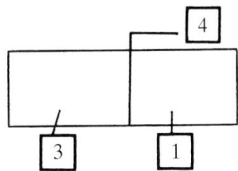

Bald gewinnen dann aber die prinzipiellen Zerlegungsmöglichkeiten und die entsprechenden Zahlzerlegungen an Bedeutung. Dabei ist festzustellen, dass einer Zahlzerlegung mehrere Mengenzerlegungen entsprechen. Eine Menge mit 4 Elementen kann auf ganz verschiedene Art an zwei Teilmengen mit 2 Elementen zerlegt werden.

Diese Möglichkeiten werden von den Kindern mit konkretem Material ausprobiert.

Zur Dokumentation werden die gefundenen Lösungen zeichnerisch festgehalten (Arbeitsblatt mit vorgedruckten Kästchen) und die Zahlen daneben notiert: Zwischen den Anzahlen erscheint zum ersten Mal das +-Zeichen (gelesen „plus").

Die verschiedenen Möglichkeiten der Mengenzerlegung sind für das Kind nicht überschaubar, wohl aber die der Zahlzerlegung.

Um das Augenmerk der Kinder mehr auf diese Zahlzerlegung zu lenken, sollte man von dem merkmalsreichen strukturierten Material abgehen und Stäbe oder Streifen heranziehen. So lässt sich etwa der 5er-Streifen wie folgt zerlegen

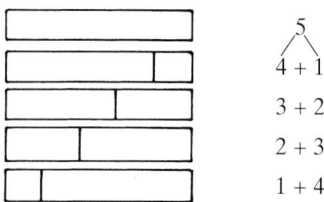

$$\overset{5}{\underset{4+1}{\diagup\diagdown}}$$

3 + 2

2 + 3

1 + 4

Verbalisierung: Der 5er-Streifen ist so lang wie ein 4er-Streifen und ein 1er-Streifen. Später: 5 gleich 4 plus 1.

Allmählich lösen sich die Schüler von der Konkretisierung durch Material und sind in der Lage, die Zahlzerlegungen in zwei Summanden auch direkt vorzunehmen. Allerdings sollte ihnen stets die Möglichkeit des Rückgriffs auf konkretes Material offen stehen.

Zerlegungen in drei Summanden sind möglich, allerdings ist ihr methodischer Wert nicht groß, da die Addition ja prinzipiell eine Verknüpfung von 2 Zahlen ist.

Die Zahlen von 6 bis 9

Im Unterschied zu den Zahlen bis 5 sind Mengen mit 6 und mehr Elementen nicht ohne weiteres simultan zu erfassen. Zur Einführung der Zahlen 6 bis 9 muss daher der Zahlenraum systematisch erweitert werden. Dabei haben sich vor allem drei Verfahren bewährt, die selbstverständlich auch integriert werden können:
1. Weiterzählen
2. Verdoppeln
3. Additive Strukturierung.

So erscheint etwa die Zahl 6 als Nachfolger der Zahl 5, als das Doppelte von 3 und als Summe von 4 und 2.

Handelnd sind das zweite und dritte Verfahren identisch. Die Kinder legen jeder für sich 3, 4, oder 2 Elemente vor sich hin und schieben dann die Plättchen zusammen. So wird jetzt konstruktiv die neue Zahl über die additive Zerlegung hergestellt, wobei das Verdoppeln der 3 mit dem Ergebnis 6 und der 4 mit dem Ergebnis 8 einen Sonderfall darstellt.

Weder beim Verdoppeln noch beim Vereinigen sollte eine formale Sprechweise benutzt werden. Vielmehr sollten die Kinder sich spontan zu dem äußern, was sie tun: „Wenn ich meine 4 Plättchen und Brigitte ihre 2 Plättchen zusammenlegen, haben wir 6 Plättchen."

Die Zahlen 7 und 9 lassen sich nicht über Verdoppeln erreichen. Daher eignen sich hier nur die Zählmethode oder die additive Strukturierung.

Im ersten Fall erscheint 7 als Nachfolger von 6 und 9 als Nachfolger von 8 in der Zahlenreihe. Die zweite Möglichkeit geht etwa von Mengen mit 3 und 4 bzw. 4 und 5 Elementen aus.

Die unmittelbar sich anschließende additive Zerlegung der neuen Zahlen ist leicht, wenn nur Summanden von 1 bis 5 auftauchen, z. B.

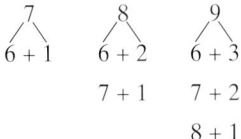

6	7	8	9
3 + 3	3 + 4	4 + 4	4 + 5
2 + 4	2 + 5	3 + 5	
5 + 1			

schwieriger dagegen, wenn einer der Summanden eine der neuen Zahlen ist, z. B.

7	8	9
6 + 1	6 + 2	6 + 3
	7 + 1	7 + 2
		8 + 1

Auch hierbei wird man von Teilmengenbildungen mit konkretem Material ausgehen, wobei wiederum viele Mengenzerlegungen zu ein und derselben Zahlzerlegung führen.

Additive Zahlsynthese und simultane Erfassung ermöglichen die richtige Einordnung von solchen und ähnlichen Steckwürfelkonstellationen:

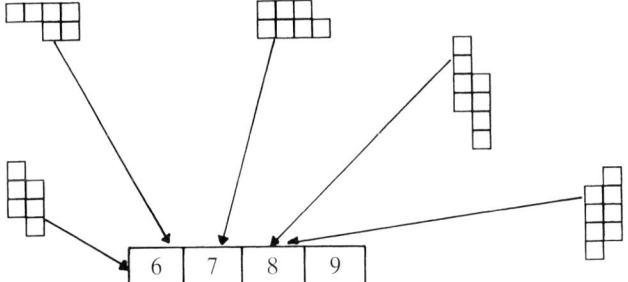

Additive Zahlzerlegungen sind konsequent zu üben, da sie als Sätze des sog. „Eins und eins" zum eisernen Repertoir eines jeden Menschen gehören. Über Übungsformen wird später berichtet.

Zum Erwerb der Zahlen von 6 bis 9 gehören auch wiederum die Kleiner- und Größer-Beziehungen sowie die Ordnungszahlen.

Die Zahlenreihe, an der dann diese Beziehungen abgelesen werden können, wird wiederum mit Rechenstreifen, Stäben oder Steckwürfeltürmen als Zahlentreppe repräsentiert.

Zahlentreppe

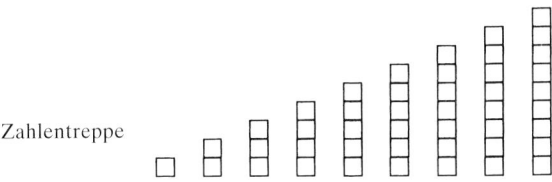

Auch bei der Schreibweise der Ziffern 6 bis 9 sind einige Besonderheiten zu beachten.

6, 7, 8, 9

Nach der Normschrift ist der obere große Querstrich der 7 geschlängelt, der untere nicht. Bei der 8 beginnen einige Kinder mit der Schreibrichtung nach rechts. Die 9 wird in zwei Ansätzen geschrieben, zunächst der obere Rundbogen, dann der senkrechte Abstrich.

Das Problem der 10 und der 0

Die Zahl 10 bildet insofern eine Besonderheit unter den ersten Zahlen, als sie die erste ist, die im Zehnersystem mit zwei Ziffern geschrieben wird. Diese Schreibweise kann nur verstanden werden, wenn das Prinzip der Bündelung und der Stellenwertschreibweise und damit die Null bekannt sind. Die heutigen Lehrgänge verzichten auf eine vorherige Behandlung nichtdekadischer Stellenwertsysteme und führen die Zahlzeichen für 10 und größere Zahlen als besondere Schreibfiguren ein, wobei das Verständnis für diese Schreibweise erst später geweckt wird.

Hier soll keine Entscheidung über diese beiden konkurrierenden Ansichten gefällt werden. Im Kapitel „Ausbau des zweiten Zehners" (S. 52) werden die Zahlen bis 20 als besondere Schreibfiguren angesehen, während im Kapitel „Zehnerbündelungen" (S. 64) noch einmal auf die Herleitung der Zahlzeichen für 10 und größere Zahlen über Bündelungen eingegangen wird.

Besonders intensiv ist die additive Zerlegung von 10 zu behandeln, bildet sie doch die Voraussetzung für zahlreiche Rechenoperationen, z. B. das Ergänzen bis 10, das bei der schriftlichen Subtraktion eine wichtige Rolle spielt. Die additive Zerlegung der 10, also

$10 = 1 + 9$	vor allem auch in der Form	$2 + \square = 10$
$10 = 2 + 8$		$5 + \square = 10$
$10 = 3 + 7$		$8 + \square = 10$
. . . . . .		. . . . . .

ist eine der Stellen im Mathematikunterricht, wo bis zur Mechanisierung geübt werden muss, da diese Rechengesetze bei jedem rechnenden Menschen jederzeit mechanisch abrufbereit sein müssen. Wenn nötig, kann ein Rückgriff auf Rechenstreifen erfolgen.

Kulturhistorisch kann die Erfindung der Zahl Null, also die Verwendung eines Symbols für das Nichts, als eine der größten Leistungen des menschlichen Geistes angesehen werden, denn durch diese Erfindung konnte erst das Stellenwertsystem geschaffen werden, wodurch das schriftliche algorithmische Rechnen erst ermöglicht wurde.

Eine entsprechende Erklärung, die Null als Zeichen für nichts, ist so ohne weiteres jedoch methodisch ungeschickt.

Eine für Kinder sinnvolle Begründung erfolgt über die Subtraktion.

$$a - a = 0$$

Wir werden dies ebenfalls im Zusammenhang mit der Subtraktion (S. 51) behandeln.

2.3 Addition und Subtraktion im Zahlbereich bis 10

Mit Addition und Subtraktion beginnt im engeren Sinn das, was man Rechnen nennt. Eine Erklärung des Begriffs Rechnen muss vom Begriff des Terms ausgehen. Terme können Zahlen sein, aber auch Ausdrücke wie $2 + 4$, $7 - 3$, $2 \cdot 3$ und $6 : 3$.

In der traditionellen Rechendidaktik wurden solche Terme als Aufforderung angesehen, ein Ergebnis zu bestimmen. Rechnen war demnach die Bestimmung eines Verknüpfungsergebnisses (Athen-Bruhn Bd. 3, S. 863). Entsprechend wurde das Gleichheitszeichen als „ergibt" interpretiert. Richtig an dieser Auffassung ist, dass von Termen eine große Motivation ausgeht, das „Ergebnis" anzugeben. Allerdings führt diese Auffassung zu Schwierigkeiten im Verständnis des Gleichheitszeichens. Das Gleichheitszeichen hat mathematisch immer die Bedeutung „… ist dasselbe wie …". Damit sind beide Seiten gleichberechtigt (die Gleichheitsrelation ist symmetrisch). Es darf also keinen Unterschied bedeuten ob ich schreibe $3 + 4 = \square$ oder $7 = 3 + \square$. Allerdings ist nur die erste Gleichung mit der traditionellen Auffassung vereinbar, während die zweite zu größeren Verständnisschwierigkeiten führt.

In der neuer Didaktik werden dagegen Terme als Namen von Zahlen verstanden. Rechnen bedeutet dann das Aufsuchen des Standardnamens. Der Standardname von $3 + 4$ ist 7. Eine Gleichung mit Platzhalter ($\square$) soll durch Einsetzen von Elementen einer Grundmenge in den Platzhalter in eine Aussage verwandelt werden. Bei dieser Auffassung ist es prinzipiell gleichgültig, ob der Platzhalter rechts oder links des Gleichheitszeichens auftaucht.

Realistischerweise muss damit gerechnet werden, dass im praktischen Unterricht beide Auffassungen nebeneinander existieren. Jedoch sollte der Lehrer darauf achten, Aufgaben nicht nur in der Form $a + b = \square$ und $a - b = \square$ zu stellen, sondern auch in den Formen

$$\square = a + b \qquad \text{bzw.} \qquad \square = a - b$$

Zum Gleichungsverständnis tragen auch die Formen

$$a + \square = c \qquad \text{bzw.} \qquad a - \square = c$$
$$\square + b = c \qquad \qquad \square - b = c$$

bei, wobei insbesondere die beiden letzten Möglichkeiten die Schüler vor erhebliche Probleme stellen, weil sie nur schwer auf konkrete Handlungen zurückzuführen sind.

Herleitung der Addition über Mengen

Die didaktisch-methodische Realisierung der Addition ist davon abhängig, welche Zahlvorstellungen zur Verfügung stehen. Im Allgemeinen wird das die Vorstellung als Kardinalzahlen sein, aber zusätzlich können das auch Größenvorstellungen und Ordnungsvorstellungen sein, die sich z. B. beim Abzählen gebildet haben.

Die Bedeutung der Kardinalzahlvorstellung wird auch durch die bereits besprochenen additiven Zerlegungen deutlich, die ja zur Gewinnung der Zahlen 6 bis 9 herangezogen wurden. Es gibt nun grundsätzlich zwei Möglichkeiten, die Vorstellung der Addition und damit die Herleitung der Additionsgleichung zu gewinnen:

1. über die Gleichheit von Mengen
2. über die Gleichmächtigkeit von Mengen.

Dies liegt daran, dass Gleichheit von Mengen (also Identität der Elemente) natürlich auch Gleichheit der Kardinalzahlen bedeutet. Man kann aber auch zu gleichen Kardinalzahlen kommen, wenn zwar nicht gleiche Mengen, aber gleichmächtige Mengen vorliegen.

Selbstverständlich beginnt die Erarbeitung der Addition mit Operieren mit konkretem Material. Zwei Plättchenmengen, deren Kardinalzahlen notiert sind, werden zusammengelegt und dann die Kardinalzahl aller Elemente notiert. Dabei werden zunächst die Zahlenkärtchen für die Kardinalzahlen der einzelnen Mengen hingelegt und dann ein Zahlkärtchen für die Gesamtzahl. An dieser Stelle empfiehlt es sich, auf möglichst konkrete Situationen einzugehen:

„Peter hat 3 Autos. Er bekommt noch 2 dazu."
„Karin möchte gerne 4 Puppen haben, sie hat schon 2."
„Wenn Frank noch 3 Bälle bekommt, dann hat er 10."

Mit diesen ersten Aufgaben, die natürlich nur mündlich gestellt werden dürfen (die Lesefähigkeit der Kinder ist sicher noch nicht so ausgeprägt, dass sie die Texte solcher Aufgaben sinnvoll lesen können), werden die Kinder mit Hilfe realer Sachsituationen die Lösung vorstellend erbringen können.

Schwierigkeiten bereitet die bildliche Darstellung. Eine Notation mit Hilfe der Symbole der Mengenlehre verbietet sich von selbst, weil die Unterscheidung von Mengen- und Zahlenebene für die Kinder schwierig ist.

Problematisch ist jede Darstellung, in der versucht wird, die Additionsgleichung wiederzugeben, indem die linke und die rechte Seite durch konkrete Elemente repräsentiert werden. Die Elemente der linken und der rechten Gleichungsseite liegen ja konkret nie gleichzeitig nebeneinander auf dem Tisch. Z.B. haben die Kinder es konkret mit 4 Plättchen zu tun, sie sehen in dieser Darstellung

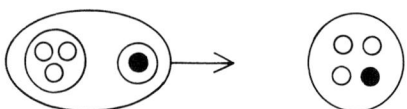

aber doppelt so viele, nämlich acht. Insbesondere bringt diese Darstellung Schwierigkeiten mit sich, wenn die Situation an der Magnettafel veranschaulicht wird. Der Lehrer darf hier niemals die doppelte Anzahl von Plättchen anheften, sondern muss die links angehefteten Elemente auf die rechte Seite übertragen.

Problematisch bei der obigen Darstellung ist auch, dass eine zeitliche Reihenfolge durch den Pfeil angedeutet ist, was dem Gleichungsverständnis widerspricht.

Eine weitere Art der Darstellung vermeidet die Verwendung der doppelten Menge von Symbolen.

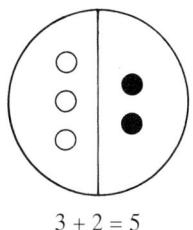

3 + 2 = 5

Hier wird eine konkrete Zerlegung dargestellt, wie bereits von den additiven Zerlegungen bekannt. Diese Darstellung ist zwar recht statisch und gibt die zugrundeliegende konkrete Handlung kaum noch wieder. Trotzdem entstehen hierbei nur geringe methodische Schwierigkeiten in der Klasse.

Gleichzusetzen mit dieser Darstellung sind auch weitere bildliche Formen, etwa

Zahlreiche Sachsituationen können auch in bildlicher Notation zur Verdeutlichung der Addition herangezogen werden, z.B.: 3 Autos stehen auf dem Parkplatz, 2 kommen noch hinzu. Über Lösungshilfen solcher Sachaufgaben werden wir später berichten (auf S. 210).

Auch folgende Einführung der Addition ist fachlich korrekt, aber doch etwas realitätsfremd:

Auf S. 34 wurde eine Übung mit Bildern vorgestellt, die in Kästen mit Zahlangaben entsprechend der Zahl der abgebildeten Elemente einsortiert werden sollten. Diese Bilder können zur Herleitung der Addition benutzt werden, wenn etwa ein Kind zwei Bilder herausnimmt und ein anderes Kind ein drittes Bild, auf dem genauso viel Elemente sind wie auf den beiden anderen Bildern zusammen.

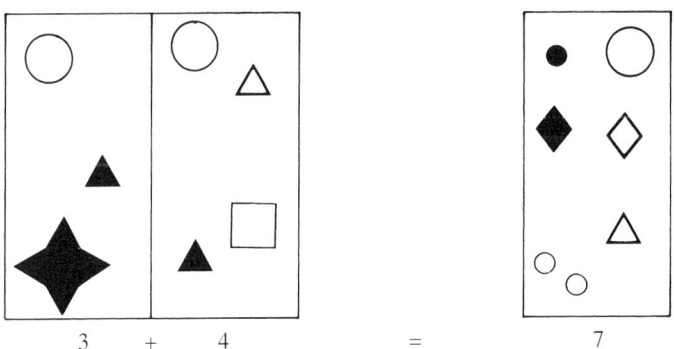

Die Gleichmäßigkeit kann durch Verbindungslinien nachgeprüft werden.

Andere Darstellungsmöglichkeiten der Addition

Neben diesen Mengendarstellungen der Addition, von denen sicherlich eine in dieser oder ähnlicher Form in jedem Lehrgang auftaucht, sollten die anderen Darstellungsformen der Addition nicht vergessen werden.

Insbesondere bietet sich das Arbeiten mit Rechenstäben oder -streifen an, bei dem die Addition von Zahlen durch Aneinanderlegen von Stäben dargestellt wird. Das Ergebnis kann dann durch einen Vergleichsstab ermittelt werden.

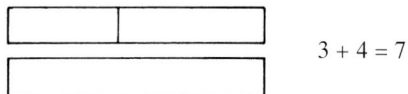

$$3 + 4 = 7$$

In dieser Darstellung liegt die Deutung des Gleichheitszeichens als „... ist dasselbe wie ..."
sehr nahe, denn die additive Zerlegung der Zahl kann durch Umlegen veranschaulicht
werden.

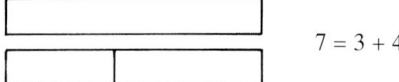

$$7 = 3 + 4$$

Die Darstellung mit Stäben oder Streifen ist nur dann sinnvoll, wenn den Schülern dieses
Material von der Zahleinführung her bekannt ist und sie ohne Schwierigkeiten den verschiedenen Längen Zahlen zuordnen können. Dann aber ist die Verwendung sehr zu
empfehlen, weil sich Additionsaufgaben und später auch Subtraktionsaufgaben mit diesem
Material schnell und eindeutig darstellen lassen. Kinder gewinnen schon nach kurzer Zeit
eine erstaunliche Geschicklichkeit im Umgang mit den Streifen.

Andererseits muss aber davor gewarnt werden, Stäbe oder Streifen als alleinige Veranschaulichung für Addition und Subtraktion zu wählen. Kinder identifizieren dann zu
stark diese Operationen mit denen mit Stäben. Hier ist eine Variation der Veranschaulichung (Dienes 1970) dringend empfohlen.

Auch Zählen und vor allem Weiterzählen kann zum Verständnis der Addition beitragen.
Insbesondere bieten sich hier Würfelspiele an, wobei die Felder durchnummeriert sind.

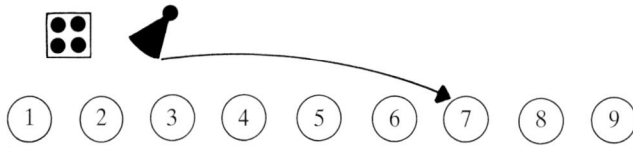

Hier wird man nur zu Beginn die Einzelschritte abzählen lassen. Später ist die Endstellung
zunächst durch Addition zu berechnen.

Solange nur die Zahlen bis 9 bekannt sind, kann ein solches Würfelspiel noch nicht konkret
in der Gruppe ausgeführt werden. Vielmehr dient es in Tafelzeichnung oder am Tageslichtprojektor insbesondere der Motivation, um Rechensätze zu veranschaulichen.

Hierbei lassen sich aber dann interessante reversible Aufgaben stellen, z. B.: „Ute stand auf
2, jetzt steht sie auf 8. Welche Zahl hatte sie gewürfelt?" oder „Volker ist 4 Plätze weitergerückt und steht jetzt auf 6. Wo stand er vorhin?"

Es handelt sich dabei offenbar um die drei Aufgabentypen

$$3 + 4 = \square$$
$$2 + \square = 8$$
$$\square + 4 = 6$$

Das Prinzip der mathematischen Variabilität legt die Behandlung aller drei Aufgabentypen
nahe.

Dieselben Aufgabentypen werden auch durch die Operatorvorstellung dargestellt.

46

Fachlich handelt es sich beim Operatormodell um die Darstellung einer Abbildung oder Funktion, wie wir sie schon bei den Transformationsspielen S. 20 kennen gelernt haben.

So kann etwa die Addition von 2 als Funktion dargestellt werden, die jeder natürlichen Zahl eindeutig eine natürliche Zahl zuordnet.

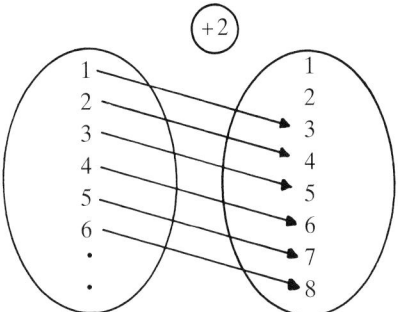

Entsprechend wird die Addition mit jeder beliebigen festen Zahl als Funktion angesehen. Eine kindgemäße Realisierung erfolgt im Maschinenmodell. Von realen Maschinen aus der Umwelt kann entnommen werden, dass man in eine Maschine etwas hineingibt. Die Maschine macht damit etwas und gibt es verändert wieder heraus. Geeignete Beispiele sind Vervielfältigungsmaschine oder Waschmaschine.

Entsprechend werden in unserer Maschine Marken oder Steckwürfel eingegeben. Die Maschine gibt immer 2 (3 usw.) dazu und alles zusammen aus.

Wenn ich also 3 Marken eingebe, kommen 5 heraus. Erfahrungsgemäß ist es nicht günstig, eine Maschine als geschlossenen Kasten zu bauen. Die Kinder vermuten dann einen verborgenen Mechanismus und sind enttäuscht, wenn sie nachher keinen finden. Vielmehr kann man die Maschine durch ein einfaches Pappmodell symbolisieren, und ein Schüler führt die Operation, also das Hinzulegen von 2 (3 ...) Spielmarken, konkret aus.

Ein anderer Schüler gibt die Spielmarken ein, und ein drittes Kind stellt die Ausgabe fest und notiert das Ergebnis in einer Tabelle.

E $\to$ (+3) $\to$ A	
4	
6	
2	

Das Arbeiten mit dem Maschinenmodell gibt hervorragend Gelegenheit, Gruppenunterricht durchzuführen. Das Maschinenmodell für jede Gruppe ist auf einem DIN-A4-Blatt aufgezeichnet, Spielmarken oder Steckwürfel stehen zur Verfügung und jede Gruppe erhält auf einem Arbeitsblatt Aufgaben in Tabellenform.

Dabei können wiederum auch die reversiblen Aufgaben gestellt werden, also

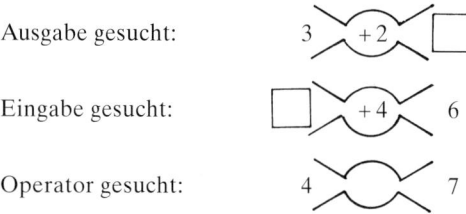

Ausgabe gesucht: $3 \quad +2 \quad \square$

Eingabe gesucht: $\square \quad +4 \quad 6$

Operator gesucht: $4 \quad \quad 7$

Der Lehrer sollte darauf achten, dass auch hier der Übergang von der konkreten Ebene zur Zahlenebene schrittweise vollzogen wird. Auf der konkreten Ebene wird man homogenes Material benutzen, der Maschinenbefehl heißt dort: „Gib … dazu." In der nächsten Stufe verarbeitet die Maschine Zahlkärtchen. Der zugehörige Maschinenbefehl besteht jetzt aus +-Zeichen und Zahl. Später wird die Maschine nur noch zeichnerisch auf dem Arbeitsblatt angedeutet und die Arbeit ist ausschließlich Tabellenarbeit. Es sein noch einmal darauf hingewiesen, dass die Addition nicht nur an einem Modell dargestellt werden soll. Nur durch die Hinzunahme mehrerer Darstellungsformen wird eine genügende Abstraktion zum Verständnis der Addition natürlicher Zahler erzielt.

Darstellungsformen der Subtraktion

Die Subtraktion kann als Umkehrung der Addition angesprochen werden. Es handelt sich dabei also im eigentlichen Sinne nicht um eine eigene Grundrechenart, und daher ist auch eine von der Addition isolierte und zeitlich verschobene Behandlung nicht angezeigt. Die für die Addition gefundenen Modellvorstellungen sind demnach auch danach zu beurteilen, wie sie für die entsprechende Subtraktionsaufgabe umgestaltet werden können.

Wiederum verbietet sich eine Notation, die auf Mengenoperationen, hier die Differenzmengenbildung, zurückgeht. Einmal kann eine entsprechende Mengengleichung nicht notiert werden, weil die Schüler das Symbol der Mengendifferenz nicht kennen. Zum anderen ist aber gerade hier der Zusammenhang zur Addition für die Schüler völlig undurchsichtig.

Die Situation wird anders, wenn auf die Mengenzeichen verzichtet wird. Es ergibt sich dann folgende Darstellung:

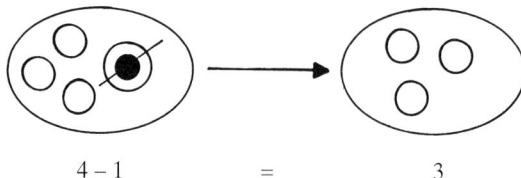

$$4 - 1 \qquad = \qquad 3$$

Die Teilmenge wird durchgestrichen. Diese Darstellung ist eindeutig und kindgemäß. Allerdings bleibt die Schwierigkeit, dass wiederum dieselben konkreten Elemente zweimal gezeichnet werden müssen.

Große Schwierigkeiten in der Darstellung macht die Methode, die nur die Gleichmäßigkeit fordert. Es muss dabei eine zu einer Teilmenge gleichmächtige Menge angegeben werden, die dem Subtrahend entspricht.

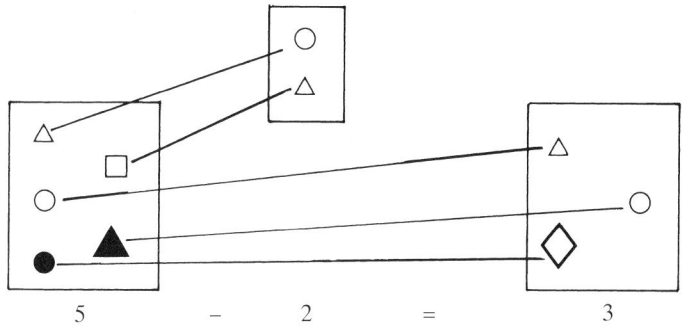

$$5 \quad - \quad 2 \quad = \quad 3$$

Allerdings entspricht genau diese Konstellation einigen Sachsituationen, die von Kindern als besonders schwierig empfunden werden (Griesel 1971, S. 154). Beispiel: Familie Müller hat 5 Kinder, Familie Peters hat 2 Kinder. Wie viel Kinder hat Familie Peters weniger als Familie Müller? Die Schwierigkeit im Verständnis beruht darauf, dass es sich bei der 2. Menge (Kinder der Familie Peters) nicht um eine Teilmenge der 1. Menge handelt, sondern in der 1. Menge zunächst eine zur 2. Menge gleichmäßige Menge gesucht werden muss, um dann die Kardinalzahl der Restmenge bestimmen zu können.

Die für Kinder einleuchtende Methode ist die Umkehrung der Darstellung der additiven Zerlegung, die darin besteht, dass die „weggenommenen" Elemente durchgestrichen werden. Dies entspricht exakt dem konkreten Vorgehen mit Material.

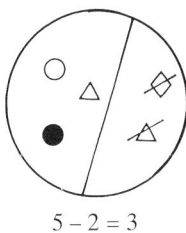

$5 - 2 = 3$

Diese Wegnehmhandlung liegt auch vielen Sachsituationen zu Grunde: „6 Vögel sitzen auf einem Ast, 3 fliegen weg", „7 Autos stehen auf einem Parkplatz, 4 fahren weg" usw. Dieselbe Situation kann durch Steckwürfeltürme dargestellt werden.

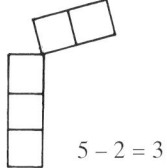

$5 - 2 = 3$

Mit Stäben oder Streifen kann die Subtraktion auf zwei Arten dargestellt werden. Einmal kann der den Minuend repräsentierenden Stab unterlegt und der dem Subtrahenden entsprechende Stab darauf angelegt werden. Der fehlende Stab entspricht dann der Differenz, die zunächst durch Probieren gefunden werden kann.

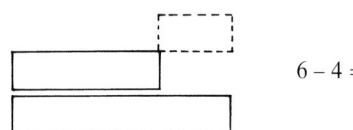

$$6 - 4 = 2$$

Eine Stabkombination wie die folgende kann dann wechselweise als

$5 + 2 = 7$	$7 - 2 = 5$
$2 + 5 = 7$	$7 - 5 = 2$

interpretiert werden.

Zählen und Operatormodell gestatten ebenfalls eine Darstellung der Subtraktion. Durch Rückwärtszählen, etwa beim Würfelspiel (Der Spieler muss soviel zurück, wie er würfelt) wird das Ergebnis der Subtraktionsaufgabe gefunden.

Soll die Subtraktion einer festen Zahl als Operator gesehen werden, so erfüllt die „Nimm-weg"-Maschine diese Bedingung

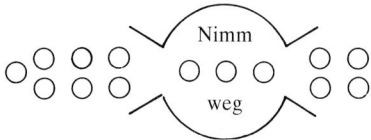

Wieder kann man zunächst mit konkretem Material, dann mit Zahlenkärtchen arbeiten, schließlich wird sie nur noch symbolisch angedeutet.

Die Behandlung der verschiedenen Aufgabentypen der Subtraktion

$$7 - 3 = \square$$
$$8 - \square = 2$$
$$\square - 3 = 5$$

ist bei der Vorstellung der Subtraktion auf Grund einer Wegnehmhandlung mit Schwierigkeiten verbunden, braucht aber auch nicht in der Anfangsphase forciert zu werden.

Gesetze der Addition – Zusammenhang von Addition und Subtraktion

Von den Gesetzen der Addition ist das Kommutativgesetz das erste, das den Kindern auffällt und dann auch vom Lehrer entsprechend ins Bewusstsein der Kinder gehoben werden kann, ohne allerdings den Begriff zu benutzen.

Selbstverständlich ist dieses Gesetz allerdings nicht. Man kann immer wieder Kinder beobachten, die nach der Berechnung des Ergebnisses z. B. von

$$6 + 3 = 9$$

die Aufgabe $\quad 3 + 6 = \square$

völlig neu berechnen.

Die Aufmerksamkeit der Kinder kann auf dieses Gesetz gelenkt werden, wenn Additionsaufgaben mit Stäben oder Streifen dargestellt werden.

Wie selbstverständlich bemerken Kinder, dass das Ergebnis von der Reihenfolge der Stäbe unabhängig ist.

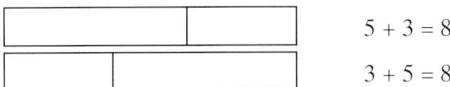

$5 + 3 = 8$

$3 + 5 = 8$

Der Lehrer wird diese Erkenntnis provozieren, indem er solche „Tauschaufgaben" hintereinander stellt.

Die Kinder stellen fest: Die Erkenntnis, dass Tauschaufgaben dasselbe Ergebnis haben, ist eine wichtige Rechenhilfe. Insbesondere lassen sich durch Vertauschen der Summanden Aufgaben leichter berechnen, bei denen der erste Summand klein gegenüber dem zweiten Summanden ist. Die Aufgabe $2 + 7 = \square$ lässt sich leichter rechnen, wenn man die Summanden umstellt, also $7 + 2 = \square$ rechnet.

Weitere Rechengesetze, etwa das Assoziativgesetz oder Gesetze über Nachbaraufgaben, sind zu diesem frühen Zeitpunkt noch nicht angebracht. Sie gewinnen erst im Zusammenhang mit der sog. Zehnerüberschreitung an Bedeutung.

Wichtig ist dagegen schon hier, den Zusammenhang zwischen Addition und Subtraktion herauszuarbeiten. Dies geschieht natürlich nicht formal, sondern anhand von konkreten Situationen.

Beispiel: Jürgen hat in seiner Spielzeugeisenbahn 3 Personenwagen und 4 Güterwagen. Wenn er sie zusammenkoppelt, dann hat der Zug 7 Wagen. Hängt er die 4 Güterwagen ab, so bleiben die 3 Personenwagen. Hängt er die 3 Personenwagen ab, so bleiben die 4 Güterwagen (Lauter (Hrsg.) 1976 S. 53)

Zusammen mit der additiven Tauschaufgabe ergibt sich also ein Aufgabennetz von 4 Aufgaben

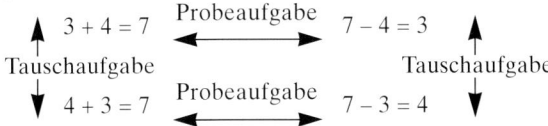

Das Zusammenspiel dieser 4 Aufgaben, die auch als Tausch-* und Probeaufgaben voneinander bezeichnet werden, ist in hohem Maße dazu angetan, die Flexibilität im Denken der Kinder zu fördern, z.B. wenn sie dazu angehalten werden, Sachaufgaben zu formulieren.

Auch die Einführung der Zahl Null erfolgt zwanglos über die Subtraktion und zwar mit einer Reihenaufgabe, z.B. „4 Äpfel liegen auf dem Teller, Markus isst zunächst einen, es bleiben 3

$4 - 3 = 1$ Er isst den nächsten Apfel, usw. $3 - 1 = 2$

$2 - 1 = 1$

$1 - 1 = 0$

Die Heranziehung der leeren Menge in dieser Situation wäre gekünstelt und verwirrt nur diese klare Situation. Null ist dabei das Zeichen für „nichts". Ähnlich kann auch die Rolle der Null als neutrales Element der Addition verdeutlicht werden. Zu 5 Elementen nichts hinzufügen heißt, die Anzahl unverändert lassen.

$5 + 0 = 5$

---

* Die Bezeichnung „Tauschaufgabe" darf nicht mit der kommutativen Aufgabe gleichgesetzt werden. Natürlich gibt es bei der Subtraktion kein Kommutativgesetz, aber mit einiger Berechtigung können die Aufgaben $7 - 4 = 3$ und $7 - 3 = 4$ als Tauschaufgaben voneinander bezeichnet werden.

2.4 Ausbau des zweiten Zehners und Zehnerübergang

Der Ausbau des zweiten Zehners, also der Zahlen 11–19 bringt einige methodische Schwierigkeiten mit sich, die vor allem damit zu tun haben, dass mit den bekannten Ziffern 0 bis 9 jetzt neue Zahlen notiert werden müssen. Zum ersten Mal taucht also hier die Problematik des Stellenwertsystems auf, auch wenn nicht explizit darauf abgehoben wird.

Die konsequenteste Methode zur Überwindung dieser Schwierigkeiten wäre daher die vorherige Behandlung von nichtdekadischen Stellenwertsystemen mit Basiszahlen von 3, 4 oder 5. Dies geschieht auch in einigen Lehrgängen (z. B. Oehl-Palzkill 1971 und Lauter 1976).

Aber auch wo dies nicht vorher geschieht, kommt man um eine Zusammenfassung, also eine Bündelung von 10 Elementen nicht herum, sei es, dass 10 Elemente zeichnerisch zusammengefasst werden oder bei Benutzung von Streifen oder Stäben durch einen Zehnerstreifen repräsentiert werden.

Eine weitere Schwierigkeit taucht auf, wenn bei Additions- und Subtraktionsaufgaben die 10 über- bzw. unterschritten wird, während das Rechnen im Bereich zwischen 10 und 20 analog dem Bereich bis 10 gestaltet werden kann (dekadische Analogie). Es gibt einige Methoden, mit denen der so genannte Zehnerübergang erleichtert werden kann. Wir werden darüber berichten (S. 57).

Die Zahlen von 11 bis 19

Der Einsatz von Stäben oder Rechenstreifen hat sich bei der Einführung der Zahlen von 11 bis 20 bewährt. Das liegt daran, dass durch den Zehnerstreifen eine handliche „Bündelung" von 10 Elementen vorgegeben ist und die über 10 hinausreichenden Elemente durch die bereits bekannten Stäbe der Längen 1 bis 9 repräsentiert werden können.

Es ist dabei nicht unbedingt nötig, die Zahlen als Längen zu interpretieren. Dies ist schon deshalb unzweckmäßig, weil dadurch die Maßbezeichnung cm unvermittelt eingeführt wird, ohne den gesamten Messprozess zu problematisieren.

Die Stabkombinationen geben direkten Hinweis auf die Notationsweise der neuen Zahlen

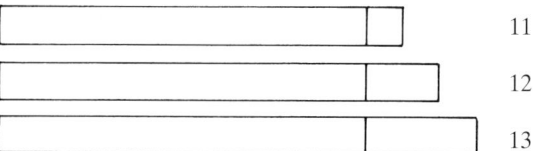

Auch wenn keine Stäbe oder Streifen benutzt werden, so kommt man um eine wie immer geartete Bündelung von 10 Einheiten nicht herum.

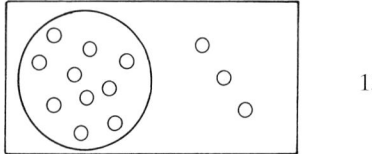

Dieser Darstellung geht konkretes Bündeln von Gegenständen voraus. Die Kinder sollen Steckwürfel, Bohnen, Flaschen, Nüsse o. a. so zusammenfassen, dass 10 Dinge in eine Schachtel gelegt werden. Die verbleibenden Anzahlen sind bekannt. Die Zahlnotation für alle Elemente zusammen wird damit begründet.

Hier empfahl sich zunächst das Arbeiten in der Großgruppe, wobei der Lehrer die konkreten Bündelungsvorgänge von Schülern durchführen und die Zahlnotation auf Karten dazulegen lässt.

Die Kinder führen dann in Einzel- oder Partnerarbeit entsprechende Bündelungen aus und notieren sie mit den neuen Zahlsymbolen. Umgekehrt können Elemente, entsprechend zusammengefasst, nach Zahldarstellungen gelegt werden.

Für die Notation sollte zunächst auf alle Fälle ein so genanntes Bündelhaus herangezogen werden, auch wenn es nur aus zwei Spalten besteht und noch nicht im Zusammenhang mit dekadischen Stellenwertsystemen eingeführt wurde.

Z	E
1	4
1	7

Bei späteren Übungen kann auf das vorgefertigte Bündelhaus verzichtet werden. Dabei ist darauf zu achten, dass die beiden Ziffern nicht in zu weitem Abstand notiert werden, wozu die Kinder ja bekanntlich neigen. Eine interessante Gruppenarbeit besteht darin, dass ein Kind eine Zahl zwischen 11 und 19 nennt, ein zweites Kind notiert die Zahl, ein drittes legt entsprechend Rechenstreifen und ein viertes zeichnet ein Mengenbild mit Zehnerbündelung.

Auf Grund der Herleitung über Streifen oder Stäbe treten die neuen Zahlen als Summen auf, wobei die Gleichheit der Terme miteinbezogen werden kann:

$$11 = 10 + 1$$
$$12 = 10 + 2$$
$$13 = 10 + 3 \text{ usw.}$$

Diese Notation wird immer wieder durch konkrete Bündelungen und zeichnerische Darstellungen unterstützt. Natürlich sollten hier auch entsprechende subtraktive Umkehrungen vorkommen, also

$$18 - 8 = 10$$
$$17 - 7 = 10 \text{ usw.}$$

Diese Aufgaben bieten für die Kinder meist keinen allzu großen Widerstand, so dass an dieser Stelle gut eine zusätzliche Schwierigkeit hinzugenommen werden kann. Diese besteht darin, zum ersten Mal eine Textaufgabe zu lösen. Die Kinder dürften im Sprachunterricht so weit sein, dass sie einen einfachen Text lesen können. Sollte das nicht der Fall sein, so kann der Lehrer den Text langsam und deutlich vorlesen und die Kinder dann beauftragen, den Inhalt nachzuerzählen.

Zur rechnerischen Schwierigkeit der Lösung tritt hier nun zunächst einmal das Verständnis des Textes.

Zur Erleichterung des Verständnisses muss der Sachbezug durch die Schüler nachvollzogen werden, etwa in einem Rollenspiel.

Eine geeignete Aufgabe wäre etwa: Karin kauft ein Netz mit 10 Äpfeln und noch 4 einzelne Äpfel. Auf dem Heimweg isst sie 2 Äpfel auf. Wie viel Äpfel bringt sie heim?

Neben dem Zahlerwerb über die Zehnerbündelung sollten die Zahlen selbstverständlich auch über Zählen erschlossen werden.

Dies kann mit einer Treppe aus Stäben oder Streifen veranschaulicht werden, wobei sich der Lehrer nicht scheuen sollte, das Zählen auch im Chor zu üben. Abwechslungsreiche Varianten sind das Überspringen einzelner Stufen, nur gerade (ungerade) Zahlen nennen, Rückwärtszählen usw. und das Notieren von Folgen, z. B.

$$2 \quad 4 \quad 6 \quad 8 \quad 10 \quad 12 \quad 14 \quad 16 \quad 18$$

Diese Übungen sind sicher geeignet, den neuen Zahlenraum zu erschließen, doch sollte sich der Lehrer bewusst sein, dass erst die Zahlverknüpfungen, also vor allem die Addition und ihre Umkehrung, die Subtraktion, dieses Ziel vervollständigen.

Additive Zerlegungen, Addition und Subtraktion

Für Addition und Subtraktion im neuen Zahlbereich lassen sich 3 sukzessiv schwieriger werdende Stufen unterscheiden, die auch in der entsprechenden Reihenfolge zu behandeln sind:

1. Addition zu 10 bzw. Subtraktion bis 10, also Aufgaben wie
   $10 + 5 = \Box$ bzw. $\qquad 15 - \Box = 10$
   und ihre Umkehrungen,

2. Additionen und Subtraktionen im zweiten Zehner ohne Überschreiten bzw. Unterschreiten der 10, also
   $12 + 4 = \Box \qquad\qquad 17 - 3 = \Box$,

3. Additionen und Subtraktionen mit Zehnerübergang
   $8 + 7 = \Box \qquad\qquad 16 - 8 = \Box$.

Während der erste Typ von Aufgaben bereits zur Einführung der Zahlen von 11–19 mit Erfolg verwendet wurde, muss für den zweiten Typ das Verfahren der so genannten dekadischen Analogie, das weiter unten dargestellt werden soll, herangezogen werden. Der dritte Typ ist die so genannte Zehnerüberschreitung, für die geeignete methodische Mittel im nächsten Abschnitt dargestellt werden.

Aufgaben wie $14 + 4 = \Box$ und $15 - 3 = \Box$ können im Unterricht mit dem Hinweis besprochen werden, dass sie wie im ersten Zehner zu rechnen sind. Dieser zwar verständliche, aber doch recht unscharfe Hinweis muss näher analysiert werden.

Mathematische Grundlage dieses Vorgehens ist das Assoziativgesetz. Es besagt, dass bei zwei Additionen das Ergebnis unabhängig davon ist, ob zuerst die erste oder die zweite Addition ausgeführt wird:

$$(a + b) + c = a + (b + c)$$

Wie üblich, deuten die Klammern an, welche Operation zuerst ausgeführt werden soll. Die Zahl 14 kann also $10 + 4$ geschrieben werden, so dass der Term $14 + 4$ als $(10 + 4) + 4$ erscheint. Da aber das Assoziativgesetz für die Addition gilt, ist

$$(10 + 4) + 4 = 10 + (4 + 4)$$

Die Operationen auf der rechten Seite sind dem Schüler bereits bekannt: $4 + 4 = 8$ und $10 + 8 = 18$.

54

Diese exakte Begründung des Vorgehens kann dem Schüler in dieser Form nicht einsichtig gemacht werden, es kann ja auf dieser frühen Stufe nicht beabsichtigt sein, mit Klammern zu rechnen. Eine Darstellung mit Rechenstreifen oder Stäben verdeutlicht aber sofort diesen Sachverhalt, da die Zahlen zwischen 10 und 20 ja immer mit einem 10er-Streifen dargestellt werden. Die Darstellung und Lösung der Aufgabe 14 + 4 = 18 ist also

14 + 4

18

Die entsprechenden Subtraktionen beruhen auf der Gesetzmäßigkeit
(a + b) – c = a + (b – c) falls b ≥ c.

Die Darstellung kann wieder mit Stäben oder auch mit Steckwürfeln erfolgen:

15 – 3 = 12

Zur Erfassung dieser Gesetzmäßigkeit im Unterricht bietet sich ein Würfelspiel an, wobei die Felder spiralig angeordnet sind und im ersten und zweiten Zehner entsprechende Felder nebeneinander liegen.

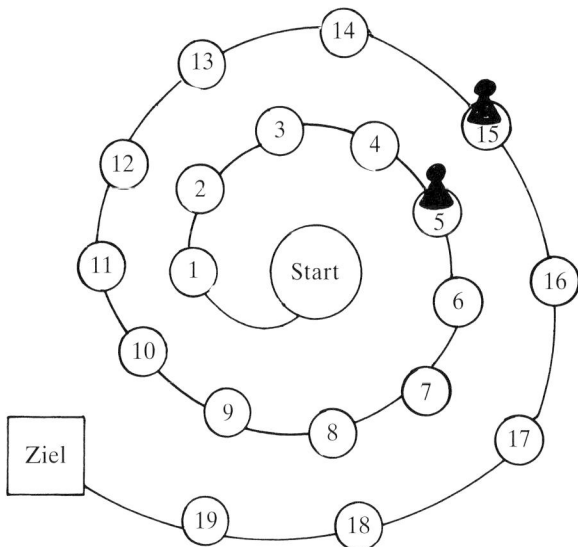

Das Spiel kann allein oder mit einem Partner gespielt werden. Das Kind rückt den Spielstein so weit vor, wie es Augen gewürfelt hat. Dabei soll der neue Stand möglichst nicht durch Auszählen ermittelt werden, sondern durch Addition (bzw. Subtraktion, wenn etwa vereinbart wurde, die mit einem andersfarbigen Würfel gewürfelte Zahl abzuziehen). Dieses Spiel ist ein Beispiel für das so genannte dynamische Prinzip (Dienes 1969, S. 44). Vor der Erkenntnis eines neuen Sachverhalts steht eine Spielphase, in der das Kind mit den Komponenten des neuen Begriffs konfrontiert wird, ohne dass der Begriff als ganzes bewusst wird. Dies geschieht erst in der zweiten Phase, wobei der Lehrer durch geeignete Hinweise diese Erkenntnis wecken kann. Erst in einer dritten Phase erkennt das Kind den Sachverhalt, kann ihn beschreiben und festigt ihn durch Übung. Die formulierte Erkenntnis: „Wie ich im ersten Zehner rechne, so kann ich auch im zweiten Zehner rechnen" zeigt an, dass das Kind die dritte Phase erreicht hat.

Die Erkenntnis der dekadischen Analogie wird durch das Lösen analoger Aufgaben verstärkt

$$4 + 5 = 9 \qquad\qquad 7 - 4 = 3$$
$$14 + 5 = 19 \qquad\qquad 17 - 4 = 13$$

Eine dem Autor bekannte Lehrerin verwendete für

$$4 + 5 = 9$$

den kindgemäßen Begriff: „Kleine Aufgabe" und entsprechend wurde

$$14 + 5 = 19$$

als die dazugehörende große Aufgabe bezeichnet.

Da auch dieser Typ von Aufgaben für die Kinder keine großen Schwierigkeiten mit sich bringt, können wiederum Textaufgaben gelöst werden, um die Kinder frühzeitig dazu zu bringen, aus konkreten Sachsituationen rechnerische Information zu ziehen und zu verwerten:

„Peter hat eine Rolle mit 16 Bonbons, 3 davon hat er schon gelutscht und 2 gibt er seinem Freund mit."

Die Aufgabe wird von den Kindern konkret mit Steckwürfeln oder Plättchen dargestellt, bevor sie zahlenmäßig formuliert und gelöst wird. Dabei sind mehrere Formulierungen möglich:

$$16 - 3 = 13 \qquad\text{oder}\qquad 3 + 2 = 5$$
$$13 - 2 = 11 \qquad\qquad\qquad 16 - 5 = 11$$

Beiden Formulierungen entsprechen verschiedene Handlungsvorstellungen. Im ersten Fall werden zunächst die verzehrten Bonbons und dann die verschenkten abgezogen. Im zweiten Fall werden die verzehrten und verschenkten zusammengenommen und von den ursprünglich vorhandenen weggenommen.

Eine Darstellung mit Klammern, etwa $16 - (3 + 2) = 11$ verbietet sich von selbst, eine Darstellung mit zwei Subtraktionen, als $16 - 3 - 2 = 11$ ist zunächst mathematisch problematisch, weil dieser Ausdruck nicht eindeutig ist. Das Ergebnis ist nämlich abhängig davon, welche Operation zuerst ausgeführt wird:

$$(16 - 3) - 2 = 11 \qquad\text{oder}$$
$$16 - (3 - 2) = 15$$

Für die Subtraktion gibt es kein Assoziativgesetz. Man kann sich allerdings in der Schule damit helfen, dass für eine mehrfache Subtraktion die Reihenfolge von links nach rechts festgelegt wird.

Die Anwendung arithmetischer Gesetze erleichtert das Rechnen, auch wenn diese Gesetze nur implizit verwendet werden.

Wie bereits auf Seite 51 dargestellt, kann das Kommutativgesetz der Addition mit Erfolg zur Erleichterung von Rechenaufgaben eingesetzt werden, bei denen der erste Summand klein gegenüber dem zweiten Summanden ist. Dieser Sachverhalt liegt vor allem dann vor, wenn der erste Summand kleiner als 10 und der zweite größer als 10 ist, also bei Aufgaben der Form

$4 + 13 = \square$

Die kindgemäße Lösung erfolgt wieder über die Tauschaufgabe, also als

$13 + 4 = \square$

Der Zehnerübergang

Alle bisher geschilderten Additions- und Subtraktionsaufgaben konnten durch Operieren in einem Zehner gelöst werden, selbst wenn hier, wie beim eben besprochenen Typ, das Kommutativgesetz herangezogen werden musste.

Bei Aufgaben wie $\qquad 8 + 7 = \square \qquad$ und $\qquad 13 - 5 = \square$

ist dies aber nicht mehr möglich. Hierbei muss die Grenze 10 über- bzw. unterschritten werden, was nicht ohne Schwierigkeiten für Kinder durchgeführt werden kann.

Grundsätzlich muss aber festgehalten werden, dass diese Schwierigkeiten nicht in der Natur der Zahlen und Zahlverknüpfungen liegen, sondern eine Folge des dekadischen Stellenwertsystems sind. Die arithmetischen Gesetze gelten selbstverständlich unverändert.

Zur praktischen Durchführung des Zehnerübergangs haben sich vier Methoden bewährt:

1. Der gleitende Zehnerübergang,
2. der Zehnerübergang durch Zerlegung mit Hilfe des Assoziativgesetzes,
3. der Übergang durch gegensinniges Verändern einer Summe bzw. gleichsinniges Verändern einer Differenz,
4. der Zehnerübergang durch Verdoppeln bzw. Halbieren.

Selbstverständlich sollten alle vier Methoden im Unterricht verwendet werden. Durch eine solche Variation in der Methode kann der Lernprozess für die verschiedenen Schülergruppen sehr individuell gestaltet werden.

Bei dem so genannten gleitenden Übergang soll die Zahl 10 nicht als Hürde aufgefasst werden, sondern als eine natürliche Zahl, die sich durch keine Besonderheit auszeichnet.

Additions- und Subtraktionsaufgaben werden hierbei mit Hilfe des Zählens gelöst, dies entspricht wiederum dem konkreten Operieren, wenn die Zahlen durch Mengen dargestellt werden: Wird die Aufgabe $8 + 5 = \square$ konkret dargestellt, so kann das Kind zu den 8 Elementen sukzessive 5 einzelne Elemente dazulegen.

Das Ergebnis 13 wird dann einfach abgelesen. Es gibt viele entsprechende Veranschaulichungen, z. B. das Dazuzählen mit den Fingern, oder das Weiterklettern auf einer Treppe.

In jedem Fall handelt es sich hierbei um eine Primitivform des Rechnens (Griesel 1971, S. 181), bei der das Ergebnis nicht auf Grund von Zahlverknüpfungen gewonnen wird, sondern durch quantifizierendes Zählen.

Der gleitende Zehnerübergang kann in Übungsformen zu Zahlenfolgen eingebettet werden, wie sie auf S. 54 geschildert wurden. Es ist aber darauf zu achten, dass der gleitende Zehnerübergang und die Zahlenfolgen einen nicht zu großen Platz im Unterricht einnehmen im Verhältnis zu dem wichtigen Zehnerübergang durch Zerlegungen mit Hilfe des Assoziativgesetzes.

Weitere Übungsformen zum gleitenden Übergang sind Aufgabenfolgen der Art:

$9 + 1 = \square$ $\qquad$ $5 + 3 = \square$ $\qquad$ $15 - 3 = \square$

$9 + 2 = \square$ $\qquad$ $5 + 4 = \square$ $\qquad$ $15 - 4 = \square$

$9 + 3 = \square$ $\qquad$ $5 + 5 = \square$ $\qquad$ $15 - 5 = \square$

$9 + 4 = \square$ $\qquad$ $5 + 6 = \square$ $\qquad$ $15 - 6 = \square$

. . . . . $\qquad$ . . . . . $\qquad$ . . . . . .

Der Zehnerübergang durch Zerlegen nach dem Assoziativgesetz ist mathematisch die weitaus wichtigere Methode, weil sie nicht wie der gleitende Zehnerübergang so weit mechanisiert werden kann, sondern in jedem Fall der einsichtige Vollzug der Operation im Vordergrund steht.

Vorübungen zu dieser Methode wurden schon seit Beginn in Form von vielfältigen Zahlzerlegungen durchgeführt, so dass vom Kind ohne Schwierigkeiten geeignete Zerlegungen gefunden werden, zunächst den Zehner zu füllen und dann erst den Rest hinzuzuaddieren.

Erinnern wir uns zunächst einmal, was bei dem Zehnerübergang durch Zerlegung eigentlich vor sich geht:

Es soll die Aufgabe $8 + 5 = \square$ gerechnet werden. Dazu wird 5 in $2 + 3$ zerlegt. $8 + 2 = 10$ und $10 + 3 = 13$, also

$$8 + 5 = 8 + (2 + 3) = (8 + 2) + 3 = 10 + 3 = 13$$

Dies ist das bekannte Assoziativgesetz, das den Kindern natürlich wieder nicht explizit vorgestellt werden kann, weil der Gebrauch der Klammern im 1. Schuljahr nicht angebracht ist. Der Schüler wird zunächst mit einer Aufgabe konfrontiert, die er nicht oder nur mit Mühe lösen kann, etwa

$8 + 7 = \square$

Als Motivation dafür, den zweiten Summanden zu zerlegen, kann der Lehrer berichten, dass Herr Moser einen schweren Sack auf einen Tisch zu heben hat, es aber auf einmal nicht schafft. Erst als er den Inhalt des Sackes in zwei kleinere Säcke umfüllt, gelingt es ihm, die Last zu heben.

Dieselbe Motivation kann auch benutzt werden, um die entsprechende Zerlegung bei der Subtraktion zu provozieren, etwa bei der Aufgabe

$14 - 6 = \square$

Diese Aufgaben sind eigentlich noch leichter, weil der erste Summand der Zerlegung durch den Minuenden direkt vorgegeben ist.

$$14 - 4 = 10$$
$$10 - 2 = 8$$

Wenn Operatoren und die Zahlenleiste bekannt sind, lässt sich der Zehnerübergang durch Zerlegung gut darstellen.

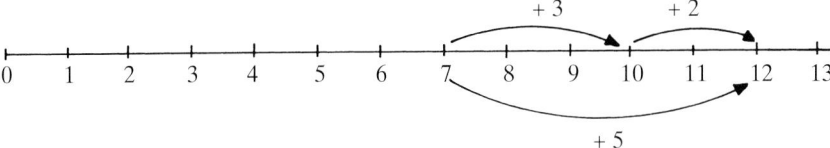

Die naheliegendste Darstellung ist aber die mit Stäben oder Streifen

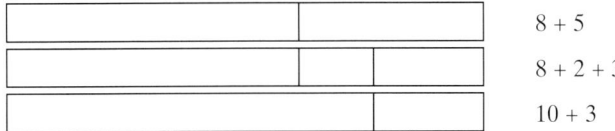

8 + 5

8 + 2 + 3

10 + 3

Die Aufgabe besteht also darin, eine beliebige Stabkombination in die „Standardkombination" 10 + … umzuformen. Dazu muss der zweite Stab durch zwei Stäbe so ersetzt werden, dass der erste Stab zu 10 ergänzt werden kann.

Von dieser Zerlegung durch Stäbe lässt sich auch eine geeignete Schreibweise ableiten, etwa

$$
\begin{array}{c}
8 \;+\; 5 \\
8 \;+\; 2 \;+\; 3 \\
10 \;+\; 3 \;=\; 13
\end{array}
$$

Möglich ist auch

$$8 + 5 = 8 + 2 + 3 = 8 + 2 + 3 = 10 + 3 = 13,$$

doch empfinden Kinder die fortgeschriebene Gleichung als umständlich und unübersichtlich.

Auch folgende Schreibweise wird als umständlich empfunden (Breidenbach 1969, S. 118)

$$
\begin{array}{l}
\underline{8 + 5 =} \\
8 + 2 = 10 \\
\underline{10 + 3 = 13} \\
8 + 5 = 13
\end{array}
$$

Hüten muss sich der Lehrer vor folgender Formulierung, weil sie einen Missbrauch des Gleichheitszeichens beinhaltet.

$$8 + 5 = 8 + 2 = 10 + 3 = 13$$

Denn natürlich ist 8 + 5 nicht gleich 8 + 2 und 8 + 2 nicht gleich 10 + 3.

Die dritte Methode der Zehnerüberschreitung ist nur in einigen Spezialfällen zu gebrauchen, nämlich dann, wenn der erste Summand nur wenig von 10 verschieden ist. Sie beruht auf dem so genannten Gesetz des gegensinnigen Veränderns der Glieder einer Summe

$$a + b = (a + n) + (b - n)$$

In Worten: Eine Summe bleibt unverändert, wenn ich den ersten Summanden um eine feste Zahl vergrößere und gleichzeitig den zweiten Summanden um dieselbe Zahl verringere. Interessant wird dieses Gesetz bei Aufgaben wie

$$9 + 6 = 10 + 5 = 15$$
$$8 + 5 = 10 + 3 = 13$$

Wiederum wird dieses Gesetz beim Kind nur soweit bewusst gemacht, bis es dieses in Spezialfällen anwenden kann. Verbal genügt eine Erkenntnis der Art: Wenn ich die erste Zahl um 1 vergrößere, dann muss ich die zweite um 1 verkleinern usw.

Diese Erkenntnis kann wieder einleuchtend mit Stäben verdeutlicht werden

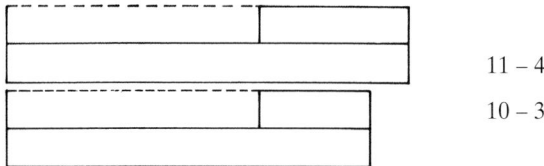

$$9 + 6$$
$$10 + 5$$

Das Gegenstück zu dieser Vorgehensweise bei der Subtraktion beruht auf dem Gesetz des gleichsinnigen Veränderns einer Differenz

$$a - b = (a + n) - (b + n)$$
$$\text{oder } a - b = (a - n) - (b - n)$$

In Worten: Eine Differenz bleibt gleich, wenn Minuend und Subtrahend um den gleichen Betrag vergrößert oder vermindert werden.

Dieses für viele Rechenfälle sehr wichtige Gesetz ist für den Zehnerübergang dann brauchbar, wenn der Minuend nur wenig größer ist als 10.

Der Schüler findet dann leicht die Lösung, wenn er Minuend und Subtrahend um denselben Betrag verkleinert, z. B.

$$11 - 4 = 10 - 3 = 7$$
$$12 - 8 = 10 - 6 = 4$$

Einsichtig ist die Darstellung eines solchen Vorgehens mit Streifen oder Steckwürfelstangen in zwei Farben

$$11 - 4$$
$$10 - 3$$

Das Kind fasst seine Erkenntnis so zusammen: Wenn ich die erste Zahl um 1 verkleinere, kann ich auch die zweite um 1 verkleinern.

Auch das Verdoppeln kann für die Zehnerüberschreitung nur in Spezialfällen genutzt werden. Hierbei handelt es sich weder um eine Primitivform des Rechnens noch um ein rechnerisches Erschließen von Aufgaben mit Hilfe von Rechengesetzen, sondern um ein automatisches Rechnen (Griesel 1971, S. 182). Zwar werden die einzelnen Rechensätze mit Hilfe von Material abgeleitet, etwas mit Streifen

		$8 + 8$
		16

doch gehen diese Rechensätze schnell in das Gedächtnis über, wovon sie jederzeit abgerufen werden können.

$$6 + 6 = 12$$
$$7 + 7 = 14$$
$$8 + 8 = 16$$
$$9 + 9 = 18$$

Die Sonderstellung dieser Rechensätze ist auch dadurch begründet, dass die Verdoppelung als erster Schritt für die Multiplikation angesehen werden kann:

$$6 + 6 = 6 \cdot 2$$

Dieser Zusammenhang wird allerdings erst später bedeutend. Die Multiplikation muss ja zunächst konkret mit Material erarbeitet werden, bevor der Zusammenhang zur Addition aufgezeigt werden kann.

Die Verdoppelungen haben im kindlichen Lernprozess auch die Funktion von so genannten Stützpunktaufgaben, von denen aus weitere Rechensätze erschlossen werden können. Dies geschieht durch die so genannten Nachbaraufgaben.

Nachbaraufgaben entsprechen den mathematischen Gesetzmäßigkeiten

$$a + b = n \iff (a \pm 1) + b = n \pm 1$$
$$a - b = m \iff (a \pm 1) - b = m \pm 1$$

Selbstverständlich kann die 1 durch jede andere Zahl ersetzt werden, aber nur mit 1 sind diese Gesetze interessant. Man kann nämlich eine Reihe von Zehnerüberschreitungen als Nachbaraufgaben von Verdoppelungen ansehen, z. B.

$7 + 8 = \Box$	oder	$16 - 7 = \Box$
$8 + 8 = 16$		$16 - 8 = 8$
$7 + 8 = 15$		$16 - 7 = 9$

Auch diese Möglichkeiten erarbeitet sich das Kind mit konkretem Material, also mit Stäben, Rechenstreifen oder Steckwürfeln. Die rein schriftliche und mündliche Bearbeitung dieser Aufgaben folgt immer der Darstellung mit Arbeitsmaterial.

Beim Problem des Zehnerübergangs wird zum ersten Mal ganz deutlich, welche Funktion die arithmetischen Gesetze für das Rechnenlernen spielen. Sie sind nicht Selbstzweck, sondern erleichtern und ermöglichen überhaupt erst das rechnerische Erschließen der Aufgaben. Durch vielseitige, aber implizite Verwendung der Gesetzmäßigkeiten wird das Kind in die Lage versetzt, flexibel und sicher zu rechnen, ohne zu starre Mechanismen zu bilden. Insofern ersetzen die arithmetischen Gesetze die früher so beliebten Rechentricks, die aber für das Kind nicht einsichtig waren.

Ordnungszahlen, die Kleiner-Größer-Beziehung

Die Kinder haben die Zahlen zwischen 10 und 20, die Zahlverknüpfungen in diesem Bereich und die Möglichkeiten des Zehnerübergangs überwiegend über Mengen oder Längen (Stäbe) kennen gelernt. Selbstverständlich gehört zum vollständigen Erwerb dieser Zahlen auch die Kenntnis der Ordnungszahlen.

Dies wird am besten erreicht durch konkrete Ordnungsübungen. Der Lehrer bringt einen oder mehrere Sätze von Nummernkarten (1–19) mit und lässt sie von Schülergruppen ordnen.

Weiter können die Nummernkarten an Schüler verteilt werden, die sich dann in der richtigen Folge aufzustellen haben.

Der Lehrer gibt auf Arbeitsblättern gezeichnete Perlenketten vor und dazu den Auftrag, die 3., 7., 13. und 18. Perle rot und die 5., 9., 15. und 19. Perle blau zu färben. Die nicht gefärbten Perlen können dann mit ihrer Platznummer beschriftet werden. Dadurch wird gleichzeitig eine Kontrollmöglichkeit vorgegeben. Der Lehrer sollte auch darauf achten, dass die Kinder beim Abzählen der Perlen nicht jedesmal von vorne beginnen, sondern die schon festgelegten Zahlen als Ausgangswerte heranziehen.

Die Umkehraufgabe zum vorigen Aufgabentyp besteht darin, nummerierte Perlen entsprechend ihrer richtigen Reihenfolge aufzufädeln.

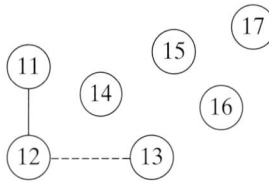

Vorgänger und Nachfolger von Zahlen lassen sich auf Grund der oben erarbeiteten Ordnung leicht angeben und notieren.

$$\square\ 14\ \square$$

Besondere Aufmerksamkeit ist der Vorgänger- und Nachfolgerbeziehung beim Übergang von einstelligen zu zweistelligen Zahlen zu widmen.

Die Größer- und Kleiner-Beziehung, die ja im Zahlbereich bis 10 auch noch über den kardinalen Aspekt der natürlichen Zahlen, also entsprechend der Beziehung „... hat mehr Elemente als ..." erworben wurde, wird im Bereich zwischen 10 und 19 am besten nur über den ordinalen Aspekt, also über die Anordnung eingeführt. Mengen mit entsprechenden Kardinalzahlen sind nicht mehr überschaubar.

Eine Möglichkeit zur Motivation ist durch eine Sprossenwand gegeben, deren Sprossen von unten nach oben nummeriert sind. Hier ist noch eine Verbindung von der Größer-Relation mit der Höhe der Sprosse naheliegend.

Die 16. Sprosse ist höher als die 13., also

$$16 > 13$$

Selbstverständlich wird man hier relativ schnell zu rein schriftlichen Übungen übergehen, etwa zu Auswahlübungen, bei der Elemente, die nicht zu einer wahren Aussage führen, gestrichen werden, z. B.

$$14 > \square \quad \boxed{13, 10, 8, \cancel{15}, \cancel{18}, \cancel{16}}$$

Ähnlich kann auch ein Gruppenspiel durchgeführt werden. Zahlenkarten werden an die Kinder der Gruppe verteilt. Der Gruppenführer notiert eine Ungleichung mit Platzhalter (☐) auf einem Blatt, das in die Mitte der Gruppe gelegt wird. Reihum legt jeder eine Zahlenkarte auf das Kästchen, so dass eine richtige Aussage entsteht. Sieger ist, wer die wenigsten Karten in der Hand behält.

2.5 Aufbau des Zahlbereichs bis 100

Im Zahlbereich bis 20 wurden bereits die Größer-Kleiner-Beziehung, die Nachfolger-Vorgänger-Beziehung und die Stellenwertschreibweise erarbeitet. Ebenso wurden Addition und Subtraktion in einfachen und schwierigen Fällen (Zehnerüberschreitung) behandelt. Lediglich Multiplikation und Division sind noch unbekannt, werden aber auch im Hunderterraum zunächst einmal zurückgestellt.

Demzufolge dürfen im kindlichen Lernprozess bei der Erfassung des neuen Zahlenraums keine prinzipiellen Schwierigkeiten auftauchen.

Und dennoch macht man häufig die Erfahrung, dass bei einigen Kindern die Erweiterung des Zahlenraums mit großen Problemen verbunden ist. Diese reichen von der Schreib- und Leseweise der Zahlen über die Nachfolgerbildung bis zum Durchführen der mündlichen Addition und Subtraktion.

Der Grund für diese Problematik liegt nicht im Fachlichen oder Didaktischen begründet, sondern ist von der psychologischen Situation der Kinder her zu erklären. Mit der Eroberung des Hunderterraums verlässt das Kind sozusagen den engen bekannten Bereich des Zahlenraums bis 20, in dem es sich bisher bewegt hat, in dem die repräsentierenden Mengen überschaubar waren und dem es auch im außerschulischen Alltag ständig begegnete. Denn auch im täglichen Leben kommen die kleineren Zahlen ungleich häufiger vor als Zahlen um 100. Man denke nur an Hausnummern, Straßenbahn- und Gleisnummern und Altersangaben von Kindern. Auch im Geldverkehr begegnet das Kind überwiegend kleineren Zahlen, da Geldbeträge über 20,– Euro für das Kind zum Teil unerreichbar hoch sind.

Im Unterricht kommt noch das methodische Problem hinzu, dass die bisher verwendeten Veranschaulichungen für Zahlen nur noch bedingt verwendbar sind. Konkrete Mengendarstellungen, etwa mit strukturiertem Material oder Kringelmengen, sind für Kardinalzahlen über 20 nicht mehr überschaubar. Auch Steckwürfelkombinationen mit mehr als 20 Würfeln sind unhandlich und erfordern zur Herstellung viel Zeit. Stäbe oder Streifen sind gerade noch verwendbar, wenn genügend Zehnerstäbe oder -streifen vorhanden sind, aber auch hier wird eine korrekte Zahldarstellung schwierig, ganz zu schweigen von der Darstellung von Addition und Subtraktion.

In dieser Situation darf nun der Lehrer nicht die Konsequenz ziehen, ganz auf Veranschaulichungen zu verzichten. Es müssen vielmehr andere Möglichkeiten gefunden werden, die Zahlen bis 100 darzustellen. Hier ist vor allem an den Zahlenstrahl (oder auch Zahlenleiste genannt, weil sie hier nur aus diskreten, den natürlichen Zahlen entsprechenden Punkten besteht) zu denken, aber auch noch an konkrete Bündelungen, Hunderterhaus und Hundertertafel. Letztlich kann und soll auch Geld zur Veranschaulichung herangezogen werden (siehe auch Kapitel 2.8), das ja bekanntlich eine große Motivationskraft auf die Kinder ausübt.

Zehnerbündelungen

Unabhängig davon, ob die Kinder bereits mit Bündelungen in nichtdekadischen Systemen gearbeitet haben, wird der Lehrer nicht umhin kommen, den Zahlenraum bis 100 in konkreten Zehnerbündelungen zu erschließen. Selbstverständlich beginnt man mit einer Unterrichtssituation, in der die Kinder konkrete Handlungen ausführen.

So können einzelne Kinder jeweils 10 gleichartige Gegenstände bündeln und eventuell verpacken. Dazu eignen sich z. B. Steckwürfel, die zu je 10 zusammengesteckt werden, Eier (nicht real), die zu je 10 in eine Schachtel verpackt werden, Knöpfe, die zu je 10 auf eine Karte gelegt (aufgenäht) werden, oder etwa Papiertaschentücher, bei denen die Kinder feststellen, dass sie zu je 10 verpackt sind.

Der Hunderterraum wird dann zunächst in Zehnerschritten erschlossen, wobei die Kinder ihre Zehnerbündel zusammenlegen.

So wird etwa eine Steckwürfelkette sukzessiv aus 10 Zehnerstangen gebildet, wobei jeder Zehner sich von den Nachbarzehnern in der Farbe unterscheidet. Diese Kette wird dann so angeordnet:

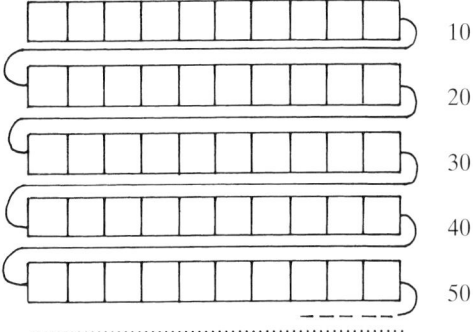

Zahlkärtchen werden daneben gelegt.

In der ikonischen (bildlichen) Darstellung kommt es dann zunächst einmal zu zeichnerischen Bündelungen, indem gezeichnete Elemente (Kringel, Knöpfe, Punkte) mit geschlossenen Schleifen zusammengefasst werden.

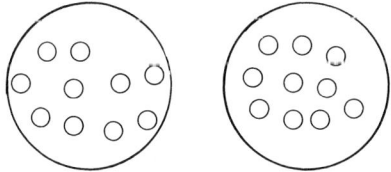

Daneben wird die Zahl in einem Bündelhaus notiert

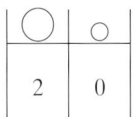

Im obigen Fall ergeben sich also 2 Zehnerbündel und es bleibt kein einzelnes Element übrig. Wichtig ist hier auch die Verbalisation: „Ich habe 2 Zehnerbündel. Das sind 20 Einzelne."

Hier liegt wieder eine Situation vor, bei der der Lehrer den Übergang zwischen den Darstellungsformen (intermodaler Transfer) sehr genau planen muss.

Zur Verdeutlichung sei dies noch einmal in einer Unterrichtsskizze geschildert. Der Lehrer lässt Nüsse, Steckwürfel oder andere Gegenstände konkret in der Großgruppe in Säckchen zu je 10 Stück verpacken. Im nächsten Schritt sind an der Tafel Kringel gezeichnet, die wiederum als Nüsse usw. interpretiert werden. Der Verpackungsvorgang wird dadurch angedeutet, dass um je 10 Kringel eine Schleife gezogen wird. Das Ergebnis besteht aus Zehnerschleifen und eventuell noch einzelnen Kringeln.

Die Anzahlen werden in einem Bündelhaus notiert. Insbesondere bei kleineren Anzahlen kommt es vor, dass Kinder die schon gebündelten Elemente noch mit in der Einerspalte des Bündelhauses notieren

Dies kann vermieden werden, indem die einzelnen Elemente im Zehnerbündel durch Schraffur undeutlich oder unkenntlich gemacht werden.

Das Zehnerbündel kann dann als Netz gedeutet werden.

Von den bisher bei dem Kind bekannten Materialien lassen sich die Stäbe oder Streifen sinnvoll einsetzen, um die Zahlen bis 100 darzustellen. Es wird empfohlen, sie als unmittelbare Vorlage zur Notation zu benutzen,

Z	E
3	0

wobei als Beschriftung für das Bündelhaus die Abkürzungen E für Einer, Z für Zehner und evtl. später H für Hunderter benutzt werden.

An dieser Stelle ist wieder auf die Notwendigkeit reversibler Aufgabenstellungen hinzuweisen. Das Kind muss sowohl Zahlen notieren können, die durch Stäbe oder Streifen repräsentiert sind, als auch vorgegebene Zahlen durch Stab- und Streifenkombinationen darstellen.

Neue Darstellungsformen

Es wurde bereits öfter darauf hingewiesen, dass die Repräsentationsmittel, die für Zahlen kleiner als 20 geeignet waren, für Zahlen größer als 20 kaum noch in Frage kommen. Es müssen daher neue Darstellungsformen entwickelt werden, mit denen das Kind die Zahlen konkretisieren kann.

Ein älteres Mittel zur Veranschaulichung von Zahlen bis 100, das den kardinalen Charakter betont, ist die Kühnelsche Hundertertafel.

Es soll hier nicht die Diskussion der vergangenen Jahrzehnte um die Kühnelschen Zahlbilder referiert werden.

Halten wir aber fest, dass die Hundertertafel eine Möglichkeit ist, Zahlen bis Hundert und ihre Beziehungen untereinander darzustellen.

Im Unterricht kann sie entwickelt werden aus der Steckwürfelkette von S. 65, indem jeder Steckwürfel durch einen Punkt angedeutet wird:

Hundertertafel, dargestellt ist 23

Um überschaubare Mengen zu gewinnen, wird häufig auch noch eine Fünfereinteilung angedeutet. Oft existiert an den Schulen auch ein Stempel für die Hundertertafel, mit dem schnell Übungsaufgaben zur Zahlrepräsentation hergestellt werden können. Die Kinder können entsprechende Mengen kenntlich machen, indem sie die Komplementmenge mit Hilfe von zwei Blättern Papier abdecken oder die Punkte der Menge mit Mengenschleifen zusammenfassen.

Von dieser Hundertertafel sind zahlreiche Lernmaterialien abgeleitet worden, z. B. die bekannte Russische Rechenmaschine oder Tafeln, in denen die einzelnen Elemente klappbar gelagert sind, um zwei Zustände (● und ○) darzustellen.

All diese Materialien sind zur Darstellung der Zahlen bis 100 brauchbar und können im Unterricht verwendet werden. Auch hier gilt das Prinzip der Variation der Veranschaulichung: Das Kind wird schneller den abstrakten Zahlbegriff erwerben, wenn die Zahlen durch verschiedenartige Medien dargestellt werden.

Während Hundertertafel und davon abgeleitete Medien den kardinalen Charakter dieser natürlichen Zahlen betonen, kann der ordinale Charakter durch das so genannte Hunderterhaus und den Zahlenstrahl angesprochen werden.

1			4		6				10
11	12			15			18		
		23				27			
31			34	35			38		40
	42		44			47			
					56			59	
61		63					68		
				75					80
	82		84			87			
91			94						100

Hunderterhaus

Auch das Hunderterhaus kann aus der Steckwürfelkette entwickelt werden.

Die Besetzung der leeren Plätze darf nicht automatisch geschehen. Dazu werden die einzusetzenden Zahlen zusammengestellt und einzeln durchgestrichen, wenn sie richtig eingesetzt wurden.

3	19	29	17	41	57	9	52	46	36	24
45	55	2	64	32	53	69	21	67	73	88
20	71	85	62	76	5	89	74	92	50	78
13	81	30	51	16	98	58	90	7	96	39
72	33	26	70	93	65	22	77	99	48	95

Eine eingehende Betrachtung des Hunderterhauses folgt. Dabei werden seine Regelhaftigkeiten besprochen, z. B.: „In der dritten Zeile stehen alle Zwanzigerzahlen", „In der vorletzten Spalte stehen alle Zahlen, die 9 Einer haben" usw.

An dem ausgefüllten Hunderterhaus können eine Fülle von Rechenaufgaben abgelesen werden. Z. B. entspricht das Überspringen einer Zahl in waagerechter Richtung nach rechts der Addition mit 2

Der Übergang zur darunterstehenden Zahl entspricht der Addition von 10

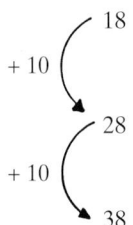

Der Sprung: 1 nach unten und zwei zurück entspricht der Addition von 8

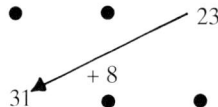

Das Hunderterhaus gibt Gelegenheit zu zahlreichen Partnerspielen: Ein Schüler nennt eine Zahl, sein Nachbar sucht sie im Hunderterhaus. Oder das Hunderterhaus wird als Spielfeld angesehen, zwei oder vier Spieler würfeln und rücken ihre Spielsteine entsprechend vor. Ziel ist es, möglichst schnell 100 zu erreichen. Bei all diesen Übungen ist wichtig, dass die Kinder die Zahlen sicher benennen und gemäß ihrer Stellung auffinden können. Gerne wird von den Kindern dann auch folgende Übung durchgeführt:

61		
		73

	35		
			47

Diese Ausschnitte aus dem Hunderterhaus sollen richtig ausgefüllt werden. Dabei kann bei schwächeren Schülern das ausgefüllte Hunderterhaus mit herangezogen werden. Überhaupt kann der Lehrer auf einem großen Bogen Papier das Schema eines Hunderterhauses vorbereiten, das dann gemeinsam mit der ganzen Klasse ausgefüllt und zur ständigen Orientierung an der Wand ausgestellt wird.

Das Hunderterhaus nimmt bezüglich kardinaler und ordinaler Zahlauffassung eine Mittelstellung ein. Seine kardinale Bedeutung ist durch die Menge der Kästchen bis zu einer bestimmten Zahl gegeben. Seine ordinale Bedeutung erhält es auf Grund der Anordnung der ihn ihm notierten Zahlen.

Noch deutlicher als beim Zahlenhaus wird der ordinale Charakter der Zahlen durch den Zahlenstrahl.

Die erste Einführung des Zahlenstrahls erfolgt am besten durch Abmessen mit Fußlängen: Der Lehrer hat einen langen Streifen Tesakrepp auf den Boden des Klassenzimmers gespannt. Ein Kind schreitet den Streifen ab, indem es Fuß vor Fuß setzt, und ein anderes Kind markiert jeweils die Fußspitze mit einem Strich. Die ganze Klasse zählt dabei und die Marken werden entsprechend beschriftet. Der Lehrer fertigt vielleicht einen weiteren Zahlenstrahl (mit kürzeren Abständen zwischen den Marken) selbst an und heftet ihn an die Klassenwand.

Zur besseren Orientierung sollten sich die einzelnen Zehnerabschnitte in den Farben unterscheiden, und Nullmarke, Fünfer- und Zehnermarken durch einen verlängerten Strich markiert sein.

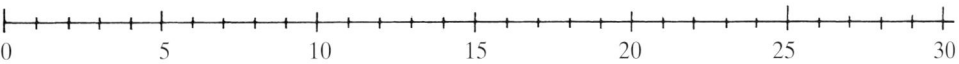

Um eine größere Übersichtlichkeit zu erreichen, sollten nur Fünfer- und Zehnermarken eine Zahlbenennung tragen.

Die Übungen am Zahlenstrahl werden in zwei Formen durchgeführt.

1. Nennen einer Zahl und Aufsuchen der entsprechenden Marke,
2. Hinweis auf eine Marke und Nennen der entsprechenden Zahl.

Im weiteren Verlauf des Unterrichts können dann auch Intervalle am Zahlenstrahl aufgewiesen werden, z. B. „Zeige und nenne alle Zahlen, die zwischen 28 und 35 liegen."

Vorgänger und Nachfolger, Zähl- und Ordnungsübungen

Die Vorgänger- und Nachfolgerbeziehung von Zahlen kann unmittelbar am Zahlenstrahl abgelesen werden. Als Übungen am Zahlenstrahl werden zunächst die Nachbarzahlen einer Zahl gesucht, die mit der genannten Zahl als Ausschnitt aus dem Zahlenhaus notiert werden.

Auch die Bestimmungen des Nachfolgers einer Zahl ist unproblematisch. Etwas schwieriger ist die Bestimmung des Vorgängers, denn in der Notation des Vorgängers einer Zahl wird dieser später notiert als die Zahl selbst: „Der Vorgänger von 32 ist 31." Es hat keinen Zweck, hierbei den Satz entsprechend umzuformen. Der Zusammenhang zwischen den Zahlen muss denkend erfasst werden.

Zählübungen wurden auch schon zum Erwerb der Zahlen bis 100 herangezogen. Sie werden immer wieder verwendet, um diese Zahlen weiter dem Kind vertraut zu machen. Allerdings sollten sie nicht nur mechanisch durchgeführt werden.

Bewussteres Zählen, etwa rückwärts, in Zweier- und Zehnerintervallen führt zur vertieften Einsicht in die Zahlstruktur und kann als Vorübung für die Multiplikation angesehen werden. Die Größer-Kleiner-Beziehung der Zahlen von 20 bis 100 und natürlich auch darüber kann nicht mehr über Mengenbeziehungen verdeutlicht werden. Das Verfahren der eindeutigen Zuordnung wäre viel zu umständlich und unübersichtlich.

Das einzig tragende Verfahren ist die Verdeutlichung am Zahlenstrahl: Die Zahl ist größer, deren Marke auf dem Zahlenstrahl weiter rechts steht. Der Zahlenstrahl kann auch durch ein Maßband ersetzt werden.

Im Laufe dieser Übungen muss es gelingen, dass die Kinder sich ganz von der Veranschaulichung der Zahlen lösen. Schließlich sollen sie nur an der Schreib- und Sprechweise der Zahlen erkennen, welche Zahl größer oder kleiner ist als die andere. Als Arbeitsaufgaben sind hier denkbar:

1. Das Setzen des richtigen Relationszeichens zwischen zwei Zahlen.

2. Das Einsetzen von Zahlen aus einer vorgegebenen Menge in Ungleichungen wie

   $47 < \square$.

3. Bestimmen der nachfolgenden Zehnerzahl und notieren der Ungleichung

   $47 < 50$.

4. Als Partnerspiel: Gleichzeitiges Aufdecken zweier Zahlkarten und Setzen des richtigen Relationszeichens.

5. Ordnen von Zahlkärtchen nach der Größe der Zahl usw.

Zur Schreibweise der Zahlen sei noch Folgendes bemerkt: Es ist nicht ratsam, zweistellige Zahlen gemäß der Sprechweise zu notieren, also z. B. bei 23 zunächst die 3 zu schreiben und dann die 2 davor zu setzen. Auf diese Weise werden Fehler beim Wählen von Telefonnummern und beim Rechnen mit Taschenrechnern vorprogrammiert. Stattdessen soll der Lehrer darauf achten, dass die Schüler zweistellige Zahlen als eine Einheit aufnehmen und auch als solche in Schreibrichtung notieren.

Relationen im Zahlbereich bis 100

Es wurde bisher darauf verzichtet, ausführlicher auf Relationen und ihre Darstellung, etwa im Pfeildiagramm, einzugehen. Einerseits waren die Anwendungsbeispiele besonders im arithmetischen Bereich noch nicht sehr zahlreich, andererseits war die Anzahl der neuen Symbole und Notationsformen, mit denen die Kinder sich auseinander zu setzen hatten, groß genug.

Der Vorschlag, bei der Behandlung der Zahlen bis 100 Relationsdiagramme einzuführen, sollte allerdings nicht als bindende Vorschrift aufgefasst werden. Es gibt gute Gründe dafür, mit der Relationsdarstellung schon früher zu beginnen oder auch erst später anzufangen.

Für eine genaue Definition des Relationsbegriffs wird auf die umfangreiche fachliche und didaktische Literatur verwiesen. Hier genüge die Bemerkung, dass unter Relation bestimmte Beziehungen zwischen Elementen zweier Mengen oder auch nur einer Menge verstanden werden. Eine Beziehung kann dadurch angegeben werden, dass alle Elementepaare, zwischen denen diese Beziehung herrscht, aufgezählt werden, oder aber dass die Beziehung als Relationsvorschrift ausgedrückt und durch Pfeile zwischen den Elementen angedeutet wird. Im letzteren Fall spricht man vom Pfeildiagramm der Relation. So sieht das Pfeildiagramm für die Kleiner-Relation auf der Menge der Zahlen [3, 5, 7] so aus:

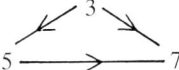

Ein solches Pfeildiagramm kann natürlich nicht unvermittelt eingeführt werden, sondern muss anschaulich aus einer konkreten Situation gewonnen werden.

Eine solche konkrete Situation ist der Größenvergleich von Kindern, wie er bereits S. 36 geschildert wurde. Wiederum wird die Größer-Relation bei Zahlen durch die Größer-(Länger-) Relation bei Personen vorbereitet.

Der Lehrer stellt 3 unterschiedlich große Kinder (Hans, Doris, Karin) vor die Klasse und beauftragt sie, aufeinander zu zeigen, wenn sie sagen können: „Ich bin größer als du."

Es ist sehr wichtig, dass dieser Satz mit „ich" beginnt. Eine Formulierung wie: „Hans ist größer als ich" würde bei dieser methodischen Herleitung zu einer falschen Pfeilrichtung führen. Wenn also die Reihenfolge der Kinder nach der Größe wie oben angegeben ist, dann kann Hans zu Doris und Karin sagen: „Ich bin größer als du." Doris kann auf Karin zeigen und sagen: „Ich bin größer als du." Karin kann auf niemanden zeigen.

Diese konkrete Situation (enaktive Phase) soll nun in eine Zeichnung (ikonische Form) übertragen werden. Hierzu gibt es mehrere Möglichkeiten. Z. B. können die Kinder an die Tafel gemalt und ihre Zeigerichtung durch Pfeile markiert werden. Ein brauchbarer Transfer von der konkreten zur ikonischen Form ist aber auch die folgende: Der Lehrer stellt die 3 Kinder auf einen Bogen Packpapier und deutet die Zeigerichtung durch Pfeile auf dem Papier an.

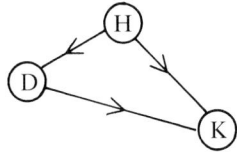

Das Papier wird nun an die Tafel geheftet und „gelesen".

Umgekehrt können Pfeildiagramme den Kindern vorgestellt werden, die dann interpretiert werden.

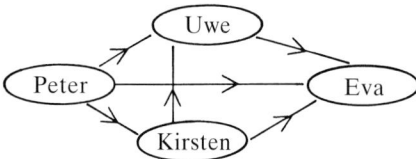

Dabei sind Fragen zu beantworten:
„Wer ist der Größte?"
„Wer ist der Kleinste?"
„Wer ist größer als Uwe und kleiner als Peter?" usw.

Die Kleiner-Beziehung kann genauso behandelt werden.

Die Übertragung der Größer- oder Kleiner-Beziehung auf Zahlen ist unproblematisch. Wenn Kinder Schwierigkeiten mit der Pfeilrichtung haben, werden sie aufgefordert, sich mit der Zahl zu identifizieren: „Die 29 sagt zur 35, ich bin kleiner als du." Es ist zu empfehlen, die Relationsvorschrift nicht zu oft zu wechseln. Trotzdem sollten mehrere Relationsvorschriften im Unterricht auftauchen. Als Faustregel mag gelten: Nicht mehr als eine Relationsvorschrift pro Tag. Andererseits werden Übungen zu den Relationen im Zahlbereich bis 100 über einen längeren Zeitraum und im Zusammenhang mit Addition und Subtraktion behandelt.

Es können wiederum reversible Aufgabentypen behandelt werden:

1. Bei vorgegebenen Elementen die richtigen Pfeile für eine vorgegebene Relationsvorschrift einsetzen

   Beispiel:
   Setze Pfeile nach der Vorschrift: … ist größer als …

         45

   31

           52

      83

2. Zu einem vorgegebenen Pfeildiagramm mit gegebener Vorschrift Zahlen aus einer gegebenen Menge einsetzen

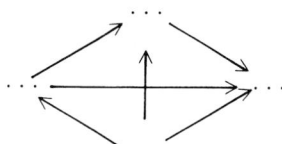

Die Pfeile bedeuten: … ist kleiner als …
Setze die Zahlen 21, 54, 73, 84 richtig ein.

3. Auch ein dritter Aufgabentyp ist möglich: Zu vorgegebenem Pfeilbild mit eingesetzten Zahlen die Vorschrift suchen

Beispiel:

Wie heißt diese Vorschrift?

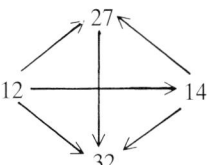

Auf andere Darstellungsformen von Relationen, z.B. Tabellenschema, Paarschreibweise u.Ä. kann in Klasse 1 und 2 verzichtet werden. Sie sind, wenn sie überhaupt in Frage kommen, besser für Klasse 3 und 4 geeignet.

Dem informierten Leser ist aufgefallen, dass es sich bei den bisher behandelten Relationen durchweg um Ordnungsrelationen handelt. Im Unterricht erweist sich die Behandlung von Ordnungsrelationen als einfacher als die von Äquivalenzrelationen. Bei diesen machen der Gegenpfeil (Ausdruck der Symmetrie der Relation) und vor allem der Ringpfeil (Ausdruck der Reflexivität der Relation) den Kindern große Schwierigkeiten, weshalb sie auch der 3. und 4. Jahrgangsstufe vorbehalten bleiben sollten.

Selbstverständlich brauchen nicht nur Relationen im numerischen Bereich gewählt zu werden. In der Literatur findet sich eine Fülle von Vorschlägen zur Behandlung von Relationen für nichtnumerische Situationen, auf die aber hier nicht näher eingegangen werden kann (siehe Duvert – Gauthier – Glaymann 1968, Baginski u. a. 1974, Retter [Hrsg.] 1975).

Im aufgezeigten Zusammenhang dienen Relationen dazu, dass die Kinder den Zahlenraum bis 100 besser erschließen.

Dazu sind vor allem die Relationsvorschriften: ... ist kleiner als ..., ... ist größer als ... geeignet. Aber auch die Vorgänger- und Nachfolgerrelation kann im Pfeilbild dargestellt werden. Hierbei handelt es sich jedoch nicht um Ordnungsrelationen im mathematischen Sinn, was zur Folge hat, dass nicht zwischen je zwei Elementen ein Pfeil existiert. Als weitere Relationsvorschriften können gewählt werden:
... hat die größere (kleinere) Zehnerzahl ...,
... hat die größere (kleinere) Einerzahl ...

Diese Vorschriften sind wieder von Ordnungsrelationen. Unter Umständen taucht hier aber eine Erscheinung (die sog. Nichtlinearität) auf, die ebenfalls zur Folge hat, dass nicht zwischen allen Zahlen ein Pfeil vorhanden ist.

Beispiel:

Die Relationsvorschrift ist: ... hat die kleinere Einerzahl als ...

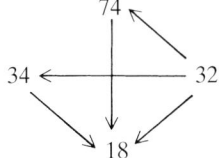

Zwischen 34 und 74 existiert weder in der einen noch in der anderen Richtung ein Pfeil, da weder 34 die kleinere Einerzahl hat als 74, noch umgekehrt.

Besonders interessant werden diese Aufgaben, wenn in ein vorgegebenes Pfeildiagramm Elemente einzusetzen sind.

Die zuletzt erwähnten Relationsvorschriften dienen vor allem dazu, das Kind auf die Stellenwerte der Zahldarstellungen aufmerksam zu machen. Es muss dazu gebracht werden, ohne Verschaulichung nur nach den Stellenwerten die Zahlen richtig einordnen zu können.

Addition und Subtraktion im Zahlbereich bis 100

Die Addition und Subtraktion im Bereich bis 100 wird grundsätzlich in mündlicher Form durchgeführt. Eine Notation erfolgt nur zur Fixierung der Aufgabe und des Ergebnisses. Die Lösung wird im Kopf berechnet und sollte nicht durch ein algorithmisches Verfahren, ähnlich dem der schriftlichen Addition oder Subtraktion, gewonnen werden.

Die Addition und Subtraktion wird in 7 methodischen Schwierigkeitsstufen erarbeitet, die im Folgenden analysiert werden.

1. Addition und Subtraktion von reinen Zehnerzahlen. Hierbei wird eine der dekadischen Analogie ähnliche Beziehung zu Hilfe genommen, die von den Kindern so formuliert werden kann: Wie man mit Einern rechnet, so kann man auch mit Zehnern rechnen.

   $20 + 30 = 50$ weil $\qquad 2 + 3 = 5$

   Den mathematischen Hintergrund dazu bildet das sog. Distributivgesetz (Verteilungsgesetz) in der speziellen Form

   $10 \cdot n \pm 10 \cdot m = 10 \cdot (n \pm m),$

   das den Kindern selbstverständlich nicht bewusst gemacht wird. Die Analogie aber wird durch Aufgabengruppen verdeutlicht:

   $$7 + \ 2 = \ 9 \qquad\qquad 6 - \ 2 = \ 4$$
   $$70 + 20 = 90 \qquad\qquad 60 - 20 = 40$$

2. Addition von Einerzahlen zu Zehner-Einerzahlen* bzw. Subtraktion von Einerzahlen von Zehner-Einerzahlen ohne Zehnerübergang.
   Gemeint sind also etwa folgende Aufgaben

   $43 + 5 = \square \qquad\qquad 57 - 4 = \square$

   Der mathematische Hintergrund der Additionsaufgabe ist diesmal das Assoziativgesetz

   $(40 + 3) + 5 = 40 + (3 + 5) = 40 + 8 = 48$

   Es liegt hier dieselbe Situation vor, die bereits im Zahlenraum bis 20 dargestellt wurde. Die Lösung erfolgt mit Hilfe der dekadischen Analogie: Das Rechnen ist in allen Zehnern gleich:

---

* Mit Zehner-Einerzahlen sind Zahlen (< 100) gemeint, die in der dekadischen Darstellung eine von 0 verschiedene Zehnerstelle und eine von 0 verschiedene Einerstelle besitzen. Diese und ähnliche Bezeichnungen sind zwar nicht ganz präzise, aber im methodischen Sprachgebrauch üblich und allgemein verständlich.

$$43 + 5 = \square$$

$$\overline{}$$

$$3 + 5 = 8$$
$$43 + 5 = 48$$

Wie im Bereich bis 20, so kann auch hier die Aufgabe gut durch Stäbe oder Streifen dargestellt werden, weil der Block der Zehnerstäbe bei diesen Operationen unberührt bleibt.

3. Addition von Einerzahlen zu Zehner-Einerzahlen und Subtraktion von Einerzahlen von Zehner-Einerzahlen mit Zehnerübergang.
   Hierbei handelt es sich um Aufgaben wie

$$27 + 6 = \square \qquad\qquad 85 - 8 = \square$$

Auch dieser Typ wurde bereits eingehend im Zahlenraum bis 20 besprochen. Es handelt hier hierbei um den klassischen Zehnerübergang, für den auf S. 57 vier Methoden besprochen wurden.

Für Kinder, die schon einige Übung im Rechnen besitzen, kommt der gleitende Übergang nicht mehr in Frage. Verdoppeln ist hier nicht mehr anwendbar und die Methode des gegensinnigen Veränderns von Summanden oder des gleichsinnigen Veränderns der Glieder einer Differenz sind nicht universell einsetzbar. Es bleibt das Zerlegungsverfahren nach dem Assoziativgesetz, also

$$35 + 8 = 35 + (5 + 3) = (35 + 5) + 3 = 40 + 3 = 43$$

bzw. analog

$$57 - 9 = 57 - (7 + 2) = (57 - 7) - 2 = 50 - 2 = 48$$

Eine adäquate Darstellung ist die mit Operatoren an einem Zahlenstrahlausschnitt

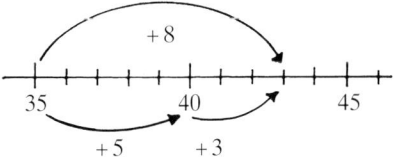

Die Darstellung der Subtraktion ist analog

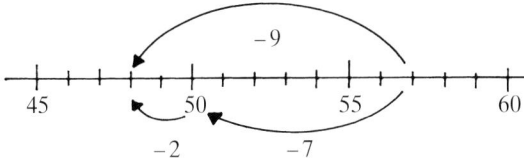

Als halbschriftliche Form bietet sich an:

$$35 + 8 = \square \qquad\qquad 57 - 9 = \square$$

$$\overline{} \qquad\qquad \overline{}$$

$$35 + 5 = 40 \qquad\qquad 57 - 7 = 50$$
$$40 + 3 = 43 \qquad\qquad 50 - 2 = 48$$

4. Addition von Zehnern zu Zehner-Einerzahlen bzw. Subtraktion von Zehnern von Zehner-Einerzahlen.

Dies sind Aufgaben von folgendem Typ:

$$43 + 20 = \square \qquad\qquad 76 - 30 = \square$$

Ihre Behandlung benötigt unbedingt die Vorübung des Typs von 1., ist dann aber für die Schüler unproblematisch.

Die mathematische Herleitung ist dagegen keineswegs trivial und wird hier ausnahmsweise wiedergegeben, um zu zeigen, welche Bedeutung die mathematischen Gesetze für das Rechnen haben:

$(10\,m + n) + 10\,p =$	Assoziativgesetz
$10\,m + (n + 10\,p) =$	Kommutativgesetz
$10\,m + (10\,p + n) =$	Assoziativgesetz
$(10\,m + 10\,p) + n =$	Distributivgesetz
$10\,(m + p) + n$	

Am praktischen Beispiel sieht das so aus:

$43 + 20$	$=$	
$(40 + 3) + 20$	$=$	Assoziativgesetz
$40 + (3 + 20)$	$=$	Kommutativgesetz
$40 + (20 + 3)$	$=$	Assoziativgesetz
$(40 + 20) + 3$	$=$	Distributivgesetz
$10\,(4 + 2) + 3$	$=$	
$10 \cdot 6 + 3$	$= 63$	

Selbstverständlich wird diese Ableitung nicht im Unterricht durchgeführt. Der Lehrer sollte sich aber von Zeit zu Zeit die mathematische Begründung seines methodischen Vorgehens überlegen.

Die Konkretisierung dieser Aufgaben ist mit Stäben oder Streifen leicht durchzuführen.

5. Addition von Zehner-Einerzahlen zu Zehner-Einerzahlen bzw. Subtraktion von Zehner-Einerzahlen von Zehner-Einerzahlen ohne Zehnerübergang.

Es sind Aufgaben des Typs

$$43 + 54 = \square \qquad\qquad 78 - 35 = \square$$

Die kindgemäße Lösung erfolgt in zwei Schritten

$43 + 54 = \square$	$78 - 35 = \square$
$43 + 50 = 93$	$78 - 30 = 48$
$93 + 4 = 97$	$48 - 5 = 43$

Offensichtlich wird also diese Aufgabe aus den Aufgabentypen 4. und 2. zusammengesetzt.

Im Unterricht können die Zwischenschritte zunächst mit notiert werden. Auch die Darstellung mit Stäben oder Streifen kann analog zu den vorher behandelten Aufgabentypen durchgeführt werden.

Am Ende der Übungseinheit werden die Zwischenschritte nur noch mündlich gerechnet und das Ergebnis fixiert.

6. Addition von Zehner-Einerzahlen und Zehner-Einerzahlen zum ganzen Zehner und Subtraktion von Zehner-Einerzahlen von Zehner-Einerzahlen zum ganzen Zehner.

Dieser Typ steht zwischen dem unter 5. abgehandelten und dem allgemeinen mit Zehnerübergang. Es sind Aufgaben der Art:

$$27 + 33 = \square \qquad\qquad 48 - 38 = \square$$

Diese hier auftretende Besonderheit liegt darin begründet, dass wir das dekadische Zahlsystem benutzen und sich 1 und 9, 2 und 8, 3 und 7 usw. zu 10 ergänzen.

Für den Schüler sind prinzipiell zwei verschiedene Lösungswege möglich:

$$\begin{array}{l} \underline{27 + 33 = \square} \\ 27 + \ 3 = 30 \\ 30 + 30 = 60 \end{array} \qquad \text{bzw.} \qquad \begin{array}{l} \underline{27 + 33 = \square} \\ 27 + 30 = 57 \\ 57 + \ 3 = 60 \end{array}$$

Der erste Fall ist eine Kombination des Typs 3. mit dem Typ 1. unserer Aufstellung.

Im zweiten Fall liegt eine Kombination der Typen 4. und 3. vor.

Die entsprechenden Wege bei der Subtraktion sind

$$\begin{array}{l} \underline{48 - 38 = \square} \\ 48 - \ 8 = 40 \\ 40 - 30 = 10 \end{array} \qquad\qquad \begin{array}{l} \underline{48 - 38 = \square} \\ 48 - 30 = 18 \\ 18 - \ 8 = 10 \end{array}$$

Hier ist der erste Weg eine Kombination unseres 2. und 1. Aufgabentyps, der zweite Weg ist eine Kombination des 4. und 2. Typs.

Im Unterricht sollten beide Wege aufgezeigt werden. Der Schüler kann sich dann für den Weg entscheiden, den er am geeignetsten findet. Es ist natürlich wünschenswert, dass der Schüler beide Wege beherrscht.

7. Addition von Zehner-Einzerzahlen und Subtraktion von Zehner-Einzerzahlen mit Überschreitung.

Aufgaben dieses Typs sind z. B.

$$35 + 48 = \square \qquad\qquad 64 - 28 = \square$$

Hierfür gibt es nun eine Reihe von Lösungsmöglichkeiten, die aus Kombinationen der vorigen Aufgabentypen bestehen.

So ergibt die Kombination des 3. Typs mit dem 4. folgende Lösungsweise

$$\begin{array}{l} \underline{35 + 48 = \square} \\ 35 + \ 8 = 43 \\ 43 + 40 = 83 \end{array} \qquad\qquad \begin{array}{l} \underline{64 - 28 = \square} \\ 64 - \ 8 = 56 \\ 56 - 20 = 36 \end{array}$$

Die umgekehrte Kombination, also 4., dann 3. ergibt

$$\begin{array}{l} \underline{35 + 48 = \square} \\ 35 + 40 = 75 \\ 75 + \ 8 = 83 \end{array} \qquad\qquad \begin{array}{l} \underline{64 - 28 = \square} \\ 64 - 20 = 44 \\ 44 - \ 8 = 36 \end{array}$$

Auch der 6. Typ kann herangezogen werden

$$35 + 48 = \square$$
$$35 + 45 = 80$$
$$80 + 3 = 83$$

$$64 - 28 = \square$$
$$64 - 24 = 40$$
$$40 - 4 = 36$$

Selbstverständlich können auch die Gesetze des gegensinnigen bzw. gleichsinnigen Veränderns (siehe S. 60) verwendet werden:

$$35 + 48 = \square$$
$$40 + 43 = 83$$

$$64 - 28 = \square$$
$$60 - 24 = 36$$

Ziel des Rechenunterrichts muss es sein, den Schüler zu flexiblem Lösungsverhalten zu erziehen. Das ist dann möglich, wenn das Kind mehrere Lösungsmöglichkeiten kennen lernt und sie auch gedanklich nachvollzieht.

Zur Flexibilität gehört auch die Lösung von Aufgaben mit den Platzhaltern an allen möglichen Stellen

$$35 + 48 = \square$$
$$35 + \square = 83$$
$$\square + 48 = 83$$

$$64 - 28 = \square$$
$$64 - \square = 36$$
$$\square - 28 = 36$$

Die jeweils zweiten und dritten Aufgaben sind für Kinder sehr schwer zu lösen. Der Lehrer sollte hier sinnvolles Probieren zulassen und sogar fördern. So kann etwa die letzte Aufgabe der additiven Gruppe so gelöst werden

$$\square + 48 = 83$$
$$30 + 48 = 78 \qquad \text{5 zu wenig, also}$$
$$35 + 48 = 83$$

Für gute Schüler kann auch der Zusammenhang von Tausch- und Probeaufgaben (siehe S. 51) herangezogen werden. So findet man die Lösung zur Aufgabe

$$64 - \square = 36$$

durch die Tauschaufgabe

$$64 - 36 = 28$$

indem man die Gesetzmäßigkeit

$$a - b = c \Longleftrightarrow a - c = b$$

ausnutzt.

Die Addition und Subtraktion im Zahlbereich bis 100 muss selbstverständlich immer wieder geübt werden. Dies geschieht während der gesamten Grundschulzeit im Rahmen der regelmäßigen Kopfrechenübung. Dies kann aber auch im Zusammenhang mit anderen Themen des Mathematikunterrichts geschehen, etwa bei der Behandlung der Größen.

2.6 Nichtdekadische Stellenwertsysteme

Das Thema nichtdekadische Stellenwertsysteme ist ein Thema der sog. modernen Mathematik, das nicht annähernd so heiß diskutiert worden ist wie das Thema „Mengenlehre", obwohl es bei genauerem Hinsehen mindestens so neu und ungewohnt für Lehrer und Eltern war wie dieses.

Dies kann vor allem daran liegen, dass nichtdekadische Stellenwertsysteme sehr vielfältigen Anlass für verschiedene additive und multiplikative Rechenübungen geben; dies kann aber auch daran liegen, dass das Thema nichtdekadische Stellenwertsysteme nicht in kompakter Form im Unterricht auftauchte, sondern in zeitlichen Abständen immer wieder aufgegriffen wird.

Es ist dagegen unwahrscheinlich, dass die Begründung für die Behandlung nichtdekadischer Stellenwertsysteme so einleuchtend war, dass deshalb kein Anlass zur Diskussion gegeben wurde.

Vielmehr ist es ausgesprochen schwierig, dieses Thema zu begründen. Und die Geschichte mag hier sogar als Zeuge für eine Nichtbeachtung des Themas angeführt werden, denn nie vorher gehörten nichtdekadische Stellenwertsysteme zum klassischen Schulstoff. Vielmehr waren sie höchstens Bestandteil eines mathematischen Kuriositätenkabinetts, aus dem man zu besonderen Gelegenheiten einmal ein paar Kostproben vorführte. Wir wollen im Folgenden wenigstens versuchen, die wichtigsten Gründe für die Behandlung unseres Themas im Grundschulunterricht aufzuzeigen.

Begründung der Behandlung der nichtdekadischen Stellenwertsysteme

Wichtigstes Ziel der Grundschulmathematik ist nach wie vor die sichere Beherrschung der Zahlen und der Rechenverfahren mit Darstellung im Zehnersystem. Auch die Behandlung der nichtdekadischen Stellenwertsysteme muss diesem Ziel untergeordnet werden. Sie darf auf keinen Fall Selbstzweck werden und in eine intelligente Spielerei ausarten.

Somit hat der Lehrer auch eine Richtschnur an der Hand, die ihm die Grenze der Behandlung nichtdekadischer Stellenwertsysteme aufzeigt.

Die Begründung für die Behandlung nichtdekadischer Stellenwertsysteme kann allerdings nicht vordergründig gesucht und gefunden werden. Die wichtigste Begründung hängt eng mit psychologischen Erkenntnissen über die Art und Weise zusammen, wie Kinder Mathematik lernen.

Es geht hierbei um die Frage, ob Kinder leichter einen schon gelernten Begriff verallgemeinern, oder ob sie besser den Begriff in größerer Allgemeinheit lernen. Es gibt Anzeichen dafür, dass zumindest in gewissen Fällen die zweite Auffassung richtig ist. (Dienes 1969, S. 53)

Auf das Problem der Stellenwertsysteme bezogen heißt das, das Kind wird die Struktur und die Anwendungsmöglichkeiten des Stellenwertsystems besser verstehen, wenn es sie gleich in einer größeren Allgemeinheit erfährt. Einfach ausgedrückt: Man erwartet vom Kind ein größeres Verständnis und eine sichere Beherrschung des dekadischen Systems, wenn das Prinzip des Stellenwertsystems in größerer Allgemeinheit, also auch mit anderen Grundzahlen als 10 erfahren wurde.

Deutlich wird dies vor allem an den sog. Zahlenräumen. Bekanntlich erwirbt sich das Kind

Kenntnis und Beherrschung der natürlichen Zahlen in einzelnen Abschnitten, im ersten Schuljahr bis 20, im 2. bis 100, im 3. bis 1000, im 4. bis 1 Million usw. Dieses Vorgehen ist durchaus gerechtfertigt und kindgemäß, doch ist durch dieses Erarbeiten in Abschnitten fast unvermeidlich, dass die genannten Intervallgrenzen als einschneidende Unterbrechungen empfunden werden. Häufig wird dem Kind nicht einsichtig genug, dass z.B. 4-stellige Zahlen nach demselben Prinzip aufgebaut sind wie 3-stellige Zahlen. Auch sind Bündelungen von konkreten Dingen bis hin zur 3. Bündelungsstufe zur Basis 10 kaum praktisch durchführbar und unübersichtlich.

Bei der Behandlung nichtdekadischer Systeme, z.B. des Dreier- oder Vierersystems, entsteht diese Schwierigkeit nicht, oder nicht in diesem Umfang. Z.B. erreicht man im Dreiersystem ja mit 27 Elementen schon die 3. Bündelungsstufe.

Wir wollen noch einmal präzisieren, was mit der größeren Allgemeinheit gemeint ist, die die allgemeine Struktur des Stellenwertsystems gegenüber der speziellen des Zehnersystems aufweist.

Die Schreibweise der natürlichen Zahlen im Zehnersystem ist eigentlich eine Kurzschreibweise. Die Zahl 1979 wird ausführlich geschrieben als

$$1 \cdot 1000 + 9 \cdot 100 + 7 \cdot 10 + 9 \cdot 1 \qquad \text{oder}$$
$$1 \cdot 10^3 + 9 \cdot 10^2 + 7 \cdot 10^1 + 9 \cdot 10^0$$

Dieser Term ist eine Summe von Einzeltermen der Form

$$a \cdot b^c$$

Hierbei handelt es sich also um Terme mit 3 Variablen, a, b und c. Das bereits mehrfach angeführte Prinzip der mathematischen Variabilität verspricht ein größeres und flexibles Verständnis der Struktur der Stellenwertsysteme, wenn alle vorkommenden Variablen auch tatsächlich variiert werden. Herkömmlicherweise werden aber nur die Variablen a und c verändert. a sind die Ziffern 0 bis 9, die das Kind bereits zu Beginn des ersten Schuljahres kennen lernt und seitdem beherrscht. c ist der Exponent zur Basis b, dessen Variation die Modifikation des Zahlraums bedeutet. Im Zehnersystem entspricht $c = 2$ dem Zahlraum bis 100, $c = 3$ dem Zahlraum bis 1000 usw.

Bei ausschließlicher Verwendung des dekadischen Systems wird aber die Basis b nicht variiert, sondern eben immer 10 gesetzt. Die Folge ist, dass Kinder den Begriff Stellenwertsystem mit dem des dekadischen Systems identifizieren.

Insbesondere zum Verständnis der schriftlichen Rechenverfahren ist aber die allgemeine Kenntnis des Prinzips des Stellenwertsystems erforderlich.

Nach dem bisher Gesagten mag zwar die Notwendigkeit der Behandlung nichtdekadischer Systeme einleuchten; es ergibt sich aber noch kein Hinweis darauf, welche Grundzahlen nun neben der 10 gewählt werden sollen. Prinzipiell kann ja die Variation der Basis durch die Wahl jeder beliebigen Basiszahl erreicht werden.

Hier hilft nun eine Erkenntnis, die auch schon beim Erwerb der ersten Zahlen hilfreich war, nämlich dass Mengen mit höchstens 5 Elementen simultan zu erfassen sind, d.h. ihre Kardinalzahl ohne Zählen oder andere Maßnahmen (Ordnen, Zuordnen usw.) bestimmt werden kann. Geeignet als Basiszahl wären demnach 2 bis 5 (denn 1 kann nicht als Basiszahl verwendet werden, da $1^n = 1$).

Allerdings ist das Zweiersystem (Dualsystem), also das Stellenwertsystem mit der Basiszahl 2, aus mehreren Gründen nicht zu empfehlen:

1. Im Zweiersystem gibt es nur 2 Ziffern, 0 und 1. Die Variationsbreite für die Ziffernvariable ist also nicht groß.

2. Die einzelnen Bündelungsstufen folgen zu dicht aufeinander (2, 4, 8 usw.), so dass die einzelnen „Zahlenräume" zu „klein" sind.

3. Schon bei relativ kleinen Zahlen wird die Zahldarstellung sehr umfangreich. Schon 8 hat beispielsweise eine vierstellige Darstellung: 1000.

Es bleiben also die Basiszahlen 3, 4 und 5, wobei eine Behandlung entsprechend der Überschaubarkeit der Mengen auch in dieser Reihenfolge sinnvoll ist.

Es wurde bereits darauf hingewiesen, dass das Verständnis der Stellenwertschreibweise natürlicher Zahlen durch nichtdekadische Stellenwertsysteme gefördert wird. Dasselbe gilt in noch stärkerem Maße für das Verständnis der schriftlichen Rechenverfahren, die ja nur durch das Prinzip der Stellenwertsysteme denkbar sind.

Zwar sollen die schriftlichen Rechenverfahren später mechanisiert werden, d. h. sie sollen beim Schüler ablaufen, ohne dass ihr Funktionieren im Einzelnen reflektiert wird, aber es wäre unverantwortlich und widerspräche den ureigensten Zielen des Mathematikunterrichts, wenn der Lehrer versuchen wollte, dieses Verfahren dem Schüler ohne jedes Verständnis „beibringen" zu wollen. Der Verständnisprozess der schriftlichen Verfahren wird wesentlich erleichtert, wenn die Verfahren mit konkretem Material und mit überschaubaren Mengen vorbereitet werden können.

Neben diesen wichtigsten Gründen für die Behandlung nichtdekadischer Stellenwertsysteme im Unterricht der Grundschule, dem Verständnis der Zahlschreibweise und dem Verständnis der schriftlichen Rechenverfahren, gibt es noch weitere Gründe für ihre Behandlung, die allerdings auch nicht leicht einsichtig zu machen sind.

Eine wichtige Unterscheidung, die auch das Grundschulkind allmählich beherrschen muss, ist die zwischen dem Gegenstand, seinem Bild und seinem Namen. Von Dienes wird berichtet, dass er Kindern das Bild einer Katze zeigte und fragte, was es sei. Auf die Antwort der Kinder „Eine Katze" erwiderte er: „Dann streichele sie."

Die Unterscheidung Objekt – Bild bzw. Name des Objekts ist im Mathematikunterricht bedeutsam, weil Zahlen auf verschiedene Art und Weise benannt werden können.

Eine Zahl selbst ist das Ergebnis eines Abstraktionsprozesses, also ein abstraktes Ding, das mit Namen belegt werden kann. Namen für Zahlen sind die Zahlwörter, also „eins", „zwei", „drei" usw. oder die Zahlzeichen 1, 2, 3 ... Selbstverständlich gilt das auch für die römischen Zahlzeichen, also I, II, III usw. Der Ausdruck: „römische Zahlen" ist also falsch. Richtig sollte von „römischen Zahlzeichen" gesprochen werden. Auch Terme wie $2 + 7$, $3 \cdot 6$, $10 - 2$ usw. sind Namen für Zahlen und das Berechnen dieser Terme kann als Aufsuchen des Standardnamens dieser Zahlen gedeutet werden. Indem nun das Kind eine dekadische und eine nichtdekadische Darstellung für eine natürliche Zahl kennen lernt, z. B.

$$12_{10} - 110_3$$

wird ihm bewusst, dass ein und dieselbe Zahl auf verschiedene Art benannt werden kann. Selbstverständlich kann zwischen verschiedenen Namen für dieselbe Zahl ein Gleichheitszeichen gesetzt werden, das ja, wie auf S. 43 bereits besprochen, die Bedeutung hat: ... ist dasselbe wie ...

Dass ein Kind zwischen Zahl und Namen für eine Zahl unterscheiden kann, gewinnt im Mathematikunterricht der weiterführenden Schulen zunehmend Bedeutung, etwa beim Bruchrechnen oder in der Teilbarkeitslehre.

Auf einen weiteren Grund für die Behandlung nichtdekadischer Stellenwertsysteme machen Gerster und Walter (Gerster, Walter 1973, S. 22) aufmerksam. Durch die Erarbeitung nichtdekadischer Stellenwertsysteme erhalten die Kinder vielfach Gelegenheit, von einem Zeichensystem in ein anderes umzucodieren. Damit gelangen die Kinder zu einer gewissen Flexibilität im Denken. Sie lernen in Codieren, Decodieren und Umcodieren aber auch Arbeitstechniken kennen, die für viele Bereiche bedeutsam sind. Auf Seite 24 wurde das Baumdiagramm besprochen. Will man z. B. die Wege in einem Baumdiagramm, das nur aus Dreierverzweigungen besteht, bezeichnen, so erfolgt die Codierung sinnvollerweise nach dem Dreiersystem.

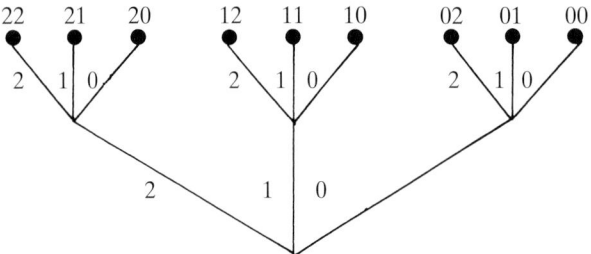

Eine viel verwendete Begründung für die Behandlung der nichtdekadischen Stellenwertsysteme ist die, dass in Computern die Zahlen im Zweiersystem dargestellt werden und die Kinder schon frühzeitig in Teilbereichen erfahren sollen, wie ein Computer arbeitet.

Es wurde vorhin schon gezeigt, dass das Zweiersystem für den Unterricht in der Grundschule ungeeignet ist. Aber auch die eben angeführte Begründung für die Behandlung nichtdekadischer Stellenwertsysteme ist in dieser Form zu vordergründig. Aus dem Dargestellten wird deutlich, dass die Begründung für nichtdekadische Stellenwertsysteme nie und nimmer darin bestehen kann, dass die Kenntnis dieser Systeme als solche notwendig ist. Vielmehr sind die mit der Behandlung nichtdekadischer Systeme verfolgten Ziele sämtlich mittelbar für den Lernprozess von Bedeutung. Dasselbe gilt auch für das Rechnen in nichtdekadischen Systemen.

Bündeln und Entbündeln

Bündelung und Stellenwert sind die zentralen Begriffe für das Verständnis des Stellenwertsystems. Ganz grob kann die Behandlung dieses Themas in Klasse 1 und 2 einerseits und 3 und 4 andererseits dadurch unterschieden werden, dass in den ersten beiden Klassen die Bündelung im Mittelpunkt des Interesses steht, während in der Klasse 3 und 4 der Stellenwert auf Grund der jetzt vorherrschenden Notwendigkeit zur Notation von größerer Bedeutung ist.

Bündelungen können zu jeder Basiszahl, die größer als 1 ist, durchgeführt werden, ja es ist nicht einmal erforderlich, dass die Bündelungen verschiedener Stufen zu einer einheitlichen Zahl erfolgt. So sind Verpackungen denkbar, bei denen 3 Gegenstände, z. B. Schrauben, in einem Päckchen zusammengepackt sind, 5 solcher Päckchen werden zu einem Paket gebündelt und 6 Pakete befinden sich in einem Karton.

Solche Bündelungsvorschriften können möglicherweise zur Einführung auch mit den Kindern besprochen werden, eine ähnliche Situation liegt aber auch bei folgender Arbeitsaufgabe vor: Auf einem Arbeitsblatt ist eine Brücke gezeichnet, die auf verschiedene Arten mit Stäben oder Rechenstreifen ausgelegt werden kann.

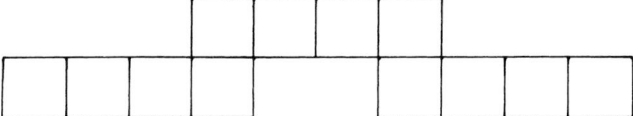

Die Anzahl der benutzten Streifen wird in einer Tabelle notiert. So kann die Brücke z. B. mit 3 Viererstäben gebaut werden, eine andere Bauweise verwendet 2 Dreier- und 3 Zweierstäbe. Es ergeben sich u. a. die in der Tabelle angegebenen Möglichkeiten. Die Schüler erkennen dabei, dass eine Ziffer erst im Zusammenhang mit der Mächtigkeit der notierten Bündel, was hier der Länge der Streifen entspricht, eine eindeutige Aussage ergibt. Natürlich wird man hier noch nicht von Bündeln oder Bündelungen sprechen, weil die Länge eines Streifens nicht ohne weiteres als Zusammenfassung einzelner Längenabschnitte aufzufassen ist. Die Verbalisierung kann aber etwa so erfolgen: „Ich kann die Brücke mit 3 Viererstäben oder 2 Dreierstäben und 3 Zweierstäben bauen."

3	0	0	0
0	2	3	0
1	0	3	2
2	0	2	0

An dieser Darstellung wird unmittelbar deutlich, dass hier feste Zahlen auf recht verschiedenartige Weise dargestellt werden können.

Das ist nicht so, wenn die Bündelungszahlen den Potenzen einer Basiszahl entsprechen. Dabei gibt es nur eine Darstellung. Im Dreiersystem kann die Zahl 8 nur auf eine Weise dargestellt werden, nämlich als 22. Es gibt keine weiteren Darstellungen. Hier liegt die ungeheure Bedeutung des Stellenwertsystems. In jedem System kann jede Zahl auf genau eine Weise dargestellt werden.

Im Unterricht wird das Bündeln zunächst zur Basis 3 an konkretem Material durchgeführt, etwa Farbstifte, Äpfel, Kaugummi usw.

Nicht zu empfehlen ist das häufig vorgeschlagene Verfahren, dass Kinder sich zu dritt zu „kleinen" Bündeln zusammenfinden, indem sie sich an die Hände fassen, 9 Kinder zu „großen" Bündeln usw. Die so entstehende Situation ist vielleicht gerade noch für den Lehrer übersichtlich, der die Kinder überschauen kann, nicht aber für die Kinder selbst. Sie stehen meist im Gedränge herum und sind froh, wenn sie die Freundin oder den Freund fest bei der Hand halten können. Auch die Motivation durch die Erzählung vom Dreierland (oder Viererland), in dem die Menschen nur bis 3 (oder 4) zählen können und daher 3 Äpfel in einen Beutel, 3 Beutel in ein Paket usw. verpacken, mit Dreiergeld bezahlen usw., ist nicht uneingeschränkt zu befürworten. Selbst Kindern sind diese Geschichten meist zu utopisch und an den Haaren herbeigeholt.

Kinder sind besser motiviert durch die Angabe, dass z. B. ein Obsthändler Apfelsinen verpackt und zwar immer drei in ein Netz, 3 Netze in einen Karton, 3 Kartons in eine Kiste. Insbesondere ist diese Situation anregend, wenn die Kinder selbst die Apfelsinen verpacken können.

Natürlich können auch andere Dinge, z. B. Steckwürfel, so verpackt werden. Kinder sind ohne weiteres in der Lage, Steckwürfel symbolisch an Stelle anderer Gegenstände zu akzeptieren.

Vorsicht ist bei der zeichnerischen Darstellung geboten. Wie bereits auf S. 66 erwähnt, neigen Kinder dazu, die bereits „verpackten" Einheiten bei den Einheiten mitzuzählen, also

Dies kann nur vermieden werden, indem ein Netz als Verpackung konkret angedeutet wird.

Generell ist die zeichnerische Darstellung des Bündelns und Entbündelns mit großen Problemen behaftet, so dass es ratsam ist, diese Darstellungsform sparsam zu verwenden und lieber gleich von dem konkreten Handeln auf die symbolische Notation überzugehen.

Ein ideales Material zum Erstellen von Bündelungen sind Steckwürfel. Hiermit kann die Bündelung durch Zusammenstecken vollzogen werden, wobei die Bündelung 1. Stufe in Form einer Stange (zu 3, 4 oder 5 Einzelwürfel), die 2. Stufe in Form einer Platte und die 3. Stufe in Form eines Blockes erscheint.

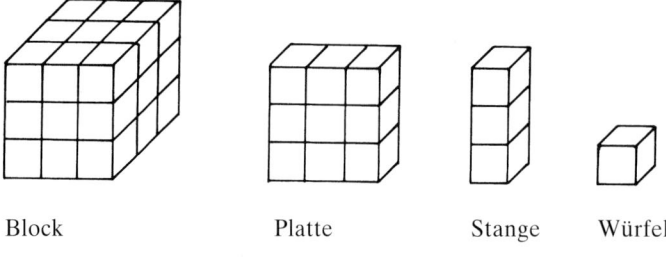

Block   Platte   Stange   Würfel

Bei der Vorstellung sollte man von Anfang an darauf achten, die Einheiten Würfel, Stange, Platte und Block von rechts nach links vorzustellen, bzw. abzuzeichnen, also entgegen der Reihenfolge entsprechend dem Aufbau der Einheiten. Damit ist die Notation der Zahlen vorbereitet, die ja mit wachsender Größe des Stellenwertes von rechts nach links vorgenommen wird.

Geeignete Übungen zum Herstellen konkreter Bündelungen mit Steckwürfeln bestehen dann darin, Steckwürfelfiguren vorzugeben, die dann durch Umstecken in die Standardformen übertragen werden. Danach kann die Anzahl im jeweiligen System notiert werden.

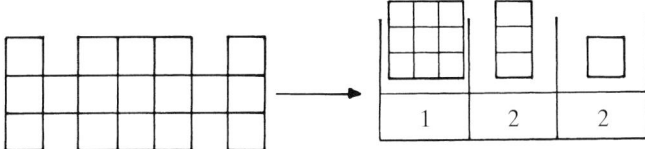

Selbstverständlich kann diese Bündelung auch so durchgeführt werden, indem die ursprüngliche Figur zunächst völlig auseinander genommen wird und dann die Würfel zu den Standardeinheiten zusammengesteckt werden. Hier sollte der Lehrer den Schülern Zeit lassen. Es ist keine verlorene Zeit, Kinder werden den Vorgang um so besser verstehen, je sicherer sie die konkrete Handlung durchführen können.

Die Umkehraufgabe zum Bündeln ist das Entbündeln. Der Lehrer gibt eine Zahlnotation vor, die Kinder stellen entsprechend die Einheiten, Platten, Stangen und Würfel zusammen. Durch Auseinandernehmen und Zählen der einzelnen Würfel bestimmen sie dann die Anzahl der Würfel im Zehnersystem.

Im Zusammenhang lassen sich Bündelungs- und Entbündelungsaufgaben gut in Partnerarbeit durchführen. Das erste Kind geht dabei aus von einer Zahlangabe im Zehnersystem, zählt entsprechend viele Steckwürfel ab und bündelt. Diese Bündelung wird notiert und die Notation an den Nachbarn weitergegeben. Dieser steckt entsprechend Steckwürfel zu Einheiten zusammen, entbündelt und zählt die benutzten Würfel. Die Anzahl der verwendeten Würfel muss dann mit der ursprünglichen Zahl des Nachbarn übereinstimmen.

Materialien für Stellenwertsysteme und ihr didaktischer Einsatz

Die weiteren Stufen zur Behandlung der nichtdekadischen Stellenwertsysteme seien nun anhand der verwendeten Materialien aufgezeigt.

Als *erste methodische Stufe* ist das bereits dargestellte konkrete Bündeln mit Materialien aus der Umwelt oder das Zusammenstecken von Steckwürfeln anzusprechen. Diese Stufe ist für das Verhältnis unbedingt nötig, nimmt aber viel Zeit in Anspruch. Es wurde bereits erwähnt, dass der Lehrer den Schülern diese Zeit gewähren soll. Ungeachtet dessen merkt der Lehrer aber, wenn es ratsam ist, zur nächsten Stufe weiterzugehen, nämlich dann, wenn die Kinder dazu neigen, die Einheiten Stange und Platte als solche zu belassen und nicht mehr auseinander zu nehmen.

Jetzt kann das konkrete Bündeln durch die Verwendung von vorgefertigten Einheiten ersetzt werden, wie sie etwa in den Mehrsystemblöcken von Dienes vorliegen.

Hierbei können z. B. 3 einzelne Würfel gegen eine Stange, 3 Stangen gegen eine Platte und 3 Platten gegen einen Block eingetauscht werden und umgekehrt.

In dieser *zweiten methodischen Stufe,* also dem Operieren mit vorgefertigtem Material, liegt gegenüber der ersten Stufe der Vorteil, dass die Bündelungen nicht von den Kindern in zeitraubender Arbeit erstellt werden müssen. Ein gewisser Nachteil dieses Materials besteht im Umtauschen von kleineren Einheiten zu größeren. Dieses Umtauschen hat im rein mathematischen Vorgang kein Gegenstück.

Beim Operieren der Kinder liegt eine gewisse Gefahr darin, dass die umgetauschten Einheiten weiter mitgeführt werden. Das Umtauschen muss in der Klasse also systematisch geübt werden und zwar am besten so, dass ein Schüler die „Bank" übernimmt und jeweils 3 kleinere Einheiten in eine größere umtauscht, indem er die kleineren Einheiten einkassiert und erst dann die größeren Einheiten herausgibt.

Der konkrete Vorgang läuft dann so ab: Der Lehrer gibt den Schülern etwa den Auftrag, 14 einzelne Würfel abzuzählen und sie nach dem Dreiersystem zu bündeln.

In einem ersten Schritt werden von den 14 Würfeln 12 gegen 4 Stangen ausgetauscht, im zweiten Durchgang 3 Stangen gegen eine Platte.

Dabei bleiben eine Platte, 1 Stange und 2 Würfel übrig.

1. Schritt

2. Schritt

Platten	Stangen	Würfel

Die Kinder sollten diesen Vorgang von Anfang an mit Hilfe eines Stellenwertordners durchführen. Dazu verwenden sie einen festeren DIN-A4-Karton im Querformat, auf dem 4 Spalten mit entsprechenden Überschriften versehen sind.

Blöcke	Platten	Stangen	Würfel

In der zweiten methodischen Stufe, also beim Operieren mit vorgefertigten Bündeln, sind für die Kinder die einzelnen Elemente, also die ursprünglichen Würfel, noch gut in den größeren Einheiten zu erkennen.

Diese psychologische Hilfe fällt nun in der *dritten Stufe* weg, die durch die Verwendung von farbigen Plättchen (etwa Flohspielplättchen) gekennzeichnet werden kann.

Zunächst wird eine Spielregel verabredet, nach der die Plättchen ausgetauscht werden können.

Etwa

3 weiße Plättchen sind so viel wert wie ein gelbes Plättchen
3 gelbe Plättchen sind so viel wert wie ein blaues Plättchen
3 blaue Plättchen sind so viel wert wie ein rotes Plättchen

Diese Regel kann vom Lehrer gut motiviert werden, sei es, dass er weiße Plättchen als „Fleißkärtchen" verwendet, oder sie sonst in irgend einer Form als „Zahlungsmittel" verwendet. Hier wäre auch die bereits erwähnte Geschichte des „Dreierlandes" angebracht, in dem diese Plättchen als Geld verwendet werden.

Die Spielmarken können aber auch durch ein Würfelspiel gewonnen werden, in dem natürliche Würfel oder ein präparierter Würfel benutzt werden, auf dem die Seitenflächen mit den Zahlzeichen 0, 1 und 2 versehen sind. Bauersfeld (1970) schlägt in seinem Alefprogramm auch Pappscheiben als Kreiselscheiben vor, durch deren Mittelpunkt ein Streichholz gesteckt ist.

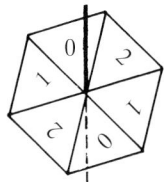

Durch das Würfelspiel gewinnen nun die Kinder weiße Spielmarken, die sie nach oben angeführter Regel umtauschen. Wer zunächst eine rote Marke hat, hat gewonnen.
In dieser methodischen Stufe sind in den höheren Einheiten die niedrigeren nicht wieder zu erkennen. Dies ist zweifellos eine psychologische Barriere für die Kinder, die aber durch eine Wertvorstellung, wie sie in oben gegebenen Regeln zum Ausdruck kommt, überbrückt werden kann.
Das Ziel dieser ganzen Bestrebungen ist aber, dass die Kinder vom konkreten Bündeln zu einer Vorstellung des abstrakten Stellenwerts gelangen, bei dem ja auch die höherwertigen Stellen nicht durch Farbe oder gar größeres Volumen ins Auge fallen. Eine 2 wird lediglich auf Grund ihrer Stellung als 2, 20 oder 200 interpretiert.
In der *vierten Stufe* muss sich das Kind dann auch von der Farbe, die vorher noch den Stellenwert angedeutet hatte, lösen. Dies geschieht durch Verwendung von einfarbigen Plättchen, die auf ein Rechenbrett (Abakus) gelegt werden. Das Rechenbrett ist ein Stellenwertordner, wie er bereits früher verwendet wurde, allerdings mit neutralen Spaltenüberschriften.

3. Bündel	2. Bündel	1. Bündel	Einzelne
● ●	●		● ●

Der Arbeitsvorgang im Unterricht ist wieder analog dem in den früheren Stufen: Es werden eine bestimmte Anzahl von Spielmarken in die Spalte für Einzelne gelegt. Jeweils 3 werden zusammen entnommen und dafür eine Marke in die Spalte für 1. Bündel gelegt. Falls sich dann in dieser Spalte mehr als 2 Marken befinden, werden auch dort jeweils 3 weggenommen, für die dann in die Spalte für 2. Bündel eine Marke gelegt wird und so fort. Für die endgültige Darstellung werden dann insgesamt die wenigsten Plättchen benötigt.

Umgekehrt kann eine konkrete Zahldarstellung auch durch den umgekehrten Vorgang in einzelne Spielmarken verwandelt werden, was dem Entbündeln entspricht.

Am Ende steht als *fünfte methodische Stufe* das ausschließliche Arbeiten mit Zahlnotationen, wobei eine Zahl im Zehnersystem durch Zerlegung in eine Summe aus Vielfachen der Basiszahl verwandelt wird. Das System wird am besten durch eine kleine eingeklammerte Zahl als Index angegeben.

Beispiel:

$$16_{(10)} = 121_{(3)}$$

Selbstverständlich können alle hier angegebenen Stufen auch in anderen Stellenwertsystemen, z. B. im Vierer- und Fünfersystem, durchlaufen werden.

Es muss jedoch dringend davon abgeraten werden, mehrere nichtdekadische Stellenwertsysteme zusammen, also z. B. in einer Stunde zu behandeln. Schwächere Kinder sind nicht flexibel genug, unmittelbar von einem System auf ein anderes umzudenken. Es kommt dann zu schwerwiegenden Verwirrungen, die die gesamte Intention, die mit der Behandlung dieser Systeme verbunden ist, zunichte machen können. Es ist wesentlich günstiger, zunächst die Besprechung des Dreiersystems zu einem gewissen Abschluss zu bringen, bevor man mit dem Vierersystem beginnt.

Selbstverständlich sollte man dementsprechend auch auf Umrechnungen von einem nichtdekadischen System in ein anderes verzichten. Hierbei handelt es sich zwar um interessante Rechenübungen, die aber nicht eigentlich zum Verständnis der Stellenwertschreibweise beitragen.

Die oben aufgezeigten methodischen Stufen brauchen auch nicht hintereinander durchgeführt zu werden. Es ist vielleicht zu empfehlen, die dritte, vierte und fünfte Stufe schwerpunktmäßig erst im dritten Schuljahr zu behandeln, während das konkrete Bündeln und das Operieren mit den Mehrsystemblöcken dem 2. Schuljahr (bzw. bei entsprechendem Lehrplan auch dem 1. Schuljahr) vorbehalten bleibt.

Als Arbeitsform eignet sich insgesamt die Partnerarbeit, wobei gerade bei dieser Arbeitsform Aufgabe und Umkehraufgabe, also z. B. Bündeln und Entbündeln, Hand in Hand durchgeführt werden können.

Einzelarbeit lässt sich wohl in den meisten Fällen nicht durchführen, weil zu wenig Material vorhanden ist. Für Gruppenarbeit kann der gesamte Arbeitsvorgang nicht in genug Einzelaufgaben zerlegt werden.

Für nichtdekadische Stellenwertsysteme werden eine Reihe weiterer Medien angeboten, etwa Bündelungsmaschinen, binäre Zähler, Zahnradübersetzungen usw. Auch wird vorgeschlagen, Zahldarstellungen mit Hilfe von Türmen aus Stäben oder Streifen auszuführen (Fricke-Besuden 1967).

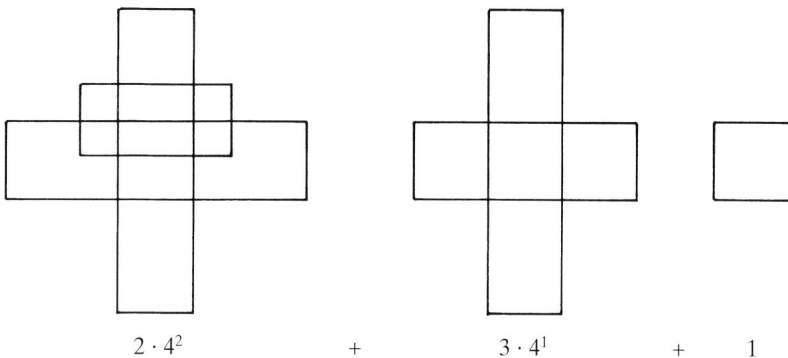

$$2 \cdot 4^2 \qquad + \qquad 3 \cdot 4^1 \qquad + \qquad 1$$

Alle diese Darstellungen sind möglich und eignen sich für die eine oder andere Operation gut.

Generell muss aber festgestellt werden, dass sie sich weit vom Verständnis des elementaren Bündelns und Entbündelns wegbewegen und es dem Kind zum Teil erschweren, die zentralen Prinzipien der Stellenwertsysteme, nämlich Bündelung und Stellenwert, zu erkennen.

Der Lehrer sollte daher vorsichtig mit dem Einsatz solcher Materialien sein und sie nur dann verwenden, wenn er glaubt, damit das fundamentale Verständnis für das Stellenwertsystem verbessern zu können.

2.7 Erste Multiplikationen und Divisionen

Multiplikation und Division sind nach Addition und Subtraktion die nächsten Grundrechenarten, die das Kind kennen lernt, aber sie sind für das Verständnis des Kindes ungleich schwieriger. Das liegt zum einen daran, dass mit Multiplikationsaufgaben ein größerer Zahlenbereich erschlossen wird als mit den entsprechenden Additionsaufgaben ($5 + 5 = 10$, wohingegen $5 \cdot 5 = 25; 7 + 7 = 14$, aber $7 \cdot 7 = 49$ usw.). Zum anderen sind die Verknüpfungsergebnisse der Multiplikation nicht gleichmäßig über den Zahlenraum verteilt. (Die Verknüpfungsergebnisse von $1 \cdot 1$ bis $7 \cdot 7$ liegen unter 50, die von $7 \cdot 8$ bis $9 \cdot 9$ zwischen 50 und 100.)

Das kann zur Folge haben, dass Multiplikationssätze, also etwa die Einmaleinsaussagen recht frühzeitig auswendig gelernt werden und die Erarbeitung der Grundvorstellungen der Multiplikation und Division zu kurz kommen.

Um nicht missverstanden zu werden: Selbstverständlich müssen die Einmaleinssätze soweit mechanisiert werden, dass sie jederzeit abgerufen werden können. Dies darf aber nur dann erfolgen, wenn die Grundvorstellungen der Multiplikation und Division durch das Kind sicher beherrscht werden, so dass es in Umweltsituationen diese Operation erkennt.

Verdoppeln und Halbieren

Verdoppeln und Halbieren sind in der Regel Themen des ersten Schuljahres, stehen also in keinem zeitlichen Zusammenhang mit der Behandlung der Multiplikation und Division, die ja erst im zweiten Schuljahr einsetzt und im dritten und vierten Schuljahr fortgesetzt wird. Entsprechend kann für die Kinder natürlich auch der Zusammenhang zur Multiplikation nicht aufgezeigt werden, sondern die beiden Operationen müssen anders verankert werden.

Sozusagen die Standardsituation für das Verdoppeln sind Zwillinge, für die alles doppelt angeschafft werden muss. In einer Tabelle werden die Gegenstände für ein Kind und für Zwillinge gegenübergestellt:

für ein Kind	für Zwillinge
1 Mantel	2 Mäntel
2 Schuhe	4 Schuhe
6 Buntstifte	12 Buntstifte

Nach dieser anschaulichen Gegenüberstellung kann das Verdoppeln auf einem höheren Abstraktionsniveau mit Stäben, Streifen oder anderem Material dargestellt werden.

Mit Stäben stellt sich das Verdoppeln dar, indem zwei gleich lange Stäbe aneinander gelegt werden. Auch hier können die Ergebnisse in einer Tabelle festgehalten werden.

einfach	4	6	7	5	3	9
doppelt	8					

Mit beliebigem Material, z. B. Plättchen oder strukturiertem Material, lässt sich die Verdoppelung der Zahlen darstellen, indem nebeneinander sitzende Kinder die gleiche Anzahl Plättchen auf den Tisch legen und dann zusammenschieben.

Verdoppeln von Zahlen stellt eine Möglichkeit der Zehnerüberschreitung dar, wie auf S. 57 ausgeführt wurde.

Gleichzeitig lassen sich aber hiermit auch die Begriffe „gerade Zahl" und „ungerade Zahl" erarbeiten. Gerade Zahlen sind dabei genau die Zahlen, die sich durch zwei aneinander gelegte gleiche Stäbe oder Streifen darstellen lassen; ungrade Zahlen sind die, bei denen eine Darstellung aus zwei gleich langen Stäben nicht möglich ist.

Im Unterricht lässt sich hieraus eine Experimentiersituation aufbauen, indem die Kinder untersuchen, welche der Streifendarstellungen der Zahlen von 1 bis 20 (und eventuell darüber hinaus) sich in zwei gleich lange Streifen zerlegen lassen.

Hier ist auch die Umkehrsituation, das Halbieren, angesprochen. Kindgemäßer kommt man über das „gerechte Verteilen" unter zwei Kindern zum Halbieren.

Man kann von einer konkreten Situation ausgehen, etwa dass eine Anzahl von Bonbons an zwei Kinder verteilt werden sollen. Der Lehrer wird nach einigen lösbaren Fällen auch ein oder zwei unlösbare Fälle vorgeben, also Fälle, in denen eine ungerade Anzahl von Bonbons an zwei Kinder verteilt werden sollen. Den Kindern soll durchaus die Unmöglichkeit der Lösung dieser Aufgabe bewusst werden.

In einer weiterführenden Aufgabe suchen die Kinder nun all die Zahlen (zwischen 1 und 20, oder auch darüber hinaus), die halbiert werden können. Dabei muss der Zusammenhang herausgearbeitet werden, dass genau die Zahlen halbiert werden können, die durch Verdoppelung entstanden sind.

Grundmodelle der Multiplikation

Sowohl in der älteren als auch in der neueren Didaktik gibt es eine Reihe von Vorschlägen zur Einführung der Multiplikation. Ein Teil davon muss heute unter dem Eindruck der didaktischen Forschung der letzten Jahre abgelehnt werden, andere Vorstellungen können in der einen oder anderen Form modifiziert akzeptiert werden. Wieder andere haben, wenn auch in jeweils anderer Gewandung, ihre Wirksamkeit auch unter den veränderten didaktischen Vorstellungen behauptet.

Zu den nicht zu akzeptierenden Methoden zählt die, die Multiplikation nur symbolisch als Kurzschreibweise der wiederholten Addition anzusehen, also

$$3 \cdot 4 = 4 + 4 + 4$$

Hiermit wird den Kindern eine formale Symbolfolge vorgesetzt, wozu ein realer Bezug zur Umwelt nur indirekt herzustellen ist. Außerdem wird diese Einführung der Eigenart der Multiplikation als selbstständige Zahlverknüpfung, die nicht auf die Addition zurückgeführt werden muss, nicht gerecht.

Die traditionelle Didaktik unterschied zwischen dem zeitlich sukzessiven Aspekt und dem räumlich simultanen Aspekt der Multiplikation. Der zeitlich sukzessive Aspekt liegt etwa folgender Aufgabenstellung zugrunde: Karl geht dreimal in den Keller und holt jedesmal 4 Flaschen herauf. Das sind zusammen 12 Flaschen.

Die räumlich simultane Auffassung treffen wir in folgender Aufgabenstellung an: Im Café stehen 3 Tische mit je 4 Stühlen. Das sind zusammen 12 Stühle.

Diese beiden Auffassungen mögen zwar bezüglich des mathematischen Hintergrundes nicht unterschiedlich sein, denn jeder zeitlich sukzessiv durchgeführte Vorgang führt zu einer räumlich simultan zu erfassenden Situation. Wenn Karl dreimal in den Keller gegangen ist und jedesmal 4 Flaschen heraufgeholt hat, dann kann man die Flaschen in 3 Gruppen zu 4 Flaschen abstellen. Und jede räumlich simultane Situation kann zeitlich aufgelöst gedacht werden. Die jeweils 4 Stühle an den 3 Tischen des Cafés kann man in Vierergruppen wegnehmen und hat den Vorgang dreimal durchzuführen.

Vom methodischen Standpunkt sind beide Auffassungen sehr wohl zu unterscheiden.

Es sei hier wieder an die drei Brunerschen Repräsentationsformen enaktiv, ikonisch und symbolisch und an ihre Bedeutung für den Mathematikunterricht erinnert. Es ist bekannt, dass Kinder besser verstehen, wenn sie Situationen handelnd „in den Griff bekommen" haben.

Die zeitlich sukzessive Auffassung der Multiplikation eignet sich nun hervorragend für die handelnde Erschließung der Situation. Die Kinder können zeitlich sukzessiv die Gegenstände holen oder bringen.

Die räumlich simultane Auffassung ist naturgemäß dagegen besser ikonisch, also bildlich durch Situationsskizzen zu erfassen. Folgerichtig wird der Lehrer darauf achten, dass er die Behandlung der Multiplikation mit Situationen beginnt, die dem zeitlich sukzessiven Mal entsprechen und daher gut durch Handlungen dargestellt werden können. Solche Situationen sind etwa:

– Vater pflanzt jeweils 5 Bäume in 3 Reihen.
– Der Obsthändler verpackt jeweils 6 Äpfel in eine Schachtel. Er hat 5 Schachteln gepackt.
– Für die Sportstunde sollen jeweils 4 Kinder eine Gruppe bilden. Es werden 7 Gruppen zusammengestellt.

Es wird deutlich, wie gut diese Situationen handelnd darzustellen sind. Gleichzeitig sieht man aber, dass die abschließende Situation auch räumlich simultan aufgefasst und so gezeichnet werden kann.

Es ist sogar möglich, die oben angeführten Situationen auch für die räumlich simultane Auffassung umzuformulieren.

– Vater hat jeweils 5 Bäume in 3 Reihen gepflanzt.
– Der Obsthändler hat 5 Schachteln Äpfel gepackt, in jeder sind 6 Äpfel.
– Für die Sportstunde haben sich die Kinder der Klasse in 7 Gruppen zu je 4 Kindern aufgestellt.

Fachlich kann die Multiplikation auf die Vereinigung gleichmächtiger, disjunkter, endlicher Mengen zurückgeführt werden. Sind also etwa 3 Mengen mit je 4 Elementen gegeben (und haben diese 3 Mengen keine gemeinsamen Elemente), so hat die Vereinigungsmenge dieser 3 Mengen $4 \cdot 3$, also 12 Elemente.*

In der didaktischen Diskussion hat sich im Wesentlichen eine didaktisch-methodische Realisierungsmöglichkeit dieses Zusammenhangs herausgebildet.

---

* Zu der Anordnung der Faktoren ($4 \cdot 3$ oder $3 \cdot 4$) siehe S. 96.

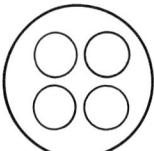 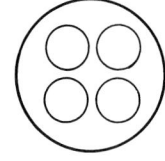 

$$3 \cdot 3 = 12$$

Diese Darstellung kann in dieser Form im Unterricht tatsächlich eingesetzt werden und ist die am häufigsten in der Praxis anzutreffende Form.

Diese methodische Möglichkeit hat den Vorteil, dass auf jede mengentheoretische Symbolik und Sprechweise verzichtet und eine Fülle motivierender Situationen angeführt werden kann, z. B.

    3 Autos mit je 4 Insassen
    4 Blumensträuße mit je 5 Blumen
    3 Eierschachteln mit je 6 Eiern
    4 Pakete mit je 6 Flaschen
    3 Stapel mit je 5 Tellern
    5 Tische mit je 4 Stühlen
    6 Häuser mit je 3 Türen usw.

Diese Auffassung lässt sich auch sehr vielfältig mit Material darstellen, z. B.

Spielmarken   ○○○○
             ○○○○
             ○○○○

Steckwürfel

$$4 \cdot 3 = 12 \qquad 5 \cdot 2 = 10$$

Mit Rechenstreifen oder Stäben bieten sich sogar zwei Darstellungsmöglichkeiten an:

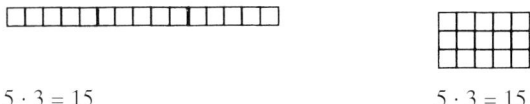

$$5 \cdot 3 = 15 \qquad\qquad 5 \cdot 3 = 15$$

Werden beide didaktisch bewertet, so ist die ursprüngliche Art wohl die erste, also das Hintereinanderlegen der Stäbe. Allerdings wird den Kindern schnell einsichtig zu machen sein, dass beide Versionen natürlich die gleiche Anzahl von Stäben und Einheiten aufweisen, dass aber die zweite Version handlicher und platzsparender ist. Wenn die Schüler nicht von selbst die erste Version bringen, dann kann auf sie ganz verzichtet werden, weil für das spätere Arbeiten die zweite Version nützlicher ist.

Eine weitere, sehr verbreitete und beliebte Einführungsmöglichkeit der Multiplikation besteht in der Verwendung von Maschinen (Operatoren), die für eine eingegebene Spielmarke 2 (3, 4 usw.) Spielmarken ausgeben.

Im Gegensatz zu den Additionsmaschinen (s. S. 47) werden hier nicht Spielmarken dazugegeben, sondern für je eine Marke 2 (3, 4 usw.) Spielmarken ausgegeben. Wie bei den Additionsmaschinen, so handelt es sich auch bei einer solchen Maschine um eine Funktion, die jeder natürlichen Zahl eindeutig eine andere Zahl zuordnet. Als Motivation können Wechselautomaten dienen.

Wie bei den Additionsmaschinen, so kann auch hier das konkrete Arbeiten im Gruppenunterricht durchgeführt werden, indem ein Kind die Eingabe, eins die Maschine, ein drittes die Ausgabe bedient und ein viertes Kind das Ergebnis in einer Tabelle notiert.

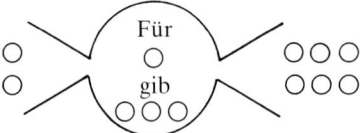

Für viele Kinder erübrigt es sich bald, Spielmarken einzugeben. Sie lösen sich sozusagen von der konkreten Ebene und sind in der Lage, gleich die Anzahlen anzugeben. Die Maschine wird dann auch als die · 3-Maschine bezeichnet, Eingabe und Ausgabe erfolgt mit Zahlkärtchen.

Mit dem Maschinenmodell lassen sich gut die Umkehraufgaben angeben. Bei der ersten Umkehraufgabe ist der Maschinentyp und die Ausgabe gegeben, die Eingabe ist gesucht.

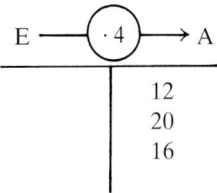

Bei der zweiten Umkehraufgabe sind Eingabe und Ausgabe vorgegeben, der Maschinentyp ist gesucht.

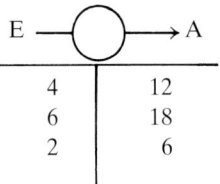

Wenn auch das Maschinenmodell für die Schulmathematik eine große Bedeutung hat, so empfiehlt es sich doch nicht, ausschließlich mit diesem Modell zu arbeiten. Insbesondere für die Einführung der Multiplikation sind die vorhin dargestellten Möglichkeiten mehr zu empfehlen, weil sie von realen oder real gedachten Situationen ausgehen. Das Maschinenmodell bietet sich dann für eine vertiefende Behandlung an. Insbesondere ist es für den Übergang zur Division geeignet, die ja durch die Umkehrmaschine zur Multiplikationsmaschine dargestellt werden kann.

In der Vergangenheit ist viel über die Verwendung des sog. Cartesischen Produkts zur Einführung der Multiplikation diskutiert worden.

Das Cartesische Produkt zweier Mengen A und B ist die Menge aller geordneten Paare, deren erstes Element aus der Menge A und deren zweites Element aus der Menge B ist.

Wenn etwa A eine Menge von Buben und B eine Menge von Mädchen ist, dann kann man alle möglichen Tanzpaare aus je einem Jungen und einem Mädchen zusammenstellen.

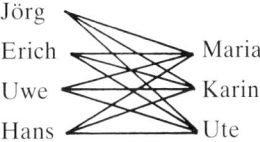

Die Menge aller geordneten Paare, also (Jörg, Maria), (Jörg, Karin) … (Hans, Ute) ist dann das Cartesische Produkt. Wenn die Menge A 4 Elemente hat und die Menge B 3 Elemente, dann gibt es insgesamt $3 \cdot 4 = 12$ Paare. Allgemein hat das Cartesische Produkt $m \cdot n$ Paare, wenn Menge A m und Menge B n Elemente hat. Auf dieser Gesetzmäßigkeit beruht die Verwendung des Cartesischen Produkts für die Einführung der Multiplikation.

Es wird vorgeschlagen, Paare aus Lastwagen und Anhängern, Blusen und Röcken, Brillen und Bärten usw. zu bilden und die Anzahl aller möglichen Kombinationen zu bestimmen.

In der Praxis hat sich die Einführungsmöglichkeit der Multiplikation über das Cartesische Produkt aus folgenden Gründen nicht bewährt:

1. Die Zahl der Anwendungsmöglichkeiten dieser Modellvorstellung ist beschränkt. Die meisten konkreten Situationen, bei denen eine Multiplikation zugrunde liegt, entsprechen der Vereinigung gleichmächtiger Mengen.

2. Die Darstellungsform (Verbindungslinien) ist kompliziert und unübersichtlich. Schon bei $3 \cdot 4$ Paaren (s. o.) ist die Anzahl der Verbindungslinien kaum noch zu überschauen.

3. Alle möglichen Paare, durch die ja das Produkt festgelegt wird, sind nicht konkret zu bilden. Wenn Uwe mit Karin tanzt, dann kann er nicht gleichzeitig mit Maria oder Ute tanzen. Dieses gedankliche Überschauen aller möglichen hypothetischen Kombinationen macht den Kindern große Schwierigkeiten und entspricht nicht dem sonst gewohnten konkret-handelnden Vorgehen. Die vollständige Übersicht über alle möglichen Paare kann nur auf der zeichnerischen Ebene gewonnen werden.

Hier bietet sich aber eine interessante Übung an, die nicht direkt zur Multiplikation hinführen soll: Der Lehrer zeichnet auf einem Arbeitsblatt die Umrisse einer Anzahl (mehr als 16) gleichartiger Häuser mit Dach und Wand hin.

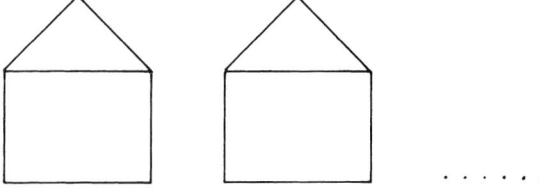

Die Kinder haben Farbstifte in den Farben Gelb, Grün, Blau und Rot zur Verfügung. Sie werden aufgefordert, die Häuser anzumalen, für Dach und Wand jeweils aber nur eine Farbe zu benutzen (es sollen z. B. keine zwei- oder mehrfarbigen Dächer gemalt werden). Alle Häuser sollen aber verschieden sein. Das erste mit roter Wand und blauem Dach, das zweite mit grüner Wand und blauem Dach usw. Wer hat die meisten verschiedenen Häuser gemalt?

Anschließend schneiden die Schüler die Häuser aus und versuchen sie systematisch anzuordnen. In dieser Phase darf der Lehrer auf keinen Fall zu stark lenken. Die Kinder müssen das zweidimensionale Schema: gleichfarbige Dächer untereinander und gleichfarbige Wände nebeneinander (oder umgekehrt) selbst finden. Er kann sie nur auf unsystematische Anordnungen aufmerksam machen. Nebenbei kann natürlich darauf hingewiesen werden, dass es genau 4 · 4 = 16 verschiedene Häuser gibt.

Wenn vorhin bemerkt wurde, dass die Anwendungsmöglichkeiten der Multiplikation nach dem Cartesischen Produkt nicht sehr zahlreich sind, so sollte man aber doch auf eine spätere Besprechung dieser Fälle nicht verzichten. Erfahrungsgemäß ist die Erfassung aller Kombinationen bei Fragen wie der folgenden auch für Erwachsene ungewohnt: Eine Autofirma bringt einen Autotyp mit 4 Motorversionen und 6 verschiedenen Farben heraus. Wie viel Typvarianten gibt es?

Bei der Einführung der Multiplikation kann vorübergehend die Schreibweise Verwirrung stiften.

Die Frage ist: Soll folgende Darstellung

als 3 · 4 oder 4 · 3 interpretiert werden, also ist die Reihenfolge Multiplikator – Multiplikand oder Multiplikand – Multiplikator zu bevorzugen?

In der herkömmlichen Didaktik wurde eindeutig die erste Version bevorzugt, also die oben abgebildete Situation als 3 · 4 gedeutet. Dies geht vor allem darauf zurück, dass hier sehr deutlich die Wörter einmal, zweimal, dreimal usw. ins Spiel gebracht wurden (siehe Breidenbach 1969).

Uhr (1976) macht dagegen für die Reihenfolge Multiplikand – Multiplikator, also die Deutung obiger Skizze als 4 · 3, folgende Gründe geltend:

1. Die Deutung des Multiplikators im Maschinenmodell führt zur Reihenfolge Multiplikand als Eingabe und Multiplikator als Operator.

2. Bei der schriftlichen Multiplikation steht der Multiplikator an zweiter Stelle.

3. Auch bei den anderen drei Grundoperationen stehen die Operatoren an zweiter Stelle, also der zweite Summand bei der Addition, der Subtrahend bei der Subtraktion und der Divisor bei der Division.

Diese Überlegungen können dazu veranlassen, die zuletzt genannte Auffassung zu bevorzugen. Ohnehin ist die eventuell auftretende Schwierigkeit, die auch durch die Deutung der Multiplikation mit Hilfe der Zahlwörter zweimal, dreimal usw. verursacht ist, nicht von langer Dauer, denn wenn die Kinder Einsicht in die Vertauschbarkeit der Faktoren gewonnen haben, spielt die ursprüngliche Vorstellung keine Rolle mehr. Die Kinder müssen in der operativen Durcharbeitung zuerst vielfältige Erfahrung mit der Möglichkeit des Faktorentauschs machen, bevor die Einmaleinsreihen mechanisiert werden können. Die Einmaleinsreihe muss (entgegen immer noch häufig geübter Praxis) am Ende und nicht am Anfang des Umgangs mit Aufgaben zur Multiplikation stehen.

Rechengesetze der Multiplikation

Ähnlich wie bei der Addition, so erleichtern auch bei der Multiplikation die bekannten Gesetze das Rechnen. Ihre Verwendung bietet eine Fülle von Rechenvorteilen, die unbedingt zum Gegenstand des Rechenunterrichts gemacht werden müssen.

Das Kommunikativgesetz, also das Vertauschungsgesetz, wird den Kindern vor allem in der Darstellung der Multiplikation mit Plättchenmengen, aber auch mit Stäben bewusst. Eine Menge von 5 · 3 Plättchen kann nicht nur als 3 Fünfermengen,

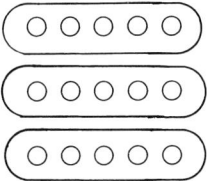

sondern auch als 5 Dreiermengen aufgefasst werden.

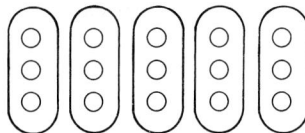

Man braucht die Zusammenfassung für die Kinder nicht einmal durch Schleifen anzudeuten, sondern kann eine 5 · 3 Anordnung von Plättchen einmal von vorne, zum anderen von der Seite her betrachten lassen oder umordnen.

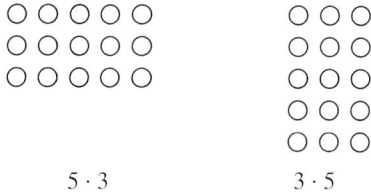

$5 \cdot 3$ $3 \cdot 5$

Streifen oder Stäbe legt man in entsprechender Art neben- oder aufeinander.

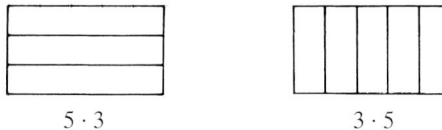

$5 \cdot 3$ $3 \cdot 5$

Gerade die Darstellung mit Stäben oder Streifen ist für Kinder sehr einprägsam.

97

Wie bei der Addition, so ist auch das Vertauschungsgesetz der Multiplikation den Kindern nicht selbstverständlich. Erfahrene Lehrer wissen, dass Kinder durchaus eine Multiplikationsaufgabe wie 4 · 6 richtig beantworten können, bei der Tauschaufgabe 6 · 4 aber eine falsche Antwort geben.

Im Unterschied zu dem entsprechenden Gesetz der Addition lassen sich aber beim Kommutativgesetz der Multiplikation nicht die Fälle eindeutig festlegen, in denen dieses Gesetz Rechenvorteile bringt. Es hängt von der Einführungsart der Multiplikation ab, ob das Kind Multiplikationsaufgaben mit kleinerem ersten Faktor als leichter ansieht als Aufgaben mit kleinerem zweiten Faktor.

Deshalb erfüllt das Kommutativgesetz bei der Multiplikation eher die Funktion einer Kontrollmöglichkeit. Fast alle Einmaleinssätze sollen beim Kind im Verlauf des 2. und 3. Schuljahres soweit beherrscht werden, dass sie mechanisch abrufbar sind. Zur Selbstkontrolle sollte sich das Kind daran gewöhnen, die Tauschaufgabe mit zu bedenken. Der Lehrer kann darauf gezielt hinarbeiten, indem er bei den Kopfrechenübungen die Tauschaufgabe mit nennen lässt, z. B.

$$4 \cdot 6 = 24 \qquad \text{denn auch} \qquad 6 \cdot 4 = 24$$

Das Assoziativgesetz der Multiplikation, also das Gesetz a · (b · c) = (a · b) · c, wobei für a, b und c beliebige natürliche Zahlen eingesetzt werden können, hat nur in einigen später zu behandelnden Spezialfällen eine größere Bedeutung für das elementare Rechnen in der Grundschule. Es ist aber immer dann von Bedeutung, wenn mehrfache Produkte auftauchen. Folgende Darstellung ist für die Einführung brauchbar: Die Kinder sitzen in der Klasse an Zweiertischen. Die Tische stehen in 3 Reihen zu je 4 Tischen.

```
 ────   ────   ────
 x   x  x   x  x   x

 ────   ────   ────
 x   x  x   x  x   x

 ────   ────   ────
 x   x  x   x  x   x

 ────   ────   ────
 x   x  x   x  x   x
```

Die Gesamtzahl der Schüler kann auf zwei Arten berechnet werden:

1. Im Raum stehen 3 · 4 Tische und an jedem Tisch sitzen zwei Schüler, also sind es

   $\underbrace{3 \cdot 4} \cdot 2$ Schüler

2. In jeder Reihe sitzen 4 · 2 Schüler und es sind 3 Reihen, also

   $3 \cdot \underbrace{4 \cdot 2}$ Schüler.

Auch eine kindgemäße Darstellung des Assoziativgesetzes mit Stäben oder Streifen ist möglich.

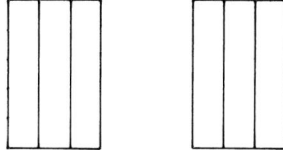

98

Diese Darstellung lässt sich als $2 \cdot \underbrace{3 \cdot 5}$ oder als $\underbrace{2 \cdot 3} \cdot 5$ interpretieren, wenn es sich um Fünferstäbe handelt. Die Darstellung mit einem Rechenbaum stößt in dem frühen Alter meist noch auf Schwierigkeiten, weil es sich bei einem Rechenbaum um ein recht abstraktes Schema handelt und die Kinder außerdem Schwierigkeiten haben, ein solches Schema selbst zu zeichnen.

In einigen Spezialfällen gewinnt das Assoziativgesetz eine große Bedeutung für den Lernprozess, nämlich beim Verdoppeln und Halbieren: Kurz gesagt geht es um die Gesetzmäßigkeit, nach der sich das Produkt verdoppelt oder halbiert, wenn ein Faktor verdoppelt oder halbiert wird. Die fachliche Deutung lautet

$$(2 \cdot a) \cdot b = 2 \cdot (a \cdot b)$$
$$\left(\frac{1}{2} \cdot a\right) \cdot b = \frac{1}{2} \cdot (a \cdot b)$$

Im Unterricht erscheint dieser Aufgabentyp als Übungen zum Einmaleins in Aufgabenreihen wie

$2 \cdot 4 = \ 8$	$8 \cdot 3 = 24$
$4 \cdot 4 = 16$	$4 \cdot 3 = 12$
$8 \cdot 4 = 32$	$2 \cdot 3 = \ 6$

Die Schüler erkennen: Das Ergebnis wird verdoppelt, wenn ein Faktor verdoppelt wird. Entsprechend gilt für das Halbieren, dass das Ergebnis halbiert wird, wenn ein Faktor halbiert wird. Das Assoziativgesetz wird in der didaktischen Literatur auch Verbindungsgesetz genannt, doch sind beide Ausdrücke im Grundschulunterricht entbehrlich, da nur der eben geschilderte Fall der Verdoppelung und Halbierung größere praktische Bedeutung hat.

Im Gegensatz dazu besitzt das Distributivgesetz, auch Verteilungsgesetz genannt, für das Rechnen, speziell für das halbschriftliche und das schriftliche Rechnen eine überragende Bedeutung.

Für alle natürlichen Zahlen a, b und c gilt:

$$a \cdot (b + c) = a \cdot b + a \cdot c$$

Dieses Gesetz stellt die Verbindung zwischen der Multiplikation und der Addition her. So kann z. B. die Aufgabe $7 \cdot 6 = \square$ gerechnet werden

$$6 \cdot (6 + 1) = 36 + 6 = 42$$

Ebenso lassen sich alle sog. Nachbaraufgaben der Multiplikation auf das Distributivgesetz zurückführen, also Aufgaben, bei denen von einer bekannten Einmaleinsaussage auf eine benachbarte unbekannte geschlossen wird. Das Distributivgesetz lässt sich leicht durch Plättchenmengen oder Kringelfelder, aber auch durch Stäbe und Streifen darstellen.

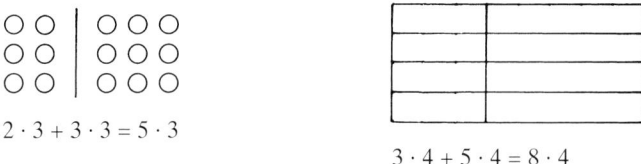

$2 \cdot 3 + 3 \cdot 3 = 5 \cdot 3$

$3 \cdot 4 + 5 \cdot 4 = 8 \cdot 4$

Ein Problem taucht bei der Notation auf, wenn noch keine Klammerschreibweise bekannt ist.

Es kann dabei nur die oben angegebene Schreibweise vorgestellt werden, wobei durch lautes Lesen und Betonen die Gesetzmäßigkeit hervorgehoben werden kann. Im zweiten Schuljahr ist das Verteilungsgesetz beim mündlichen Rechnen für folgende Aufgabentypen wichtig:

$$6 \cdot 5 = \quad 5 \cdot 5 + 5 = 25 + 5 = 30$$
$$7 \cdot 6 = \quad 6 \cdot 6 + 6 = 36 + 6 = 42$$
$$9 \cdot 7 = 10 \cdot 7 - 7 = 70 - 7 = 63$$

Eine besondere Überlegung ist noch bezüglich der Multiplikation mit 0 und 1 erforderlich. Obwohl alle besprochenen Modelle der Multiplikation sich mit Einschränkungen auf diese Grenzfälle übertragen lassen (siehe hierzu Griesel 1971, S. 198), treten bei Kindern hier erhebliche Schwierigkeiten auf. Insbesondere erscheint es ihnen seltsam, dass jede Zahl mit 0 multipliziert 0 ergibt. Die Erklärung für diesen Sachverhalt erfolgt am besten am Maschinenmodell. Die · 0-Maschine („Für 1 gib 0") ist dann die Maschine, die immer nur 0 ausgibt, gleichgültig, was eingegeben wurde.

Ebenso lässt sich die · 1-Maschine gut am Maschinenmodell darstellen. Es ist die „Für 1 gib 1-Maschine", die sozusagen die Eingabe unverändert wieder ausgibt. Also ändert sich eine beliebige Zahl nicht, wenn man sie mit 1 malnimmt (Kinder nannten die · 1-Maschine Faulenzermaschine).

Es soll noch einmal herausgestellt werden, dass die Gesetze der Multiplikation nicht Selbstzweck sind. Infolgedessen sollte auch jede diesbezügliche Begrifflichkeit und jeder Formalismus unterbleiben und die Gesetze nur als Regeln betrachtet werden, die beim Rechnen helfen.

Erarbeitung des Einmaleins

Das Einmaleins ist einer der mathematischen Inhalte der Grundschule, der bis zur Mechanisierung geübt werden muss.

Die Mechanisierung von Rechensätzen ist dabei weder Selbstzweck noch Schikane für den Schüler, sondern für weitere komplexere Aufgabentypen der Schulmathematik und darüber hinaus für die Bewältigung zahlreicher Lebenssituationen unumgänglich.

Auch der Siegeszug der Computer und Taschenrechner in den letzten Jahren enthebt die Schüler nicht davon, alle Einmaleins-Aussagen sicher zu beherrschen und jederzeit mechanisch abrufbereit zu haben.

Dies darf aber den Lehrer nicht dazu verführen, die Einmaleinssätze ausschließlich mechanisch zu üben. Zur sicheren und permanenten Beherrschung führt vielmehr ein langer Weg über operatorische Übungen, vormechanisches Üben bis hin zum mechanischen Einschleifen der Einmaleinssätze (siehe hierzu H. Potschka 1978).

Operatorische Übungen gehen von Operationen aus, die durch Reversibilität (Umkehrbarkeit), Kompositionsfähigkeit (Zusammensetzbarkeit der Operationen) und Assoziativität (Lösung auf verschiedenen Wegen) gekennzeichnet sind. Ihr Kennzeichen ist die gedankliche Durcharbeitung der Operation.

Im Zusammenhang mit der Multiplikation erfolgt dieses operatorische Üben in erster Linie mit Material, aber auch mit dem Maschinenmodell. So können insbesondere Umkehraufgaben gestellt werden.

$$3 \cdot 4 = \square \qquad 5 \cdot \square = 20 \qquad \square \cdot 6 = 36$$

Weitere operatorische Übungen:

Zahlen werden auf dem Zahlenstrahl lokalisiert und als Produkt von Dreierzahlen (Viererzahlen usw.) und Rest geschrieben.

$$6 = 2 \cdot 3, \quad 7 = 2 \cdot 3 + 1, \quad 8 = 2 \cdot 3 + 2, \quad 9 = 3 \cdot 3,$$
$$16 = 3 \cdot 5 + 1, \quad 22 = 4 \cdot 5 + 2$$

Solche Zerlegungen lassen sich zusammensetzen

$6 = 2 \cdot 3$	$7 = 2 \cdot 3 + 1$	$\Rightarrow$	$13 = 4 \cdot 3 + 1$
$16 = 3 \cdot 5 + 1$	$22 = 4 \cdot 5 + 2$	$\Rightarrow$	$38 = 7 \cdot 5 + 3$

Zu einer neuen Einmaleinsreihe kommt man, wenn man zwei Einmaleinsreihen addiert

2	4	6	8	10	12	14	16	...
5	10	15	20	25	30	35	40	...
7	14	21	28	35	42	49	56	...

Das vormechanische Üben erfolgt dann ohne Material. Es ist allerdings stets ein Rückgriff auf eine Operation möglich. In diese Stufe gehört vor allem das Rechnen mit Rechenvorteilen, das ja auf den bereits besprochenen Gesetzmäßigkeiten für die Multiplikation beruht.

Als Beispiel sei die Erarbeitung einer Einmaleinstafel angedeutet, bei der sowohl operatorische als auch vormechanische Übungen herangezogen werden.

Diese Tafel braucht nicht in einer Stunde erarbeitet zu werden, vielmehr kann sich die Entstehung über mehrere Stunden hinziehen.

An die Klassenwand wird eine große Papptafel geheftet, auf der das Einmaleinsschema aufgezeichnet ist, also in der Eingangsspalte und Eingangszeile der Tabelle die Zahlen von 1 bis 10 notiert sind.

	1	2	3	...
1				
2				
3				
⋮				

Die Ergebnisse werden nun systematisch erarbeitet, wobei sie entweder mit Material oder Maschinenmodellen gewonnen werden oder über Gesetzmäßigkeiten erschlossen werden.

Im umseitigen Teilschema sind die operatorisch gewonnenen Aussagen ohne Markierung notiert, die durch Verdoppelung mit $\square$, die auf Grund des Vertauschungsgesetzes mit $\bigcirc$ markiert.

Diese Erarbeitung kann selbstverständlich variiert werden; so kann etwa das Verdopplungsprinzip stärker ausgenutzt werden und damit auch Rechensätze wie $3 \cdot 2 = 6$ und $5 \cdot 2 = 10$ erschlossen werden.

Für die Erarbeitung der ganzen Tafel werden dann zusätzliche Gesetzmäßigkeiten herange-

	1	2	3	4	5
1	1	②	③	④	⑤
2	2	4	⑥	⑧	⑩
3	3	6	9	⑫	⑮
4	4	8	12	16	⑳
5	5	10	15	20	25

zogen, etwa das Prinzip der Nachbaraufgaben. Dies eignet sich insbesondere bei den Multiplikationen mit 9, etwa

$$7 \cdot 9 = 63 \qquad \text{da} \qquad 7 \cdot 10 = 70$$
$$8 \cdot 9 = 72 \qquad \text{da} \qquad 8 \cdot 10 = 80$$

Einerseits ist die Verwendung solcher Nachbaraufgaben nützlich andererseits ist aber auch Folgendes zu bedenken:

Untersuchungen haben gezeigt (Gerster 1979), dass ein sehr häufiger Fehler bei der schriftlichen Multiplikation darin besteht, dass benachbarte falsche Einmaleinsaussagen verwendet werden, also etwa bei der Teilaufgabe $7 \cdot 8$ die Zahl 48 als Ergebnis erscheint (also $6 \cdot 8$).

Der Lehrer muss abwägen, ob er den Nutzen der Nachbaraufgaben höher einschätzt als die Gefahr, o. g. Rechenfehler zu begünstigen.

Die so erarbeitete Einmaleinstafel kann für die nun beginnende Phase der Mechanisierung eingesetzt werden.

Die wichtigste Übungsform für die Mechanisierung ist das Auswendiglernen der Einmaleinsreihen.

Über die Reihenfolge der Einmaleinsreihen gibt es eine Diskussion, die bei Breidenbach (Breidenbach 1969, S. 128) dargestellt ist. Ein brauchbares Prinzip hierbei ist es, auch hierbei mit Verdoppelungen zu arbeiten, wie es sich bei der Gewinnung der Zahlen bewährt hat.

Demnach würde nach dem $1 \cdot 2$ das $1 \cdot 4$ zu erarbeiten sein. Es folgen das $1 \cdot 5$ und das $1 \cdot 10$, bevor das $1 \cdot 8$ als Verdoppelung des $1 \cdot 4$ gewonnen wird.

Das $1 \cdot 3$ und $1 \cdot 6$ werden anschließend erarbeitet und letztlich das $1 \cdot 9$ und das $1 \cdot 7$. Dieser Vorschlag ist identisch mit der von Breidenbach angegebenen Reihenfolge.

Die Einmaleinsreihen sind sowohl in der einfachen Folgeform, also

3, 6, 9, 12, 15 ...

als auch als Rechensatzreihen, also

$1 \cdot 3 = 3$
$2 \cdot 3 = 6$
$3 \cdot 3 = 9$
...

zu beherrschen. Bei diesem mechanischen Lernen sind selbstverständlich alle altbekannten Lernhilfen erlaubt, etwa die Reihen rückwärts aufsagen, Wettspiele im schnellen und sicheren Rechnen usw.

Eine Reihe von interessanten Übungsformen ergibt sich durch den Einsatz von Taschenrechnern im Unterricht. Zwar ist der Taschenrechner als Rechenhilfsmittel im Mathematikunterricht der Grundschule nicht sinnvoll und auch wohl in allen Bundesländern durch Erlass untersagt, trotzdem sollte der Lehrer überlegen, ob er ihn nicht als methodisches Hilfsmittel einsetzen kann:

Einmal werden von den Rechnerfirmen Taschenrechner für Kinder vertrieben, die eigenständig Rechenaufgaben zur Addition, Subtraktion, Multiplikation und Division in vier Schwierigkeitsgraden stellen. Wird dann das richtige Ergebnis eingegeben, so folgt die nächste Aufgabe. Wird die Aufgabe fehlerhaft beantwortet, so wird der Fehler angezeigt und nach dreimaligem Fehlversuch erscheint das richtige Ergebnis.

Es kann zwar nicht erwartet werden, dass von Schule oder Eltern für jeden Schüler ein solches Gerät angeschafft wird, aber vielleicht ist es doch möglich, dass in der Klasse ein solches Gerät vorhanden ist, das für den differenzierenden und individualisierten Einsatz gut geeignet ist.

Eine andere Möglichkeit des Taschenrechnereinsatzes besteht darin, dass die Schüler gegen den Taschenrechner rechnen, der von einem oder zwei Schülern bedient wird. Bei den normalen Einmaleinsaufgaben haben die Kopfrechner in der Regel viel schneller das Ergebnis als die Kinder mit dem Taschenrechner.

Mit dieser Übung kann das wichtige methodische Ziel erreicht werden, dass die Kinder einsehen, dass es Aufgaben gibt, bei denen der Kopfrechner dem Taschenrechner in der Schnelligkeit weit überlegen ist.

Automatisiertes Üben des Einmaleins kann auch in vielen graphischen Formen und Darstellungen erfolgen, etwa durch das Ausfüllen sog. Rechentürme. Dabei wird in dem Kästchen, das über zwei anderen liegt, das Produkt aus den darunter stehenden Zahlen eingetragen.

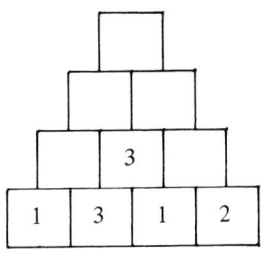 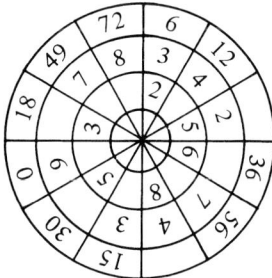

Eine weitere Darstellung besteht in den sog. Rechensternen oder Rechenkreisen, in denen die fehlenden Zahlen einzutragen sind.

In diesem Fall ergibt das Produkt der Zahlen im zweiten und dritten Ring von außen die Zahlen im äußeren Ring. Es ist bei dieser Übungsform nicht eindeutig zu klären, welcher Übungsstufe sie angehört. Ziel ist auf alle Fälle, dass die Einmaleinssätze so weit beherrscht werden, dass alle Kinder die Ergebnisse mechanisch eintragen können.

Eine weitere interessante Übungsform, die aber noch viele Züge des operativen Übens besitzt, ist das folgende Beziehungsnetz.

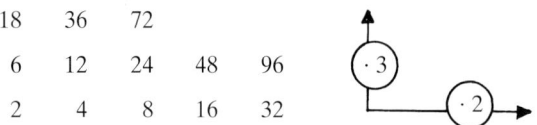

Die jeweils rechte Nachbarzahl entsteht durch Multiplikation mit 2, die jeweils darüber stehende Zahl durch Multiplikation mit 3. Man kann nun die beiden Arten von Multiplikatoren zusammensetzen, z.B. gelangt man zur nächsten Zahl, die rechts oberhalb steht durch Multiplikation mit 6, zur übernächsten Zahl nach rechts durch Multiplikation mit 4 usw.

Dieses Prinzip kann auch für offene Aufgabenstellungen verwendet werden. Im folgenden Schema sind fehlende Operatoren und Zahlen einzutragen.

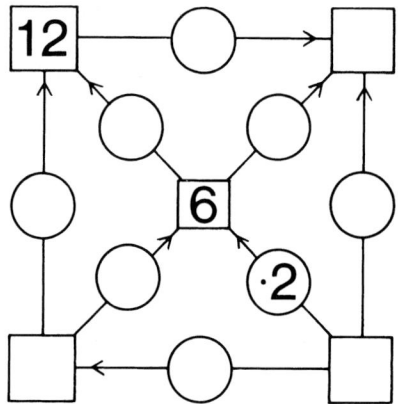

Die Einmaleinstafel gibt ebenfalls vielfältig Anlass zum Üben, etwa indem Teiltabellen vorgegeben werden, die auszufüllen sind, oder durch Ausschnitte, in denen die Zahlen eingetragen werden.

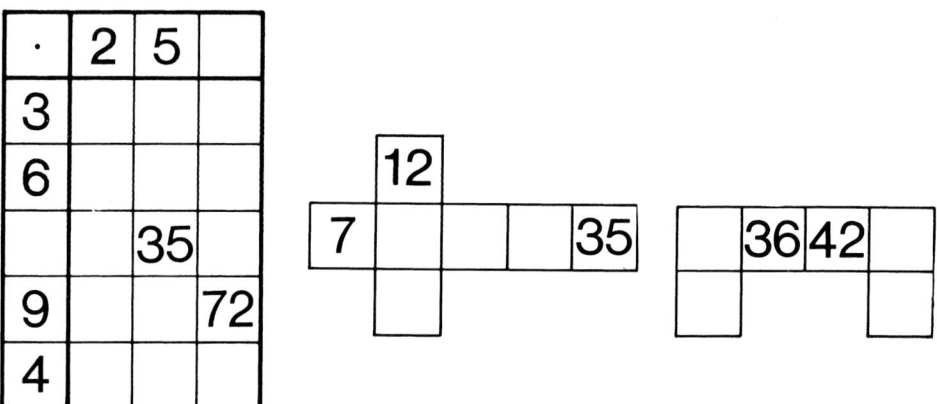

Besondere Aufmerksamkeit sollte der Lehrer den Quadratzahlen 1, 4, 9, 16, 25, 36, 49, 64, 81, 100 widmen. Sie werden einerseits im späteren Unterricht vielseitig benötigt, etwa auch bei geometrischen Berechnungen. Zum anderen eignen sie sich als sog. Stützpunkt-Aufgaben, von denen Nachbaraufgaben erschlossen werden können.

Grundvorstellungen der Division

Die Division ist die Umkehrung der Multiplikation. Die Aussagen

$$a \cdot b = c, \qquad c : b = a, \qquad c : a = b$$

sind gleichwertig.

Es ist allerdings zweifelhaft, ob dieser Zusammenhang auch in der Grundschule den Kindern verdeutlicht werden soll, indem die Einführung der Division in direktem Zusammenhang mit der Multiplikation erfolgen soll oder nicht. Für diese zusammenhängende Einführung, ähnlich der bei Addition und Subtraktion, spricht der mathematische Zusammenhang und die Möglichkeit, vielfältige und variationsreiche Übungsaufgaben zu stellen.

In der Praxis hat sich aber gezeigt, dass die Operationen Multiplikation und Division für Kinder einen bedeutend höheren Schwierigkeitsgrad besitzen als Addition und Subtraktion und dass eine gleichzeitige Einführung der beiden Operationen die Kinder in der Regel überfordert.

Es empfiehlt sich daher, die Division als eigene Rechenoperation, allerdings in zeitlich nicht zu großem Abstand von der Multiplikation einzuführen.

Aus diesem Grund ist es auch nicht erforderlich, die Vorstellungen, mit denen die Multiplikation eingeführt wurde, auf die Division zu übertragen.

Als geeignete Vorstellungen für die Einführung der Division haben sich „Aufteilen" und „Verteilen" erwiesen.

Aufteilen ist eine Operation, bei der eine Menge in gleichmächtige Teilmengen zerlegt wird. Dabei ist die Anzahl der Elemente in der Gesamtmenge und in einer Teilmenge angegeben. Die Anzahl der Teilmengen ist gesucht.

Beispiel:

12 Äpfel sind vorhanden. Jeden Tag werden 3 Äpfel gegessen. Wie viel Tage reicht der Vorrat?

Aufteilen ist gleichbedeutend mit Messen. Die Zwölfermenge von Äpfeln wird gleichsam mit der Einheit Dreiermenge gemessen. Es ergeben sich 4 Dreiermengen.

Das Verteilen ist eine Operation, die zu einer Zerlegung der Gesamtmenge in gleichmächtige Teilmengen führt. Im Gegensatz zum Aufteilen ist aber hier die Anzahl der Teilmengen gegeben und die Anzahl der Elemente in einer Teilmenge gesucht.

Beispiel:

Gegeben sind 12 Äpfel. Sie sollen an 4 Kinder gleichmäßig verteilt werden. Wie viel Äpfel bekommt jedes Kind?

Aufteilen und Verteilen sind keine Mengenoperationen. Das erkennt man daran, dass es bei beiden Operationen gleichgültig ist, ob ein ganz bestimmtes Element (z. B. der rote Apfel mit dem Wurmstich) zu einer bestimmten Teilmenge gehört (z. B. zur zweiten) oder nicht. Das Ergebnis von Mengenoperationen ändert sich mit jedem einzelnen Element. Beim Aufteilen und Verteilen kommt es nur auf die Anzahl der Elemente (Anzahl der Äpfel) an.

Hier liegt auch ein methodisches Problem vor. Das Verteilen muss für die Kinder immer ein „gerechtes" Verteilen sein. Wenn nun die Elemente, z. B. die Äpfel, nicht völlig gleichartig sind, so ist es für Kinder nicht gleichgültig, ob sie 3 große schöne Äpfel oder 3 kleine beschädigte Äpfel bekommen. Kinder neigen sogar dazu, z. B. einen großen schönen Apfel mit 2 kleinen Äpfeln wertgleich zu setzen. Kinder sehen also tatsächlich die einzelnen Elemente, uns kommt es aber bei Auftreten und Verteilen nur auf die Anzahl der Elemente an. Der Lehrer muss dies beachten, um nicht im Unterricht auf ungewollte Schwierigkeiten zu stoßen.

Aufteilen und Verteilen sind aber auch keine Zahloperationen, denn die Ergebnisse unterscheiden sich durch die Benennungen. Das Ergebnis des Aufteilens ist eine reine Zahl, während das Ergebnis des Verteilens eine mit einer Einheit versehene Zahl ist, z. B. 3 Äpfel. Hierbei muss auch „Äpfel" als Einheit angesprochen werden entsprechend dem Sprachgebrauch bei 3 m beispielsweise.

Bei Aufteilen und Verteilen handelt es sich um Größenoperationen. Die Unterscheidung zwischen Aufteilen und Verteilen wurde von den Ganzheitsmethodikern vorgeschlagen, sie kann aber erst, nachdem genauer erforscht wurde, was Größen und Größenbereiche sind, präzisiert werden.

Im Unterricht wird man für beide Operationen von der handelnden Ebene ausgehen. Äpfel, Nüsse, Knöpfe, Steckwürfel und farbige Plättchen werden in Teilmengen aufgeteilt oder an Kinder verteilt. Die entsprechende Sozialform ist das Kreisgespräch, wobei die Materialien im Innern des Kreises auf einem Tisch oder auf dem Boden liegen.

Der Lehrer sollte hier auf eine natürliche begleitende Sprechweise achten:

„Ich verteile 15 Nüsse an 5 Kinder. Jedes Kind bekommt 3 Nüsse. Das stimmt, denn 3 Nüsse mal 5 sind 15 Nüsse."

Die Unterscheidung zwischen den Begriffen Aufteilen und Verteilen sollte mit den Kindern nicht erarbeitet werden. Vielmehr sollten die Kinder die Situation handelnd erschließen und die ihnen gemäße Sprechweise verwenden. Auch ein besonderes Zeichen für das Aufteilen (z. B. ÷) erübrigt sich.

Interessant ist es dagegen, dieselbe Situation zum Gegenstand zweier verschiedener Aufgabenstellungen zu machen, z. B.

„In einer Garage können 24 Autos parken; in jeder Reihe können 4 Autos stehen. Wie viel Reihen gibt es?"

Hierbei handelt es sich offensichtlich um eine Aufteilaufgabe. Die 24 Autos werden in Teilmengen zu 4 Autos aufgeteilt. Es gibt 6 Reihen.
Umgekehrt kann die Situation auch folgendermaßen beschrieben werden:

„In einer Garage können 24 Autos in 6 Reihen parken. Wie viel Autos stehen in einer Reihe?"

Diesmal werden die 24 Autos an die 6 Reihen verteilt. Man stellt fest, dass 4 Autos in einer Reihe stehen.

Das Aufteilen kann entsprechend auch auf der ikonischen Stufe leicht durchgeführt werden. Eine Kringelmenge wird vorgegeben, die durch Umranden der Teilmengen in gleichmächtige Teilmengen aufgeteilt wird.

12 Nüsse : 3 Nüsse = ☐

Wird das Dividieren mit Stäben oder Streifen dargestellt, so handelt es sich immer um ein Aufteilen.

10 : 5 = 2

Hierbei wird sehr deutlich, dass Aufteilen ein Messen ist.

Das Verteilen ist schwieriger darzustellen. Es geschieht am besten mit Pfeilen.

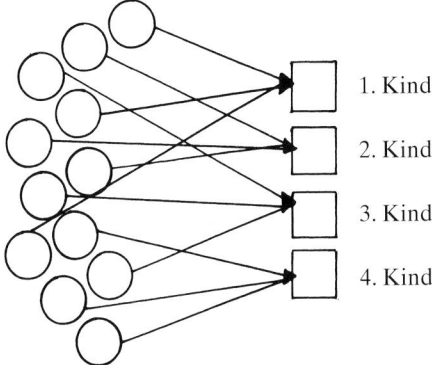

1. Kind

2. Kind

3. Kind

4. Kind

Hierbei ist deutlich zu erkennen, dass die handelnde Darstellungsform wesentlich natürlicher ist als die ikonische. Diese ist, wie schon mehrfach gezeigt, mit vielen Problemen und nicht nur solchen der rationellen Darstellung verbunden.

Allmählich lösen sich aber die Kinder von diesen beiden Repräsentationsebenen und vollziehen die Divisionsaufgabe rein rechnerisch. Erst jetzt ist die Zeit gekommen, stärker auf den Zusammenhang zwischen Multiplikation und Division hinzuarbeiten. Zwar wurde dieser Zusammenhang auf den beiden ersten Stufen schon bereits zur Kontrolle benutzt, doch erst jetzt auf der symbolischen Darstellungsstufe ergibt sich die Möglichkeit, ohne große Verzögerung die Zusammenhänge aufzuzeigen.

$$18 : 3 = 6 \qquad da \qquad 6 \cdot 3 = 18$$

Ja, letztlich wird eigentlich jede Divisionsaufgabe durch die zugehörige Multiplikationsaufgabe gelöst, denn das Kind lernt das „Einmaleins" und nicht das „Einsdurcheins".

An dieser Stelle kann nun auch das Maschinenmodell für die Division verwendet werden, und zwar zunächst als eigenständige Maschine in der Form „Für n gib 1"

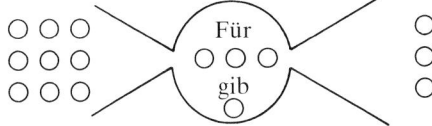

Hierbei erkennen die Schüler zunächst, dass diese Maschine nicht jede Eingabe verarbeitet. Die Maschine ist ein „Feinschmecker", die nur Dreiermengen „mag". Dann gibt sie für je 3 Plättchen ein Plättchen aus.

Später erkennen die Kinder, dass sie diese Maschine schon kennen. Wenn bei der Multiplikationsmaschine „Für ◯ gib ◯◯◯" die Ausgabe gegeben ist und die Eingabe gesucht, dann musste auch für je drei Plättchen ein Plättchen hingelegt werden.

Dieser Sachverhalt wird noch einmal verdeutlicht, wenn die Maschinen nur noch mit Zahlkärtchen arbeiten.

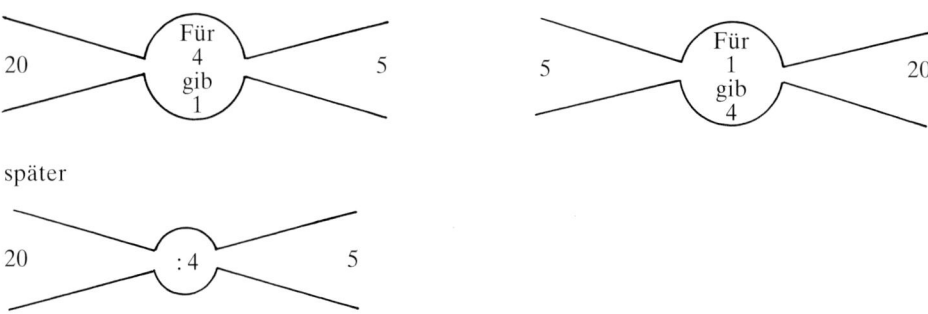

später

Andere Einführungsmöglichkeiten der Division, etwa das Vorgehen über die Umkehrung der Multiplikationsgleichung

$$4 \cdot \square = 20 \Leftrightarrow 20 : 4 = \square$$

oder die wiederholte Subtraktion

$$15 : 5 = 3$$
$$\text{da } 15 - \underbrace{5 - 5 - 5}_{3} = 0$$

entfallen wegen des damit verbundenen rein formalen Vorgehens.

Rechengesetze der Division und Division mit Rest

Besondere Aufmerksamkeit muss der Lehrer den „Grenzfällen" a : a, a : 1, a : 0 und 0 : a widmen.

Die beiden ersten Fälle sind am leichtesten durch Verteilen oder auch durch Aufteilen einzusehen.

Werden 7 Äpfel an 7 Kinder verteilt, so bekommt jedes einen Apfel. Werden 7 Äpfel an ein Kind verteilt, so bekommt es 7 Äpfel.

Das Maschinenmodell gibt auch den Sachverhalt a : a wieder, z. B.

aber um die Allgemeinheit des Satzes a : a = 1 zu erkennen, müssten viele Maschinen vorgestellt werden.

Die $(:1)$-Maschine ist identisch mit der $(\cdot 1)$-Maschine, das bringt für den Schüler aber gerade gewisse Schwierigkeiten mit sich, weil beide Maschinen als „Für 1 gib 1"-Maschinen erscheinen.

Auch der Fall 0 : a = 0 wird für Kinder einsichtig, da beim Verteilen von 0 Äpfeln an 2, 3, 4, 5 usw. Kinder jedes Kind immer 0 Äpfel bekommt.

Wiederum ist hierbei auf die Allgemeingültigkeit der Aussage 0 : a = 0 für alle Zahlen a zu achten, was nur durch zahlreiche und wiederholt angebotene Beispiele zu erreichen ist.

Große Schwierigkeiten bereitet der Fall a : 0. Wenn die Behandlung der Regel: „Durch 0 darf nicht dividiert werden" nicht auf die 5. Klasse verschoben werden soll, dann eignet sich zur Begründung dieser Regel nur das Maschinenmodell.

Die Kinder müssen wissen, dass die Division die Umkehrung der Multiplikation ist, dass also beispielsweise die Umkehrmaschine zur $(\cdot 3)$-Maschine die $(:3)$-Maschine ist.

Die Kinder haben nun im Rahmen der Behandlung der Multiplikation erfahren, dass die $(\cdot 0)$-Maschine für jede eingegebene Zahl immer 0 ausgibt, also wird jede Zahl durch die $(\cdot 0)$-Maschine 0 zugeordnet.

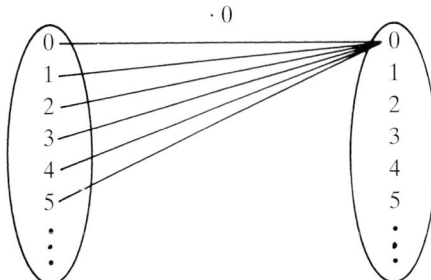

Die Umkehrmaschine, also die $(:0)$-Maschine funktioniert überhaupt nicht bei allen Zahlen größer als 0. Jeder Quotient a : 0 mit a ≠ 0 ist also sinnlos. Ist a = 0, so kann jede Zahl das Ergebnis sein.

Aus diesen Gründen ist die Division durch 0 grundsätzlich ausgeschlossen.

Auf das Kommutativgesetz der Multiplikation gehen die sog. Tauschaufgaben der Division zurück.

$$24 : 6 = 4 \qquad 24 : 4 = 6$$
da $\qquad 4 \cdot 6 = 24 \qquad 6 \cdot 4 = 24$

Dieses Gesetz spielt im Grundschulunterricht eine Rolle bei der Kontrolle der Rechenergebnisse.

Für die Division gilt das Distributivgesetz

$$(a + b) : c = a : c + b : c$$
bzw. $\qquad (a - b) : c = a : c - b : c \qquad$ für $a \geq b, c \neq 0$

Der eigentliche Anwendungsbereich liegt in der schriftlichen Division (S. 168), aber auch im mündlichen, oder halbschriftlichen Rechnen ergeben sich durch dieses Gesetz häufig Rechenvorteile.

Beispiel:

44 € sind an 4 Kinder zu verteilen. Es werden zunächst 40 € verteilt und dann noch einmal 4 €. Also bekommt jedes Kind 10 € + 1 € = 11 €.

$$44 \text{ €} : 4 = (40 \text{ €} + 4 \text{ €}) : 4 =$$
$$40 \text{ €} : 4 + 4 \text{ €} : 4 = 10 \text{ €} + 1 \text{ €} = 11 \text{ €}$$

Natürlich lässt sich das Distributivgesetz auf beliebige Zerlegungen anwenden.

$$48 : 6 = (24 + 24) : 6$$
$$= (36 + 12) : 6$$
$$= (30 + 18) : 6$$
$$\ldots$$

Über die Schreibweise der Division mit Rest ist im Zusammenhang mit der Erstellung der neuen Grundschulpläne viel diskutiert worden (z. B. Winter 1978). Von der Kultusministerkonferenz wurde die sog. Zerlegungsschreibweise empfohlen.

$$18 = 5 \cdot 3 + 3$$

anstelle der Restschreibweise

$$18 : 5 = 3 \text{ R } 3$$

die wegen des damit verbundenen Missbrauchs des Gleichheitszeichens* als sachlich falsch abgelehnt wird.

Diese an sich geringfügige formale Änderung führt aber in der Schule zu großen Umstellungsschwierigkeiten für Lehrer, Eltern und Kinder, so dass auch eine Reihe von Ersatzlösungen auf dem Markt waren. Z. B.

$18 : 5 = 3 \text{ R}_5 3$	(Angabe des Divisors)
$(18 - 3) : 5 = 3$	(Nachträgliches Subtrahieren des Rests vom Dividenden)
$18 : 5 = 3 + (3 : 5)$	(nicht ausgerechneter Term)
oder $\quad 18 : 5 = 3 + \frac{3}{5}$	(Bruchterm)

Will man sich an die empfohlene Zerlegungsform halten, so kommt es zu einer Fallunterscheidung auch in der Schreibweise zwischen Aufgabe, die „aufgehen", z. B.

$$18 : 6 = 3$$

und deshalb in der üblichen Divisionsform notiert werden, und Divisionsaufgaben mit Rest

$$38 : 9$$
$$38 = 9 \cdot 4 + 2$$

---

* $\quad$ 18 : 5 = 3 R 3 und 15 : 4 = 3 R 3, also würde daraus folgen: 18 : 5 = 15 : 4. 3 R 3 ist kein Name für eine Zahl, also kein Term. Das Gleichheitszeichen steht aber nur zwischen Termen.

Hierbei wird also zunächst der Divisionsterm 38 : 9 notiert. Die Ausrechnung erfolgt dann in der additiven Zerlegungsform. Die Konsequenzen werden besonders beim schriftlichen Divisionsalgorithmus zu beachten sein.

Ein Fehler, der in den meisten Fällen vom Lehrer verursacht wird, wird nicht selten in der Praxis angetroffen. Offensichtlich unter dem Eindruck der Information, dass der Rest additiv zu notieren ist, wird folgende Schreibweise durchgeführt:

$$18 : 5 = 3 + 3!$$

Diese unsinnige Schreibweise braucht wohl nicht weiter analysiert zu werden.

Die Schreibweise mit dem unausgerechneten Bruchterm

$$18 : 5 = 3 + (3 : 5)$$

kommt der herkömmlichen Restschreibweise recht nahe und ist deshalb dann durchaus als Kompromiss zu empfehlen, wenn man sich nicht unmittelbar zu der Zerlegungsschreibweise durchringen kann.

In den heutigen Lehrplänen der Bundesländer kehrt man allgemein wieder zu der Restschreibweise zurück. Offensichtlich schätzt man die fachliche Ungenauigkeit der Restschreibweise als wenig bedeutend für den Lernprozess ein, zumal beim Rechnen mit Dezimalzahlen spätestens ab Klasse 7 die Restschreibweise ohnehin überflüssig wird.

2.8 Größen

Das Rechnen mit Größen, also mit Geldbeträgen, Längen, Gewichten, Zeitspannen, Volumina und Flächeninhalten gehört seit der Zeit zu den wichtigsten Inhalten des Rechenunterrichts, seit Schule nicht nur eine abstrakte geistige Bildung nach den Grundsätzen einer Gelehrtenschule vermitteln will, sondern auch durch Betonung des Anwendungsbezuges die Schüler zur Lebensbewältigung befähigen will.

Das Rechnen mit Größen erschien allerdings in der Regel nicht als eigenes Teilgebiet, wie etwa die Geometrie, sondern es war immer stark in den Arithmetikunterricht integriert, wobei die gegenseitige Wechselwirkung bezeichnend war. Einerseits diente das Rechnen mit Größen als Anwendung für das Zahlenrechnen, andererseits wurden vielfach Situationen aus dem Rechnen mit Größen dazu benutzt, um arithmetische Regeln und Gesetze zu verdeutlichen. Man denke in diesem Zusammenhang an die Funktion, die das Rechnen mit Geldwerten stets im Rechenunterricht gespielt hat.

Rein mathematisch war es bis vor Kurzem unklar, was Größen und das Rechnen mit Größen eigentlich sind. Erst durch die Arbeiten von Kirsch (Kirsch 1970) und Griesel (Griesel 1973) ist eine einheitliche Theorie des Rechnens in Größenbereichen entstanden, die direkte Konsequenzen für die Didaktik und die Unterrichtspraxis hat.

Rechnen mit Geld

Die ersten Größen, die das Kind in der Schule kennen lernt, die aber auch sonst im Leben für das Kind eine wichtige Rolle spielen, sind Geldwerte. Dieser Größenbereich weist die typischen Merkmale aller noch zu behandelnden Größenbereiche auf, andererseits weist er aber gegenüber anderen Größenbereichen, z.B. dem der Längen, die Besonderheit auf, dass die Einheiten nicht beliebig unterteilbar sind. Vielmehr ist ein Cent der kleinste existierende Geldwert und alle anderen Geldwerte lassen sich als ganzzahlige Vielfache dieser Einheit ausdrücken.

Neben der großen Bedeutung für das tägliche Leben ist es diese Besonderheit der stets ganzzahligen Beträge (wenn man sie in ct ausdrückt), die es nahelegt, diesen Größenbereich als ersten in der Grundschule zu behandeln.

Bei der Behandlung aller Größenbereiche ist auf die Unterscheidung zwischen den konkret gegebenen Repräsentanten (hier Geldstücke und Geldscheine) und der abstrakten Größe (hier Geldwert) zu achten und hinzuarbeiten. Beim Größenbereich der Längen bilden Stäbe, Kanten usw. die Repräsentanten. Bei den Gewichten sind die Repräsentanten Körper, Gewichtssteine, Pakete mit Waren usw. Immer können die abstrakten Größen von konkreten Dingen abgeleitet werden. Größen sind also das Ergebnis eines Abstraktionsprozesses, der unbedingt im Unterricht sorgfältig beachtet und geplant werden muss.

Dass in der naiven kindlichen Vorstellung Repräsentant und Größe noch nicht deutlich getrennt sind, weiß jeder Erwachsene, der mit kleinen Kindern umgeht. Kinder sehen häufig einen Haufen kleinerer Geldstücke als wertvoller an als eine oder wenige einzelne Münzen, obwohl der Geldwert der einzelnen oder der wenigen Münzen größer ist als der des ganzen Münzhaufens. Kinder identifizieren also den Geldwert mit der Anzahl der Münzen, vermischen also die „Mehr"-Vorstellung bei den Repräsentanten mit der „Größer"-Vorstellung bei den Geldwerten.

112

Konsequenterweise stehen in der Einführungsphase der Geldwerte im 1. Schuljahr Wechselübungen an erster Stelle.

Sparkassen und Volksbanken haben Spielgeld aus Pappe vorrätig und geben es an Schulen kostenlos ab. Jeder Schüler sollte einen Satz Spielgeld in seinem Besitz haben, um Wechselübungen und Kaufsituationen konkret durchführen zu können.

Für den Anfang genügt es, nur mit den Münzen zu operieren, eventuell nur mit den Münzen 1 ct, 10 ct und 1 €.

Damit ist auch der Anschluss an die Zehnerbündelung gegeben. Die Kinder erfahren, dass 10 einzelne Cent so viel wert sind wie ein 10-Cent-Stück und 10 Zehncentstücke so viel wert sind wie ein 1-€-Stück.

Im nächsten Schritt werden dann Geldbeträge durch Münzen dargestellt und als reversible Aufgabe Geldbeträge ermittelt.

Beispiel:

Wie kann man 68 ct bezahlen?

1. Möglichkeit ⟨50⟩ ⟨10⟩ ⟨5⟩ ⟨1⟩ ⟨1⟩ ⟨1⟩

2. Möglichkeit ⟨10⟩ ⟨10⟩ ⟨10⟩ ⟨10⟩ ⟨10⟩ ⟨10⟩
⟨1⟩ ⟨1⟩ ⟨1⟩ ⟨1⟩ ⟨1⟩ ⟨1⟩ ⟨1⟩ ⟨1⟩

usw.

Umkehraufgabe:

Wie viel Geld ist das?

⟨10⟩ ⟨10⟩ ⟨10⟩ ⟨5⟩ ⟨5⟩ ⟨1⟩ ⟨1⟩ ⟨1⟩ ⟨1⟩ ⟨1⟩ ⟨1⟩ ⟨1⟩

Solche Aufgaben sollten zunächst alle konkret mit Spielgeld durchgeführt werden.

Im obigen Beispiel konnte ein Geldbetrag auf verschiedene Arten dargestellt werden. Dies kann zum Anlass für folgende Aufgabe genommen werden:

„Ich habe zwei (drei, vier, fünf) Münzen in der Tasche, wie viel Geld kann das sein?"

oder:

„Wie kann ich 8 € bezahlen, wenn ich nur 1-€-, 2-€- und 5-€-Stücke verwenden soll? Wie viele Möglichkeiten gibt es? Gibt es Möglichkeiten, 8 € mit genau 3 Münzen zu zahlen?"

Diese Aufgabe erfordert eine Strategie, die etwa so aussehen könnte:

In einer Tabelle werden die Lösungsmöglichkeiten eingetragen. Zunächst werden die 8 € durch 8 einzelne 1-€-Stücke dargestellt. Danach können je 2 1-€-Stücke durch 1 2-€-Stück ersetzt werden. Dadurch ergeben sich die nächsten 4 Möglichkeiten. Tritt nun ein 5-€-Stück dazu, so können höchstens noch 3 1-€-Stücke genommen werden. Von denen können dann aber noch einmal 2 durch 1 2-€-Stück ersetzt werden. Es gibt also insgesamt 7 Möglichkeiten, 8 € mit 1-, 2- und 5-€-Münzen darzustellen. Davon besteht nur eine Möglichkeit aus 3 Münzen. Es gibt andererseits keine Möglichkeit, 8 € mit weniger als 3 Münzen zu bezahlen.

1 €	8	6	4	2	–	3	1
2 €	–	1	2	3	4	–	1
5 €	–	–	–	–	–	1	1
Anz. der Münzen	8	7	6	5	4	4	3

 Es sollte selbstverständlich sein, dass der Lehrer den Kindern das Schema nicht vorgibt, sondern es selbst finden lässt. Ja es ist sogar möglich, dass die Kinder auf eine andere Art zur Lösung dieser Aufgabe gelangen. Hier wird von den Schülern Kreativität beim Finden des Lösungsweges erwartet, die auf keinen Fall vom Lehrer unterbunden werden sollte.

Das Rechnen mit Geldwerten beginnt zunächst einmal mit dem Größenvergleich. „Was ist mehr Geld?" Hier kann wieder die Relationsdarstellung durch das Pfeildiagramm herangezogen werden.

──────▶── : … ist mehr Geld als …

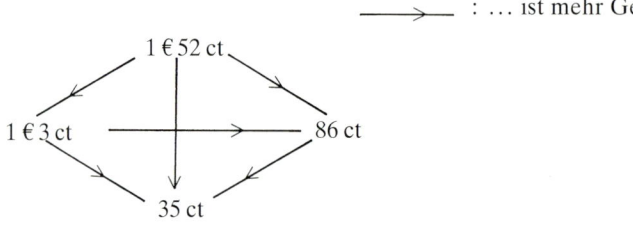

Auf die korrekte Schreibweise der Einheiten ist zu achten. Weder € noch ct werden mit einem Abkürzungspunkt geschrieben. Die Kommaschreibweise, z. B. 1,20 € sollte in der 1. und 2. Klasse noch unterbleiben. Gesprochen werden Geldbeträge selbstverständlich immer zusammen mit der Einheit, also z. B. 4 Euro, 30 Cent.

Im 1. Schuljahr werden Geldbeträge nur addiert und subtrahiert, wenn noch nötig, indem die Beträge zunächst mit Spielgeld gelegt werden, dann gewechselt und der Betrag notiert wird.

Nach dem Schwierigkeitsgrad ist folgende oder eine ähnliche Stufenfolge einzuhalten

 1. Aufgaben wie 20 ct + 50 ct = □
 2. Aufgaben wie 80 ct − 30 ct = □
 3. Aufgaben wie 17 ct + 2 ct = □
 4. Aufgaben wie 18 ct − 3 ct = □
 5. Aufgaben wie 36 ct ± 17 ct = □   ohne und mit Übertrag
 6. Aufgaben wie 1 € 50 ct ± 60 ct = □

Es folgen dann weitere Additions- und Subtraktionsaufgaben, eventuell auch mit Umwechseln, sowie einfache Vervielfältigungen (Multiplikationen) mit ganzen €- oder ct-Beträgen.

Auch das Zahlenrechnen sollte häufig durch Rechnen mit Geldbeträgen durchsetzt sein. Jeder Lehrer weiß, welche große Motivationskraft vom Rechnen mit Geldwerten ausgeht. Dies führt ja nicht selten dazu, dass Schüler, die bei einer reinen Zahlenaufgabe nicht zum Ergebnis kommen, die entsprechende Aufgabe mühelos lösen, wen sie in Form von Geldwerten gestellt wird.

114

Gewinnung der Längenmaße

Am Beispiel der Längenmaße, die im 2. Schuljahr eingeführt werden, kann nun noch deutlicher als bei den Geldwerten der Abstraktionsprozess dargestellt werden, den das Kind zu durchlaufen hat, um zur endgültigen Vorstellung der Maße zu gelangen.

Wie bei den Geldwerten, so geht man auch bei den Längen von Repräsentanten aus, die jetzt Stäbe oder Kanten sind. Stäbe werden verglichen, indem sie nebeneinander gehalten werden: Dieser Stab ist länger als jener; diese beiden Stäbe sind gleich lang. Alle gleich langen Stäbe können zusammengefasst und je in einen Kasten gelegt werden. Alle Stäbe, die sich nun in einem Kasten befinden, haben eine gemeinsame Eigenschaft, nämlich ihre Länge.

Dieser Vorgang läuft völlig parallel zu dem, wie die Zahl von Mengen abstrahiert wurde. Die Repräsentanten waren da endliche Mengen. Konnte man von zwei Mengen sagen, dass sie gleichmächtig waren, so hatten sie damit dieselbe Zahleigenschaft.

Der Weg von der Menge zur Zahl lief über die Abstraktion, der umgekehrte Weg von der Zahl zur Menge bedeutet eine Repräsentation.

Zwischen der Zahlgewinnung und der Gewinnung der Länge besteht also folgende Analogie:

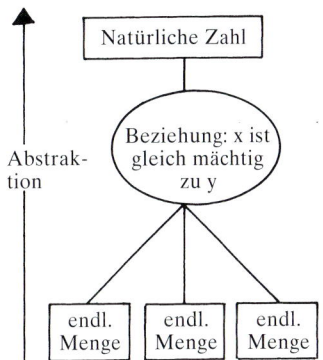 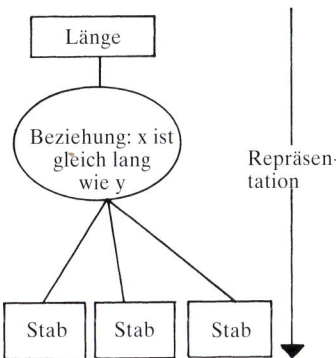

Es besteht allerdings ein wesentlicher Unterschied zwischen den natürlichen Zahlen und den Längen. Bei den natürlichen Zahlen gibt es ein kleinstes Element, nämlich die 1, ein solches kleinstes Element fehlt bei den Längen, deshalb muss die Einheitslänge mehr oder weniger willkürlich definiert werden, z. B. 1 m.

Die Unterscheidung zwischen einer Strecke und ihrer Länge sollte auch später in den weiterführenden Schulen kenntlich gemacht werden. So werden etwa mit $\overline{AB}$ die Strecke mit den Endpunkten A und B, aber mit $|\overline{AB}| = 6$ cm ihre Länge gekennzeichnet.

Dieser eben geschilderte Abstraktionsprozess kann bei allen Größenbereichen aufgezeigt werden. Es wird jeweils an entsprechender Stelle darauf eingegangen werden.

Das Rechnen mit Größen ist ein Teil des Sachrechnens, deshalb sollte die unterrichtliche Behandlung stets mit einer konkreten Sachsituation beginnen.

„Wer ist größer, Markus oder Richard?" Mit dieser Frage wird der Lehrer die Kinder motivieren, sich über Verfahren zum Längenvergleich Gedanken zu machen.

Die Kinder werden sicher vorschlagen, dass zur Beantwortung dieser Frage Markus und Richard sich neben- oder hintereinander stellen sollten. Dann kann man ja ablesen, wer größer ist.

Dies ist die *1. methodische Stufe* bei der Erarbeitung der Längenmaße, der so genannte *direkte Vergleich.* Sie wird überwiegend handelnd durchgeführt. Kinder, auch mehr als zwei, werden ihrer Größe nach verglichen, ebenso Stäbe und Papierstreifen. Die Kinder oder Stäbe werden dann der Größe nach angeordnet.

Der Lehrer sollte schon bei dieser methodischen Stufe Schätzübungen durchführen lassen. „Wer ist wohl größer, Marion oder Elke?"

Mit Stäben lassen sich die Größenbeziehungen auch durch Pfeildiagramme darstellen:

Auf ein Blatt Papier werden an 4 markierten Stellen Stäbe unterschiedlicher Länge gelegt und durch die Kinder Pfeile entsprechend der Relation: ... ist länger (kürzer) als ... eingezeichnet.

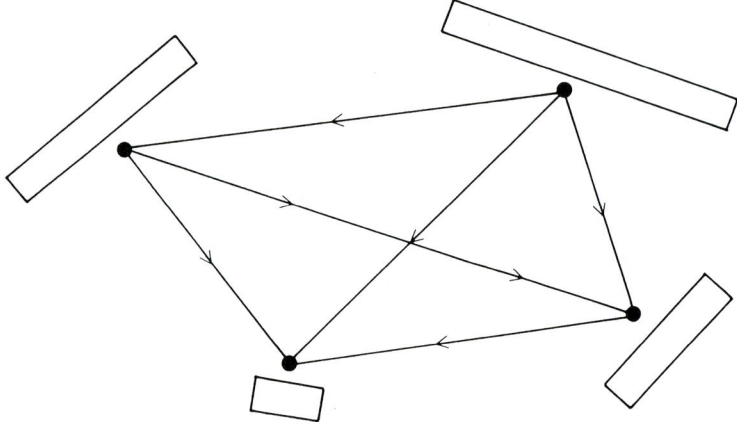

In der Zeichnung werden die Pfeilspitzen nicht am Ende, sondern in der Mitte des Pfeils angesetzt. Werden sie am Ende angesetzt, so kann es zu Undeutlichkeiten kommen, wenn mehrere Pfeile an einer Stelle enden.

Die *2. methodische Stufe* wird dann erreicht, wenn der direkte Vergleich der beiden Stäbe oder Strecken nicht möglich ist. „Passt wohl dieser Schrank zwischen die beiden Fenster?" oder „Kann ich den Tisch noch zwischen Türe und Schrank stellen?"

Die Kinder sehen ein, dass der direkte Vergleich, also das Versetzen des Schranks, um festzustellen, ob er zwischen die beiden Fenster passt, schwierig und umständlich ist. Alles drängt zu einem *mittelbaren Vergleich* hin. Der Lehrer hat dazu einen Zeigestock oder eine Latte, eine Schnur oder ähnliche Gegenstände für die Kinder sichtbar vorbereitet. Er achte aber darauf, dass kein Meterstab oder Lineal mit Meter- und Zentimetereinteilung sichtbar und erreichbar ist.

Nun wird mit Hilfe der Schnur die Breite des Schrankes abgegriffen und durch Anlegen festgestellt, ob der Zwischenraum zwischen den Fenstern ausreicht.

Ein weiterer *Zwischenschritt* ist der, dass man Strecken mit einem Vergleichsmaß misst, das wesentlich kleiner als die zu messende Strecke ist. So kann die Länge und die Breite eines Tisches durch Abtragen von Bleistiftlängen bestimmt werden.

116

„Mein Tisch ist 7 Bleistifte lang und 3 Bleistifte breit."

Wieder ist die Bleistiftlänge ein willkürliches Maß, aber zum ersten Mal taucht bei einer Größenangabe Maßzahl und Maßeinheit auf

      7 Bleistiftlängen

Maßzahl   Maßeinheit

Auf dieser Stufe können nun zwei Lernziele erreicht werden:

1. erkennen die Schüler, dass mit kleinen Maßeinheiten, etwa die Länge einer Büroklammer, in der Regel genauer gemessen werden kann als mit größeren,

2. sehen die Schüler, dass beim Messen ein und derselben Strecke zu einer kleineren Maßeinheit eine größere Maßzahl gehört.

7 Bleistiftlängen = 42 Büroklammernlängen

Jetzt sollte auch besprochen werden, dass die alten Längenmaße Elle, Fuß, Schritt usw. auch willkürlich gewählte Einheiten waren und in der Regel von Körpermaßen entlehnt waren. Die damit verbundene Problematik, dass nämlich diese Maße nicht genormt waren, wird an folgender Situation verdeutlicht. Es soll festgestellt werden, wie viel Schritte das Klassenzimmer lang ist:

Manfred braucht   17 Schritte
Heidi   braucht zwischen 21 und 22 Schritte
Frank   braucht   15 Schritte

Die Maßangaben sind verschieden, weil die Schrittlängen verschieden sind.

Hierdurch ist die Einsicht geweckt worden, dass Längenmaße genormt werden müssen.

Deutlich wird dies auch durch diese Situation:

Rolf benötigt für seine Eisenbahn ein Brett. Er ruft den Schreiner an und bestellt ein Brett, 8 Bleistiftlängen lang und 5 Bleistiftlängen breit. „Damit kann ich nichts anfangen", sagt der Schreiner.

Die 3. methodische Stufe ist dann die des mittelbaren Vergleichs mit genormten Einheiten.

Der Lehrer stellt fest, dass man sich auf die Längeneinheit 1 m geeinigt hat und weist diese Länge am Lineal oder Meterstab auf. Der hundertste Teil davon ist ein Zentimeter, 10 cm sind 1 dm.

Andere Maßeinheiten (mm, km) können im 2. Schuljahr nicht besprochen werden, weil der Zahlenraum bis 1000 noch nicht erschlossen ist.

Es folgen vielfältige Messübungen, wobei auch reversible Aufgaben gestellt werden sollten. „Wie lang ist dein Bleistift, Radiergummi, Schulranzen usw.?" „Suche Gegenstände, die genau 10 cm lang sind."

Als Schreibweise empfiehlt sich in der 2. Klasse nur die mit Nennung der Einheiten, also

    1 m 52 cm

und nicht 1,52 m. Auch das Rechnen mit Längenmaßen sollte nur behutsam betrieben werden. Es bleibt im Wesentlichen dem 3. und 4. Schuljahr vorbehalten.

Zeitpunkte und Zeitspannen

Die Erarbeitung des Größenbereichs der Zeit ist durch zwei Besonderheiten gegenüber anderen Größenbereichen gekennzeichnet und erschwert.

1. Zeitspannen sind in aller Regel nicht unmittelbar erfassbar, sondern müssen durch Anfangszeitpunkt und Endzeitpunkt berechnet werden.

2. Die Umwandlungszahlen beim Umrechnen von Zeitspannen mit verschiedenen Einheiten sind nicht 10, 100 oder 1000 wie bei den meisten anderen Bereichen, sondern 60, 24, 7 usw.

Die Berücksichtigung des ersten Punktes bedingt, dass jeder Bestimmung und Berechnung von Zeitspannen die Kenntnis und das Ablesen von Uhrzeiten vorausgehen muss.

Bei Grundschülern der zweiten Klasse kann zwar im Allgemeinen vorausgesetzt werden, dass sie Uhrzeiten ablesen können, der Lehrer sollte aber trotzdem nicht darauf verzichten, an Hand einer Spieluhr die Stundeneinteilung des Zifferblatts und die Funktion der Zeiger zu erklären. Es ist nicht auszuschließen, dass schwache Kinder (oder z.B. auch Ausländerkinder) noch Schwierigkeiten mit dem korrekten Ablesen der Uhrzeit haben. Ganz sicher sollten in diesem Zusammenhang die Uhrzeiten nach 12 Uhr mittags besprochen werden. Hier hat wahrscheinlich noch ein Großteil der Schüler keine genauen Kenntnisse.

Zur Behandlung des Themas Uhrzeiten sollte unbedingt ein Uhrmodell in der Klasse vorhanden sein, besser sogar für je zwei Schüler ein Modell, von dem die Kinder die Uhrzeiten ablesen und an dem sie in umgekehrter Aufgabenstellung selbst Uhrzeiten einstellen können.

In der zweiten Klasse muss der Schwerpunkt der Übungen auf Einstellen und Ablesen der Uhrzeiten von vollen, halben und viertel Stunden liegen. Die Uhrzeiten mit beliebigen Minutenangaben (z.B. 14.32 Uhr) wird dem 3. Schuljahr vorbehalten. Als Aufgabe kann hier der Tagesplan eines Kindes mit der Uhrzeit festgehalten werden, wobei die Uhrzeiten vorher auf der Modelluhr eingestellt werden:

    7 Uhr   Aufstehen
    8 Uhr   Schulbeginn
    Halb 1   Schulschluss, usw.

Es sei noch bemerkt, dass zunächst noch keine Digitaluhr in den Unterricht mit einbezogen werden soll. Dort ist das Prinzip der zyklischen Zeitfestlegung (etwa an jedem Tag gibt es die Uhrzeit 9 Uhr) nicht so unmittelbar einzusehen.

Zeitpunkte sind keine Größen. Das wird z.B. dadurch deutlich, dass es unsinnig ist, Zeitpunkte zu addieren. 9.31 Uhr + 9.41 Uhr gibt keinen Sinn.

Mit Zeitpunkten lassen sich aber Zeitspannen bestimmen. Bevor dies geschieht, sollten die Kinder aber analog der bei den Längen dargestellten methodischen Stufenfolge eine Vorstellung von Zeitspannen erwerben.

Repräsentanten für Zeitspannen sind Vorgänge.

Vorgänge, die sich für den direkten Vergleich in der Schule eignen, sind z.B. das Einräumen der Merkmalklötze, das Lösen einer Rechenaufgabe, das Durchrieseln einer bestimmten Menge Sand, das Abbrennen einer Kerze usw.

Der direkte Vergleich solcher Vorgänge besteht nun darin, dass die Vorgänge bei gleicher

Anfangszeit gleichzeitig ablaufen: „Wer kann seine Klötze schneller einräumen, Mark oder Evi?" „Läuft diese Menge Wasser schneller durch den Trichter als die gleiche Menge Sand durch einen gleichartigen Trichter?" usw.

Die Beziehungen zwischen diesen Vorgängen heißen dann: ... dauert so lange wie ... oder ... dauert länger als ...

Bei diesem direkten Vergleich wirkt sich hinderlich aus, dass die Vergleichsvorgänge immer zum selben Zeitpunkt beginnen müssen. Natürlich werden die Kinder von sich aus immer wieder die Uhr oder die Stoppuhr ins Spiel bringen wollen. Hier sollte der Lehrer aber darauf beharren, ohne diese Hilfsmittel zu arbeiten. Nur dadurch wird dem Kind die Willkürlichkeit der Zeitfestlegung bewusst, außerdem wird so seine Kreativität im Erfinden von Zeitmessinstrumenten angeregt.

Für die 2. methodische Stufe, also den mittelbaren Vergleich mit willkürlichen Einheiten, muss als Vergleichsmaß ein Zeitnormal vorgeschlagen werden, das beliebig reproduzierbar ist. Hierbei eignet sich rhythmisches Zählen oder Klopfen mit dem Stift auf den Tisch oder auch ein Metronom, das der Lehrer unbedingt mitbringen sollte. Mit diesen Hilfsmitteln kann dann die Dauer von Vorgängen gemessen werden, auch wenn sie nicht gleichzeitig beginnen.

„Doris braucht zum Lösen der Aufgabe so viel Zeit wie 45 Metronomschläge, Gabi benötigt nur 35."

Schließlich wird die Stoppuhr als Vergleichsinstrument herangezogen. Bei der Stoppuhr bedeutet es gegenüber der normalen Uhr eine Vereinfachung, dass der Anfangszeitpunkt durch den Knopfdruck beliebig gewählt werden kann.

Nun wird man auch dazu übergehen, mit der normalen Uhr Zeitspannen zu messen. Die Kinder müssen erkennen, dass man mit einer Uhr zunächst einmal Zeitpunkte bestimmen, dann aber auch Zeitspannen messen kann.

Diese Erkenntnis wird dadurch noch erschwert, dass man die Bezeichnung „Minuten" sowohl für Zeitpunkte als auch für Zeitspannen verwendet.

Zur Bestimmung der Zeitspannen mit Hilfe einer Uhr sollte man zusätzlich eine lineare Darstellung heranziehen.

Wie lange bist du in der Schule?

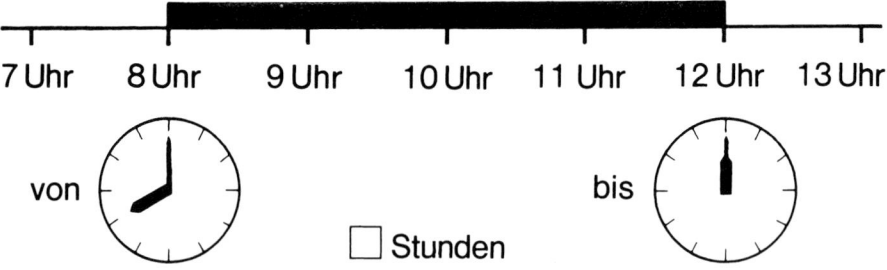

Vorausgegangen ist die Beobachtung einer Uhr, wobei man festgestellt hat, dass bei einer ganzen Umdrehung des großen Zeigers der kleine Zeiger nur um eine Zahl weitergerückt ist. Damit ist eine Stunde vergangen.

Das Berechnen von Zeitspannen aus Anfangs- und Endzeit muss systematisch geübt werden, und zwar immer durch Vorstellungen an einer konkreten Uhr.

„Wie viele Stunden sind von 10 Uhr bis 17 Uhr?"
„Von 12 Uhr bis ... Uhr sind 8 Stunden."
„Nach 7 Stunden Fahrt war es 19.30 Uhr."

Der Lehrer sollte sich nicht dazu verführen lassen, Zeitpunkte und Zeitspannen addieren zu lassen, also

    7 Uhr + 5 Std. = 12 Uhr

Abgesehen davon, dass es sich hierbei um eine mathematisch unzulässige Operation handelt, bereitet er sich dadurch selbst erhebliche Schwierigkeiten, wenn die Schüler später etwa so rechnen:

$$\begin{array}{r} 14 \text{ Uhr } 51 \\ +\quad 2 \quad \text{h } 32 \text{ min} \\ \hline 16 \text{ Uhr } 83 \end{array}$$

Eine tolerierbare Vorstellung ist dagegen die Operatorvorstellung

Man muss bei solchen und ähnlichen Aufgaben unbedingt darauf achten, dass alle Aufgaben an Hand der konkreten Vorstellung der sich drehenden Uhrzeiger gelöst werden.

Auch die Umrechnung auf der Basis

    1 Stunde = 60 Minuten

erfolgt mit Hilfe der konkreten Vorstellung.

Dem 3. Schuljahr bleiben vertiefende Rechnungen mit Uhrzeiten und das Bestimmen von Zeitspannen mit Anfangszeitpunkt vor 24 Uhr und Endzeitpunkt nach 0 Uhr vorbehalten.

In den Bereich der Sachkunde gehört die Erklärung der Normvorgänge:

Tag als Dauer der Drehung der Erde um sich selbst,
Jahr als Dauer der Drehung der Erde um die Sonne,
Stunde als 24. Teil eines Tages.

2.9 Geometrie

Die Bedingungen des menschlichen Denkens, also auch der Mathematik, sind Raum und Zeit. Es ist daher nur konsequent, wenn im Rahmen der Bestrebungen der modernen Mathematik, die sich ja zu einem nicht geringen Teil auch als Denkschulung versteht, das Teilgebiet sich eines verstärkten Interesses erfreut, dessen erklärtes Ziel die Förderung der Raumerfassung und Raumanschauung ist.

Ja, es ist eigentlich erstaunlich, dass Geometrie für die Grundschule neu entdeckt werden musste, denn bis etwa 1970 gab es fast keine geometrischen Aktivitäten in der Grundschule.

Dabei ist das Interesse des Kindes, sogar schon des Kleinkindes, auf Raumerfassung gerichtet. Für ein Kind es ist wichtig, ob der Raum, der Laufstall, eine Schachtel offen oder geschlossen ist, ob eine Kugel oder ein Zylinder rollt, ob die Bauklötze Ecken haben und ob die Puppe in das Bettchen passt. Es ist auch interessiert an schönen symmetrischen Schmuckformen und hat schon oft mit bunten Plättchen interessante Muster gelegt.

Schon in dieser kurzen Zusammenstellung sind all die geometrischen Teilgebiete immanent enthalten, die für eine unterrichtliche Behandlung in der Grundschule geeignet sind: topologische Probleme, formenkundliche Themen, Maß- und Symmetrieprobleme.

Doch die Frage nach den einzelnen Themen ist im Rahmen der Geometrie nicht so drängend wie in der Arithmetik oder bei den Größen, weil durch Konvention und die Lehrpläne der weiterführenden Schularten nicht präzis definierte geometrische Vorkenntnisse erwartet werden.

So sind Lehrplanmacher und Schulbuchautoren, aber auch der einzelne Lehrer bei der Behandlung geometrischer Themen wesentlich freier in Auswahl und Gestaltung.

Der Unterricht in Geometrie kann dementsprechend weitaus stärker genetisch sein, das heißt, dem entdeckenden Lernen kann breiterer Raum zugebilligt werden. Dabei sollen mit Geometrie folgende Ziele verfolgt und erreicht werden (nach Besuden 1976):

„1. Schulung des räumlichen Vorstellungsvermögens als einer bedeutsamen und praktisch relevanten Intelligenzdimension,

2. Ausbildung des konstruktiven Denkens und folgerichtigen Schließens, das sich auf Erfahrungen stützt und im Tun kontrollierbar ist,

3. Ordnen, Gliedern und Strukturieren der Umwelt, unterstützt durch Modelle, durch Bau- und Legematerialien,

4. Entwicklung von zunehmend klareren geometrischen Begriffen bei Verwendung allmählich präziser werdender Sprache."

Die konkret logische Phase, in der sich die Kinder befinden, bedingt, dass auch und gerade für geometrische Tätigkeiten konkretes Arbeitsmaterial vorhanden ist. Leider gibt es nur bei sehr wenigen Mathematikwerken für die Grundschule eigenes Arbeitsmaterial zur Geometrie. Deshalb sollte in jeder Schule ein Klassensatz geeigneter Materialien unabhängig vom benutzten Schulbuch vorhanden sein, oder aber der Lehrer stellt aus Pappe für die Kinder einen Satz ihm geeignet erscheinender Plättchen zusammen.

Topologische Aufgabenstellungen

Für Eltern und Lehrer, die aus ihrer Schulzeit eine gewisse Vorstellung über Geometrie mitbringen, sind topologische Aufgabenstellungen ungewohnt und fremdartig. Es fehlt vielfach jedes Verständnis für derartige Fragestellungen und daher kommt es häufig zu Fehlurteilen diesen Aktivitäten gegenüber.

Der Lehrer sollte sich im Klaren darüber sein, dass topologische Problemstellungen nicht aus fachmathematischen Gründen, sondern ausschließlich aus psychologischen Gründen in die Grundschulmathematik übernommen wurden. Piaget (Piaget 1967) stellte durch zahlreiche Versuche fest, dass für Kinder topologische Fragen eine weitaus größere Bedeutung haben als z. B. formenkundliche Fragen. So werden in Kinderzeichnungen topologische Sachverhalte korrekt wiedergegeben, Streckenlängen, Winkel usw. aber nur selten.

Was sind nun topologische Fragestellungen? In der Topologie interessieren nicht Maße (Strecken-, Flächen-, Winkelmaße usw.), sondern Fragen der Abgrenzung und der Nachbarschaft. Nach einem viel zitierten Bild sind das topologische Eigenschaften einer Figur, die erhalten bleiben, wenn man die Figur auf ein Gummituch zeichnet und dann das Tuch verzerrt. Dabei bleiben selbstverständlich nicht Streckenlängen und Winkelgrößen erhalten, ja eine Gerade bleibt nicht einmal als Gerade erhalten, aber eine geschlossene Linie bleibt eine geschlossene Linie, Nachbargebiete bleiben Nachbargebiete und ein Kurvenzug, der auf einmal vollständig zu durchlaufen ist, behält diese Eigenschaft bei jeder Verzerrung bei.

Die unterrichtliche Bedeutung dieser Fragen darf auf keinen Fall auf den Erwerb von Begriffen gerichtet sein. Wenn Begriffe überhaupt in irgend einem mathematischen Teilgebiet unwichtig sind, dann sind sie es bei topologischen Übungen. Vielmehr bieten solche Übungen vielfältig Gelegenheit zum Probieren, Erforschen, Überlegen, Zeichnen und sich Orientieren.

Gewöhnlich beginnt man in der 1. Klasse mit der Thematik „offene – geschlossene" Kurven.

Eine offene Kurve ist ein Kurvenzug mit Anfangs- und Endpunkt, bei einer geschlossenen Kurve fallen Anfangs- und Endpunkt zusammen.

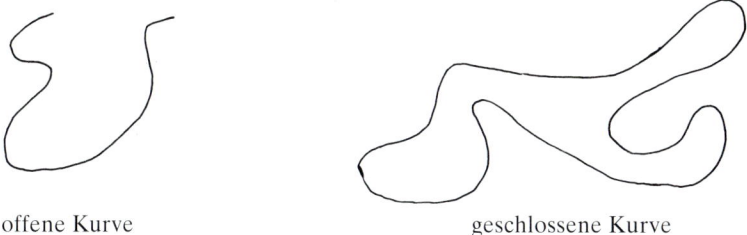

offene Kurve   geschlossene Kurve

Eine kindgemäße Aufbereitung besteht im Auffädeln einer Perle auf eine Schnur; bei der offenen Schnur kann man die Perle herausnehmen, bei der geschlossenen nicht. Auf einem Arbeitsblatt kann diese Situation durch kompliziertere Kurven problematisiert werden: Welche der Kurven (Schnüre) sind offen und welche geschlossen?

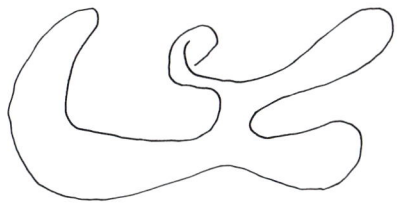 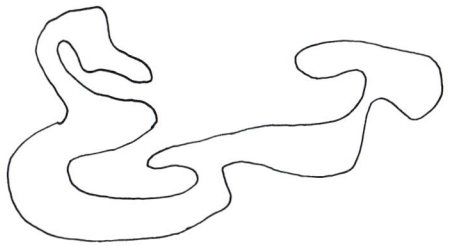

Nun besagt der sog. Jordansche Kurven-satz, dass eine einfach geschlossene Kurve die Ebene in zwei Gebiete, ein Innen-gebiet und ein Außengebiet, zerlegt. Dies lässt sich im Grundschulunterricht durch Ausmalen darstellen. Eine kindgemäße Situation wäre, geschlossene Kurven auf einem Arbeitsblatt vorzugeben und als See zu interpretieren, der blau angemalt wer-den muss. Das umgebende Land wird grün gefärbt. Schwieriger wird die Situation, wenn im See noch eine Insel und darauf eventuell noch ein Teich ist.

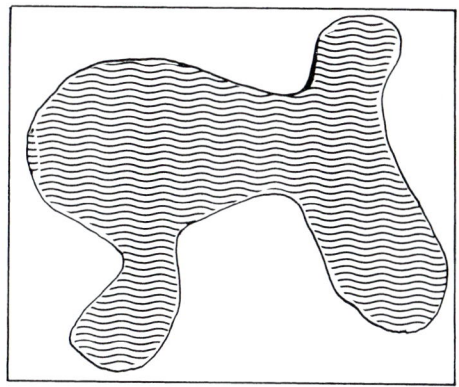

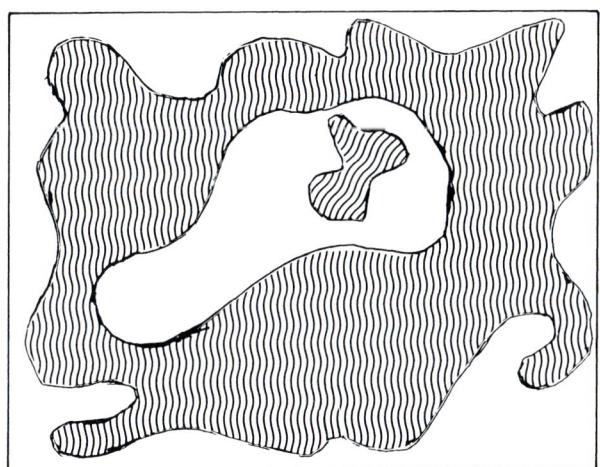

In der zweiten Klasse kann das Thema „Kurven" auf zwei Arten fortgesetzt werden:

1. Kurven mit Kreuzungen,
2. Kurvenzüge, die in einem Zug durchlaufen werden können (unikursale Kurven) bzw. nicht durchlaufen werden können.

Einfache Kurven sind solche, die sich nicht überschneiden, nicht einfache Kurven haben Kreuzungen. Interessant ist die Abhängigkeit der Anzahl der Gebiete von der Anzahl der Kreuzungspunkte.

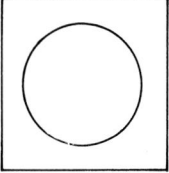  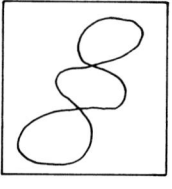 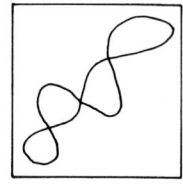

| 0 Kreuzungen | 1 Kreuzung | 2 Kreuzungen | 3 Kreuzungen |
| 2 Gebiete | 3 Gebiete | 4 Gebiete | 5 Gebiete |

Das Thema der in einem Zug zu durchlaufenden Kurvenzüge (Netze) wird meist in Form eines Stadtplans vorgestellt.

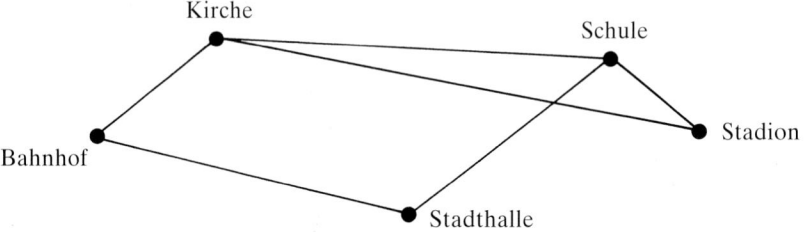

Kann man durch alle eingezeichneten Straßen so gehen, dass man alle Straßen nur einmal passiert, also gibt es einen Rundweg durch diese Stadt, der durch alle Straßen genau einmal führt und keine Straße auslässt?

Die Kinder probieren und stellen so fest, dass es einen solchen Weg gibt, nämlich wenn man die Schule als Anfangspunkt und die Kirche als Endpunkt wählt oder umgekehrt.

Diese Problematik kann nun auf einige andere Netzformen übertragen werden:

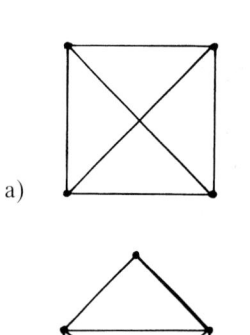

a) b)

c) d)

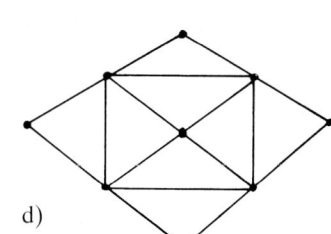

Wiederum stellen die Kinder durch Probieren fest, dass man b) und c) in einem Strich zeichnen kann, a) und d) nicht.

Der Lehrer kann vorsichtig versuchen, die Kinder zu einer Lösungsstrategie zu führen. Dazu müssen die Begriffe Wege und Ecke geprägt werden. In einer Tabelle fasst man zusammen, wie viele Wege in einer Ecke zusammenlaufen.

Für die Figur b) sieht das so aus

	Wege
Ecke A	2
Ecke B	1
Ecke C	3
Ecke D	2
Ecke E	2
Ecke F	2

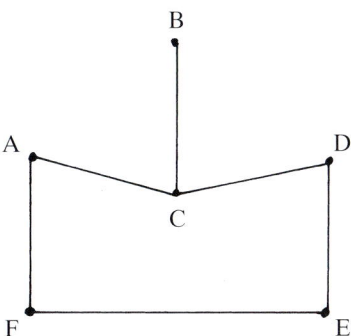

Dabei fällt auf, dass in fast allen Ecken 2 Wege enden, nur in zwei nicht, B und C. Stellt man nun auch für die anderen Figuren solche Tabellen auf, so stellt man fest, dass solche Netze in einem Zug zu durchlaufen sind. Es ist sehr fraglich, ob man im Unterricht weitergehen soll. Der Satz, dass ein Netz genau dann in einem Zug zu durchlaufen ist, wenn es nur Ecken gerader Ordnung (Anzahl der dort endenden Wege) oder genau 2 Ecken ungerader Ordnung besitzt, ist als solcher für die Schüler auch unwesentlich. Wichtiger ist vielmehr, dass durch solche Problemstellungen die Kinder beginnen, sich selbst Gedanken zu machen, zu beobachten, zu systematisieren und Hypothesen zu bilden.

Ähnliches ist über die Färbungsprobleme zu sagen, also über die Frage: Wie viel Farben benötigt man wenigstens, um folgende Figuren auszumalen und nicht zwei Gebiete, die langs einer Linie aneinander grenzen, gleich zu färben.

Zunächst werden die Kinder diese Figuren nach Belieben bunt ausmalen. Der Lehrer lenkt dann das Interesse der Kinder auf die Anzahl der Farben: Martin hat 4 Farben gebraucht. Kann man auch mit weniger Farben auskommen, Nachbargebiete müssen aber verschiedenfarbig sein. Dabei muss aber geklärt werden, dass Nachbargebiete Gebiete sind, die längs eines Kurven- oder Geradenstücks (also nicht nur in einem Punkt) aneinander grenzen.

 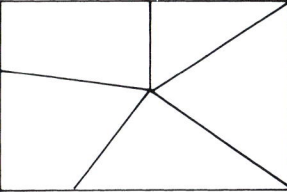 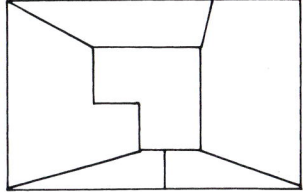

Die Kinder entdecken dann, dass man die erste Figur mit nur 2 Farben, die zweite Figur mit nur 3 Farben und die letzte mit nur 4 Farben ausmalen kann.

125

Sie werden aufgefordert, selbst solche „Flickenteppiche" zu erfinden oder aber vorgegebene Figuren mit möglichst wenig Farben auszumalen. Schließlich stellen sie fest: Für alle diese Figuren benötigt man höchstens 4 Farben.

Dies ist der bekannte Vierfarbensatz, der erst im Jahre 1976 bewiesen wurde. Wieder ist die Kenntnis oder gar die Formulierung dieses Satzes für die Schule unwichtig. Wichtig ist vielmehr das operativ-genetische Erarbeiten dieser Problematik. Andererseits sollte der Lehrer aber beachten, dass die Färbungsprobleme nicht zu reinen Malübungen ausarten. Das Bewusstwerden der Problematik und das Suchen nach der Erkenntnis des zu Grunde liegenden Sachverhalts ist das eigentliche Ziel dieser Aufgabe.

Einfache geometrische Formen und Auslegen von Figuren

Das Erkennen und Benennen geometrischer Grundformen wird durch die Verwendung des strukturierten Materials zur Konkretisierung von Mengen erheblich erleichtert. Beim Einstieg in geometrische Fragestellungen sind den Kindern in der Regel die geometrischen Grundformen Dreieck, Viereck und Kreis bekannt. Allerdings muss auf folgende Fehlerquellen hingewiesen werden: Das Dreieck ist beim strukturierten Material in der Regel gleichseitig. Zum Auslegen von Figuren werden aber auch andere Dreiecksformen, z. B. rechtwinklige Dreiecke, verwandt. Die Festlegung für die Kinder, dass auch diese Formen Dreiecke sind, erfolgt einfach durch Abzählen der Ecken.

Dasselbe klärt auch den Sachverhalt bei den Vierecken. Teilweise werden von den Kindern auch die Sonderformen Rechteck und Quadrat identifiziert, doch tritt hierbei wiederum die Besonderheit auf, das Quadrat als Sonderform des Rechtecks anzusehen. Das Rechteck muss also als Viereck mit 4 rechten Winkeln definiert werden, so dass auch ein Quadrat ein Rechteck ist.

Hierbei stellt sich nun die Frage, wie für die Kinder ein rechter Winkel aufzuweisen ist. Die sonst übliche Methode, den rechten Winkel als Faltwinkel einzuführen, ist in Klasse 1 und 2 noch verfrüht. Hier hat es sich als günstig herausgestellt, auftretende rechte Winkel durch Vergleich mit dem Eckwinkel der Tischplatte zu bestimmen, indem man das Plättchen auf die Tischecke legt und die Übereinstimmung der Kanten bei Tisch und Plättchen prüft.

Die Identifizierung des Kreises ist unproblematisch, da alle Kreise ähnlich sind. Eine theoretische Schwierigkeit ist dadurch gegeben, dass jedes Plättchen mit kreisförmiger Grundfläche eigentlich real ein Zylinder (mehr sehr geringer Höhe) ist, jedoch kann die zeichnerische Darstellung eines Kreises immer als Bild eines kreisförmigen Plättchens erkannt werden.

Es wurde bereits erwähnt, dass in der Schule ein Klassensatz eines Formenmaterials vorhanden sein soll. Damit werden auf Arbeitsblättern vorgegebene Figuren ausgelegt, die sich auf eine oder mehrere Arten mit dem vorhandenen Material auslegen lassen. Dabei können u. a. auch folgende zusätzliche Randbedingungen beachtet werden:

a) möglichst wenige Plättchen verwenden,
b) möglichst viele Plättchen verwenden,
c) nur Plättchen bestimmter Art verwenden.

In Umkehrung zu dieser Aufgabe legen die Kinder selbst Figuren mit dem Material auf weißem Papier. Die Konturen werden nachgezeichnet und das Blatt dem Nachbarn zum Auslegen weitergereicht.

Eine weitere sehr wichtige Übung besteht darin, verschiedene Figuren mit den gleichen Plättchen auszulegen.

In dieser Aufgabe wird ein Ziel dieser Auslegeübungen deutlich: Es sollen durch Auslegen verschiedenartiger Figuren Vorerfahrungen zum Begriff des Flächeninhalts gewonnen werden. Insbesondere sollen die Kinder erkennen, dass ganz verschiedenartige Figuren in der Ebene denselben Flächeninhalt haben können. Dies wird durch Art und Anzahl der verwendeten Plättchen nachgeprüft. Auch zum Winkelbegriff können die Kinder Vorerfahrungen gewinnen, ohne diesen Terminus zu benutzen. Sie erkennen etwa, dass man Figuren mit rechten Winkeln (wie sie sich auf der Tischplatte finden) nicht mit gleichseitigen Dreiecken („wie ein dreieckiges Verkehrszeichen aussieht") auslegen kann.

Diese Vorerfahrungen sind für die Grundgewinnung des geometrischen Vorstellungsvermögens von großer Bedeutung. Es sei hier etwa an die Tatsache erinnert, dass die Schüler in den weiterführenden Schulen häufig Umfang und Flächeninhalt von Figuren verwechseln. Dies ist darauf zurückzuführen, dass der Begriff des Flächeninhalts nicht ausreichend durch Überdeckungen, also durch Auslegen, Anmalen usw. gesichert wurde.

Das Thema Auslegen wird in Klasse 3 und 4 fortgesetzt mit Parkettierungen, hier vor allem mit Hilfe des Gitternetzes.

Spiegelungen und Symmetrie

Die Geometrie in den weiterführenden Schulen ist heute stark am Abbildungsgedanken orientiert. Dabei spielen vor allem die Abbildungen Spiegelung, Verschiebung und Drehung eine Rolle, von denen die Spiegelung wiederum eine Sonderstellung einnimmt, weil Verschiebungen und Drehungen als Doppelspiegelungen an zwei parallelen bzw. sich schneidenden Achsen gedeutet werden können.

Aber nicht nur aus diesem Grund ist es angezeigt, Spiegelungen schon in der Grundschule zu behandeln, vielmehr zeigt das Kind ein ursprüngliches Interesse an der Symmetrie, wobei die Achsensymmetrie eng mit der Spiegelung zusammenhangt. Als Zugang zur Symmetrie werden in der Regel Klecksfiguren, Faltschnitte oder das Operieren mit einem zweiseitigen Spiegel angegeben. Dies sind sicherlich brauchbare Vorschläge, jedoch verschenkt man hiermit eine naturgegebene Möglichkeit der Symmetrieerfahrung, nämlich die Erfahrung und Ausnutzung der Symmetrie des eigenen Körpers.

Mathematik kann und muss ganzheitlich erfahren werden, nicht nur rational mit dem Kopf. Bruner hat die Gleichwertigkeit der enaktiven, ikonischen und symbolischen Darstellungsweise von Mathematik aufgezeigt. Dies sollte auch im Geometrieunterricht berücksichtigt werden.

Zur konkreten Erfassung der Symmetrie wird (nach einem Vorschlag von Dienes) auf dem Boden des Klassenzimmers mit Tesakrepp eine Straße markiert, auf der ein Kind vorsichtig schreitet. Auf eine Seite der Straße werden nun „Häuser" in Form von Stühlen errichtet, die in beliebiger Weise, also nicht nur rechtwinklig zur Straße stehen. Das Kind soll dann jeweils auf der anderen Seite der Straße mit einem gleich gebauten Stuhl ebenfalls ein „Haus" errichten, aber so, dass die „Häuser" symmetrisch zur Straße stehen. Die Symmetrie wird durch Beobachten, vor allem aber auch durch Ertasten mit den beiden ausgestreckten Armen und Händen kontrolliert.

Die „Häuserkonstruktionen" können kompliziert werden, etwa indem weitere Stühle umgekehrt auf die bereits stehenden gesetzt werden, oder indem sie durch an irgend einer Stelle aufgelegte Steckwürfel geschmückt werden.

In allen Fällen ist aber wichtig, dass die Symmetrie der Anordnung vom Kind selbst gefunden und durch Tasten überprüft wird. Bei dieser Übung wird der Lehrer die Erfahrung machen, dass Kinder häufig statt einer Spiegelung eine Verschiebung realisieren, also zu folgender Anordnung kommen:

Von diesem Fehler sind die Kinder aber ohne weiteres durch Ertasten zu überzeugen.

Das körperliche Erfahren der Symmetrie unter Ausnutzung der eigenen Körpersymmetrie kann noch verstärkt werden, indem Kinder mit beiden Armen symmetrische Figuren in die Luft zeichnen. Dies kann rhythmisch, sogar mit Musikuntermalung geschehen, was den Kindern viel Freude bereitet.

Auf der Zwischenstufe zwischen enaktiver und ikonischer Stufe steht die Erfahrung eines Spiels, das als Partnerspiel durchgeführt werden kann: Zwischen den Partnern liegt ein Spielplan mit einem Quadratgitterraster und in der Mitte eingezeichneter Achse auf dem Tisch. Die Quadrate des Gitters entsprechen der Größe eines Steckwürfels. Ein Kind beginnt und setzt einen Steckwürfel an einer beliebigen Stelle auf den Spielplan. Das andere Kind hat nun auf seiner Seite des Plans an die symmetrisch zur Achse liegende Stelle einen gleichfarbigen Würfel einzusetzen.

Hat es dies richtig gemacht (der Mitspieler, nicht der Lehrer beobachtet und stimmt zu oder lehnt ab), so darf er seinerseits einen Steckwürfel setzen.

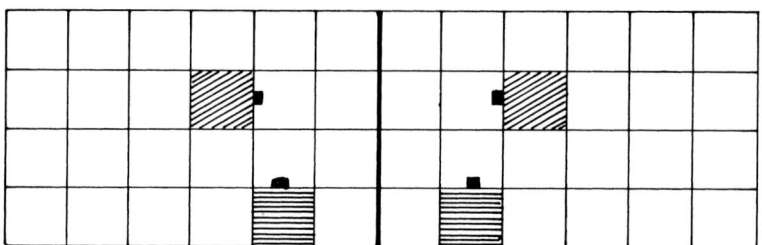

Um die Kinder zur Genauigkeit zu erziehen, sollte auch auf die Richtung der Steckvorrichtung an den Steckwürfeln geachtet werden.

Schon bei diesem Spiel kann ein zweiseitiger Spiegel, der senkrecht auf die Spiegelachse gesetzt wird, als Kontrollmöglichkeit benutzt werden.

Die Phase der bildlichen Darstellung achsensymmetrischer Figuren erfolgt zunächst mit sog. Klecksbildern oder mit Faltenschnitten.

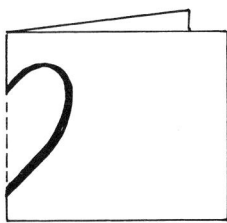

Eine weitere wenig bekannte Möglichkeit besteht darin, einen einmal gefalteten Papierbogen auf ein Blatt Kohlepapier zu legen, dessen beschichtete Seite nach oben weist.

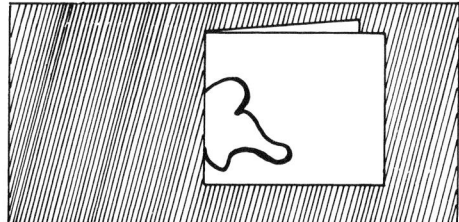

Zeichnet man nun auf die obere Seite des Blatts eine beliebige Figur, so erkennt man nach dem Aufklappen des Blatts eine achsensymmetrische Gesamtfigur.

Welche Schwierigkeiten Kinder mit dem Erstellen und wohl auch mit dem Erkennen symmetrischer Figuren haben, geht aus den sehr unvollkommenen Lösungsversuchen der Aufgabe hervor, eine Figur achsensymmetrisch zu ergänzen.

Auch mit konkreten Plättchen lassen sich symmetrische Figuren legen. Es wird etwa die Aufgabe gestellt, folgende Figur nachzulegen und spiegelbildlich zu ergänzen.

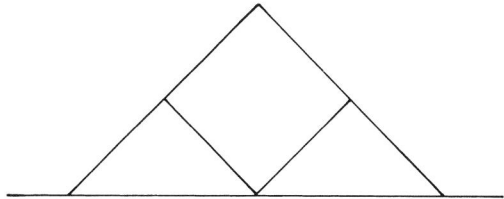

Hierbei sollte die Achse in verschiedenen Lagen (waagerecht, senkrecht, schräg) vorgegeben werden, um zu erleichtern, dass später auch symmetrische Figuren mit beliebiger Spiegelachse erkannt werden.

Bei solchen Legeaufgaben gibt es zwei prinzipielle Schwierigkeitsgrade.

1. das Herstellen der symmetrischen Gesamtfigur bei achsengebundenen Teilfiguren (siehe oben),

2. das Herstellen der Gesamtfigur bei nicht achsengebundenen Teilfiguren.

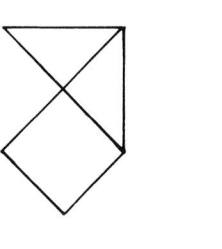

Der zweite Aufgabentyp ist wesentlich schwieriger, weil jeweils auch der Abstand zur Spiegelachse mit berücksichtigt werden muss und die Gesamtfigur aus zwei Teilen besteht.

Im Rahmen des 3. und 4. Schuljahres werden die geschilderten Aktivitäten wieder aufgenommen, vertieft und erweitert. Dabei wird es vor allem auch um das Erkennen symmetrischer Elementarfiguren sowie um andere Symmetrien gehen.

3. Das dritte und vierte Schuljahr

Im dritten und vierten Schuljahr unterscheidet sich das Kind vom Schulanfänger vor allem durch die in den beiden ersten Schuljahren erworbenen Fähigkeiten.

Diese liegen vor allem auf sprachlichem Gebiet. Das Kind beherrscht jetzt die Sprache soweit, dass es auch Begründungen geben kann. Deutlich wird dies vor allem durch den häufigeren Gebrauch von Nebensätzen. Dies ist natürlich auch eine Folge der mündlichen Spracherziehung in den ersten Schuljahren.

Das Kind ist jetzt in der Lage, kürzere Texte verständlich zu lesen. Das hat zur Folge, dass im 3. Schuljahr verstärkt damit begonnen werden kann, Sachaufgaben als Textaufgaben mit in den Unterricht einfließen zu lassen. Das Kind ist sowohl in der Lage, gelesene Texte zu verstehen, als auch Sachaufgaben und Ergebnisse selbst zu formulieren.

Mit der Entwicklung der sprachlichen Fähigkeiten geht auch eine Entwicklung in der Abstraktionsfähigkeit einher. In der Regel hat das Kind keine Schwierigkeiten mehr mit der Invarianz der Mengen oder Längen, allerdings sind weitere abstrakte Begriffe noch nicht voll ausgeprägt, wie etwa das Gewicht einer Substanz usw. (Oerter 1974, S. 443). Auch die geometrischen Raumvorstellungen sind noch nicht gefestigt. Aus der weiter entwickelten Abstraktionsfähigkeit der Kinder darf aber nicht geschlossen werden, dass es sich bereits in der abstrakt-logischen Phase der Denkentwicklung befindet. Das Denken des Kindes geht vielmehr nach wie vor von konkreten Operationen aus. Demzufolge sollte auch nach wie vor Arbeitsmaterial im Unterricht eingesetzt werden. Das Kind ist noch weitgehend auf konkrete Veranschaulichungen angewiesen. Die Einsatzbereiche von Material im Mathematikunterricht haben sich allerdings etwas verlagert. Es wird in der Regel nicht mehr nötig oder möglich sein, die natürlichen Zahlen im erweiterten Zahlbereich darzustellen. Auch eine konkrete Darstellung der Operationen erübrigt sich weitgehend. Dagegen sollten die schriftlichen Rechenverfahren, die zu behandelnden Größen (Gewicht, Zeitspannen, Volumina) und die Geometrie verstärkt konkretisiert werden.

Der Einsatz von Arbeitsmaterial wird erleichtert durch die größeren motorischen Fähigkeiten der Kinder. Insbesondere die Feinmotorik ist stärker ausgeprägt als bei Schülern der Eingangsstufe. Deshalb kann auch Material verwendet werden, das ein genaueres Arbeiten verlangt, ja man kann sogar behutsam damit beginnen, Zeichengeräte (Zirkel, Lineal usw.) zu verwenden.

Nicht zuletzt ist die Entwicklungsphase der Kinder im 3. und 4. Schuljahr durch erworbene mathematische Fähigkeiten geprägt. Der Zahlbegriff als Kardinalzahl von Mengen und als Ordnungszahl ist gesichert (zumindest bis 100), ebenso wie die Grundvorstellungen der Addition, Subtraktion, Multiplikation und Division. Auch mit Größen (Geldwerten, Längen) wurde bereits gearbeitet, so dass hier im Prinzip keine Probleme mehr bestehen.

Alle dargestellten Argumente führen dazu, dass viele Lehrer den Unterricht, speziell den Mathematikunterricht in der 3. und 4. Klasse als überaus erfreulich ansehen. Trotz (oder vielleicht auch wegen) der größeren geistigen Kompetenz der Kinder hat ihre ursprüngliche Spontaneität nicht nachgelassen. Sie sind begeisterungsfähig, leicht zu motivieren und arbeiten in der Regel gern. Sie sind immer noch stark personenbezogen und lernen vorwiegend der Lehrerin oder dem Lehrer zuliebe.

Damit ist auch die Aufgabe des Lehrers angedeutet. Inhaltlich kommt es im Mathematikunterricht auf eine Vertiefung und Erweiterung des Wissens und der Fähigkeiten an. Darüber hinaus sollte es verstärkt Ziel des Mathematikunterrichts sein, die Kinder zum selbstständigen Arbeiten, eigenständigen Probieren, aber auch zum Argumentieren und Begründen zu führen.

3.1 Erweiterung des Zahlenraums – Addition und Subtraktion

Das Kind hat im ersten und zweiten Schuljahr die Zahlen bis 100 sowie die Grundvorstellungen der Zahlverknüpfungen gelernt und ist in der Lage, die Addition und Subtraktion in diesem Bereich mit einer gewissen Sicherheit und Schnelligkeit auszuführen.

Im dritten und vierten Schuljahr wird nun der Zahlenraum systematisch zunächst bis 1000, dann bis 10 000 und schließlich bis 1 000 000 ausgebaut und der Raum durch mündliche und schriftliche Addition und Subtraktion strukturiert. Es liegt in der Natur der Sache, dass diese Zahlen und entsprechend auch die Zahlverknüpfungen nicht mehr insgesamt mit Mengen veranschaulicht werden können. Auch der Zahlenstrahl erreicht hier die Grenze seiner Einsetzbarkeit. Statt dessen müssen die Zahl und die Zahlverknüpfungen verstärkt über die Darstellung der Zahlen im Stellenwertsystem erfahren werden. So kommt es, dass im dritten Schuljahr ein Schwerpunkt in der Behandlung der nichtdekadischen Stellenwertsysteme liegt. Das Rechnen in diesen Systemen ist wiederum auch hier kein Selbstzweck, sondern ein didaktisches Mittel als Vorbereitung für Zahlerfassung im erweiterten Raum des Zehnersystems.

Erweiterung des Zahlenraums bis 1000

Zu Beginn der Erweiterung des Zahlenraums, die ja nicht über konkrete Mengen und auch nur mit Schwierigkeiten am Zahlenstrahl erfolgen kann, sondern direkt auf die Stellenwertschreibweise großer Zahlen abheben muss, wird der Lehrer diese in Zahlensystemen mit überschaubarer Bündelungseinheit, also im 3er- und 4er-System wiederholen.

Von den ab S. 85 dargestellten Stufen kann das konkrete Bündeln im Unterricht weitgehend unterbleiben oder nur kurz wiederholt werden. Wichtig ist aber das Einsortieren der Einheiten Würfel, Stangen, Platten und Blöcke in die Spalten eines Stellenwertordners. Es empfiehlt sich also hier mit Mehrsystemblöcken oder mit bereits vorgefertigten Steckwürfelstangen, -platten und -blöcken zu operieren.

Stärkeres Gewicht wird dann auf das Darstellen von Zahlen mit farbigen Plättchen gelegt, wobei etwa folgende Regel beachtet wird:

3 weiße Plättchen entsprechen 1 gelben Plättchen,
3 gelbe Plättchen entsprechen 1 blauen Plättchen,
3 blaue Plättchen entsprechen 1 roten Plättchen.

Die Plättchen werden in die für sie vorgesehenen Spalten des Stellenwertordners gelegt.

4. Spalte rot	3. Spalte blau	2. Spalte gelb	1. Spalte weiß
●	●●		●

Die dargestellte Zahl ist 1 2 0 1. Das ist (im Dreiersystem)

$1 \cdot 27 + 2 \cdot 9 + 0 \cdot 3 + 1 \cdot 1 = 46$

Die reversible Aufgabe besteht darin, dass die Kinder eine Menge von weißen Plättchen in die 1. Spalte legen, jeweils 3 davon durch ein gelbes Plättchen in der 2. Spalte ersetzen, jeweils 3 gelbe durch ein blaues Plättchen in der 3. Spalte usw.

Wenn auch bei diesem Verfahren ein konkretes Bündeln nicht mehr stattfindet, so wird doch deutlich, dass jeweils 3 Plättchen einer niedrigeren Stufe durch 1 Plättchen der nächst höheren Stufe zu ersetzen sind.

Dadurch wird die Aufmerksamkeit der Schüler mehr und mehr auf die Stellenwerte gelenkt, so dass schon jetzt Zahlvergleiche zwischen Zahldarstellungen im Dreiersystem durchgeführt werden können.

$$1\,2\,2\,1 > 1\,2\,1\,2,$$

da die 4. und 3. Spalte gleich und die Zahl in der 2. Spalte größer ist als 1.

Dieselben Übungen werden auch noch im 4er- und eventuell noch im 5er-System durchgeführt, bevor das Verfahren auf das Zehnersystem übertragen wird.

In der Regel wird nicht für jedes Kind oder für jede Gruppe ausreichend Material vorhanden sein, um 1000 darzustellen. Man kann aber hier aus der Not eine Tugend machen, indem man 10 Kinder oder 10 Gruppen von Kindern beauftragt, mit Steckwürfeln jeweils eine Zehnerplatte zusammenzubauen.

Diese 10 Platten werden dann vor der ganzen Klasse zu einem Tausenderblock zusammengebaut, wobei die Zahlwörter einhundert, zweihundert, dreihundert usw. laut von der ganzen Klasse gesprochen werden.

Der Ausbau dieses Zahlbereichs erfolgt nun unter Verwendung der Steckwürfelplatten und des Stellenwertordners.

Zunächst werden die Zahldarstellungen der Bündel verschiedener Stufen und die für die Bündelungsstufen gebräuchlichen Buchstaben vorgestellt, etwa durch folgende Tabelle:

Block	Platte	Stange	Würfel
1000	100	10	1
Tausender (T)	Hunderter (H)	Zehner (Z)	Einer (E)

Es folgen Eintragungen ins Bündelhaus

	T	H	Z	E
3 Hunderter, 2 Einer		3	0	2
2 Tausender, 4 Zehner, 2 Einer	2	0	4	2

Auch die Zusammensetzung der Zahlwörter wird analysiert

$$731 = 7\,H + 3\,Z + 1\,E$$

Die symbolischen Darstellungen können jeweils besonders für die schwächeren Schüler mit Steckwürfeln oder mit farbigen Plättchen konkretisiert werden.

Besondere Beachtung erfordert auch die Lese- und Schreibweise der Zahlen, wobei insbesondere für schwächere Schüler die langen Zahlworte schwer zu lesen und noch schwerer zu schreiben sind:

Siebenhundertsechsundzwanzig
Neunhundertsiebenunddreißig

Hier sind Zahldidakte angebracht.

Ein hervorragendes Mittel zur Zahldarstellung ist auch das Geld (Spielgeld).

Mit 500-€-, 100-€-, 10-€-Scheinen und 1-€-Stücken können beliebige Zahlen im Tausenderraum dargestellt werden.

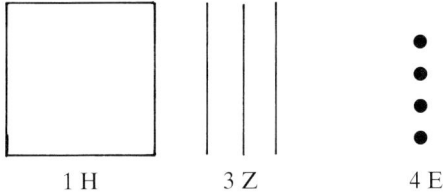

| T | H | Z | E |

Diese Aufgabe ist auch reversibel durchzuführen. Eine konkrete (oder abgebildete) Menge von Geldscheinen und 1-€-Stücken ist in Zahlen zu übertragen („Sparkasse spielen").

Eine Darstellung, die den Einheiten Platten, Stangen und Würfeln der Mehrsystemblöcke entlehnt ist, ist die folgende:

1 H   3 Z   4 E

Sie findet sich heute in fast jedem Schulbuch und ist zur Zahldarstellung recht gut geeignet, weil diese Zeichen auch von Schülern sehr leicht herzustellen sind. Es ist eine der wenigen, wenn nicht überhaupt die einzige brauchbare bildliche Darstellungsart für Zahlen zwischen 100 und 1000.

Der Zahlenstrahl ist zur Darstellung der Zahlen zwischen 100 und 1000 nur noch beschränkt einsetzbar.

Wenn im Klassenzimmer genügend Platz vorhanden ist, dann kann ein „Tausenderstrahl" aus 10 einzelnen Meterstücken zusammengesetzt und an die Wand des Klassenzimmers geheftet werden. Hierbei sind gerade noch die Einer als Zentimetermarkierungen zu erkennen. An einem solchen Zahlenstrahl werden dann die den Zahlen zugeordneten Punkte gezeigt, oder die Zahlen, die aufgewiesenen Punkten zugeordnet sind, genannt: „Zeige mir 627"; „Welche Zahl zeige ich hier?"

In der Regel können aber auf einem Zahlenstrahl im kleineren Maßstab nicht mehr alle Zahlen identifiziert werden.

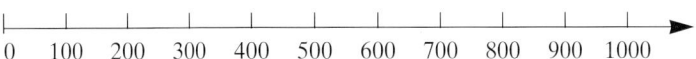

0   100   200   300   400   500   600   700   800   900   1000

Es kann dann nur die ungefähre Lage der Punkte angezeigt werden, die zu Zahlen, die zwischen den einzelnen Hunderterzahlen liegen, gehören. Trotzdem sollte der Lehrer hier auf größtmögliche Genauigkeit achten. An dieser Stelle werden Zahlen in Skalenwerte übersetzt und umgekehrt. Dieser für jedes Messverfahren typische Vorgang ist zwangsläufig mit Ungenauigkeiten verbunden. Die Kinder sollen hier diese Übersetzung in beide Richtungen durchführen und dabei erkennen, dass exakte Angaben nicht in allen Fällen zu erhalten sind.

Das Arbeiten mit dem Zahlenstrahl kann auch dadurch variiert werden, dass nur Ausschnitte des Zahlenstrahls vorgegeben werden (Schmidt 1977, S. 16).

In einem ersten Schritt kann ein ganzer Hunderter herausvergrößert werden, z. B.

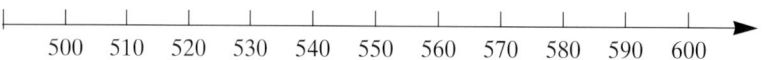

Hier können nun die „Zehnernachbarn" einer Zahl aufgezeigt werden, etwa „553 liegt zwischen 550 und 560", und umgekehrt Zahlenintervalle zwischen einzelnen Zehnerzahlen durchgezählt werden: „Zwischen 570 und 580 liegen die Zahlen 571, 572, ... 579". Aber bei dieser „Vergrößerung" ist die genaue Fixierung einer Zahl noch nicht möglich. Dies wird erst erreicht, wenn auch ein einzelner Zehner noch einmal vergrößert wird:

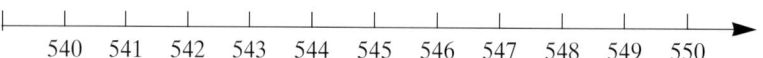

Aus der Arbeit mit dem Zahlenstrahl, der ja die Ordnung der natürlichen Zahlen wiedergibt, erwächst die Frage nach Nachbarzahlen und Vorgänger und Nachfolger.

Vorgänger und Nachfolger sind die direkten Nachbarn einer Zahl. Im Mathematikunterricht sollten aber auch Zehner- und Hunderternachbarn bestimmt werden. Dabei ist wichtig, dass die Anordnung von links nach rechts erhalten bleibt.

Hunderternachbarn Zehnernachbarn Vorgänger und Nachfolger

700	721	800

720	721	730

700	721	722

Zur Durchstrukturierung des Zahlenraums sollten Zählübungen eingesetzt werden, wobei insbesondere die Hunderter- und Tausendergrenzen übersprungen werden.

Auch Ordnungsübungen und Relationsdarstellungen im Pfeildiagramm tragen zur Durcharbeitung des Zahlenraums bei.

Beispiel:

Ordne die folgenden Zahlen der Größe nach:

  453, 721, 712, 543, 172, 271

Als Relationsvorschriften bieten sich neben den bekannten (... ist größer als..., ... ist kleiner als...) auch solche der folgenden Art an: ... hat die gleiche Zehner-(Hunderter-)Zahl wie ..., ... hat die größere (kleinere) Zehner-(Hunderter-)Zahl als ... Hierbei sind wieder folgende Aufgabenstellungen möglich:

1. Zahlenmenge und Relationsvorschrift gegeben,
   Pfeilbild gesucht.

2. Pfeilbild und Relationsvorschrift gegeben,
   Zahlen gesucht.

3. Zahlenmenge und Pfeilbild gegeben,
   Relationsvorschrift gesucht.

Beispiel zu 1.:

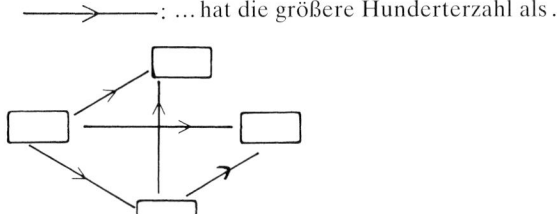

——————>——————: ... hat die größere Zehnerzahl als ...

```
        731
849           542
        756
```

Beispiel zu 2.:

——————>——————: ... hat die größere Hunderterzahl als ...

Als Lösungshilfen können noch Zahlen gegeben sein, die in die Kästchen einzusetzen sind, etwa: 145, 472, 441, 397.

Beispiel zu 3.:

Wie heißt die Vorschrift?

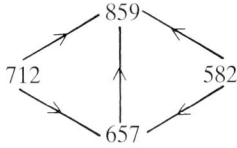

Lösung: ... hat die kleinere Einerzahl als ...

Auch in dieser Klassenstufe kann die Identifizierung mit den Elementen für schwache Kinder eine Hilfe sein, etwa in der Form: 657 sagt zu 859: Ich habe eine kleinere Einerzahl als du.

Bei allen drei Beispielen taucht die Erscheinung auf, dass zwei Elemente nicht durch einen

Pfeil miteinander verbunden werden. Dies ist zum Beispiel dann der Fall, wenn sie, wie im 3. Beispiel, die gleiche Einerzahl besitzt. Dies ist völlig korrekt. Der Lehrer sollte nicht nur Zahlen auswählen, bei denen alle Einer-(Zehner-, Hunderter-)Zahlen verschieden sind. Tauchen gleiche Ziffern auf, so gibt es eben keinen Pfeil zwischen diesen Zahlen. Dies ist ein Ausdruck dafür, dass es sich bei solchen Relationen um nichtlineare Relationen handelt. Für diesen mathematischen Sachverhalt wird auf die Fachliteratur verwiesen (z. B. Gerster, 1972, S. 150).

Erweiterung des Zahlenraums bis 1 000 000

Auch der nochmaligen Erweiterung des Zahlenraums bis zu 1 Million im 4. Schuljahr kann ein Operieren mit nichtdekadischen Stellenwertsystemen vorausgehen, doch hat dies nicht mehr die Bedeutung wie im 3. Schuljahr. Denn auch im 3er- oder 4er-System kommt man nur schwer über die 4. Bündelungsstufe hinaus. Eine solche Wiederholung sollte vielmehr noch einmal auf das allen Stellenwertsystemen gemeinsame Grundprinzip abheben. Dazu gehören Zähl- und Ordnungsübungen.

Beispiel:

Ordne folgende Zahlen im Vierersystem der Größe nach:

    1233, 2121, 3210, 1031, 3211, 1023.

Die Zahlen bis 10 000 können gerade noch mit Millimeterpapier veranschaulicht werden.

Die Kinder können durch genaues Ausmalen beliebige Zahlen bis 10 000 darstellen. Darüber hinaus versagt aber das Vorstellungsvermögen. Der Zahlenstrahl kann nur verkleinert oder in Ausschnitten zur Zahldarstellung herangezogen werden.

Mit Größen, z. B. mit Längen, kann beim Kind noch eine Vorstellung erweckt werden, was z. B. 1 Million Zentimeter sind.

Längen eignen sich besonders dafür, weil bei ihnen die Verwandlungszahl 10 ist (siehe Lauter 1977, S. 18).

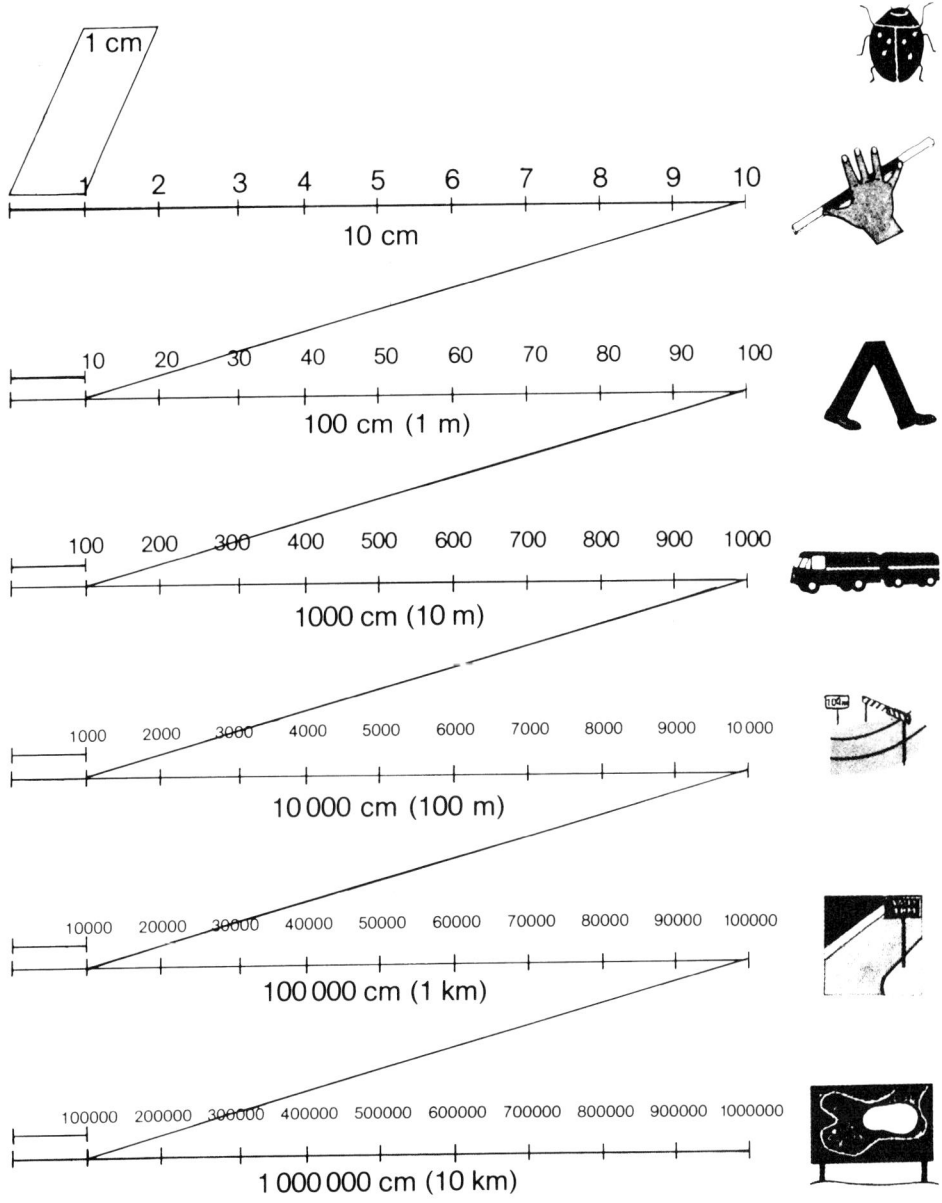

1 cm ist etwa die Länge eines Käfers, 10 cm die Spanne einer Kinderhand. 100 cm ist eine Schrittlänge und 1000 cm die Länge eines Lastzuges. Das Zehnfache davon, also 10 000 cm, entspricht der Länge der 100-m-Laufbahn auf dem Sportplatz und 100 000 cm ist 1 km, der auf der Straße abgetragen werden kann. Das 10fache davon, also 1 000 000 cm, ist die Länge einer Wanderstrecke von 10 km.

An dieser Stelle muss eindringlich betont werden, dass es nicht möglich ist, beim Kind eine Vorstellung von der Größe einer Zahl zu wecken. Eine Zahl ist ein abstraktes Objekt und als solches nicht vorweisbar. Es können immer nur konkrete Repräsentanten, etwa hier Streckenlängen in cm-Einheiten aufgewiesen werden. Ebenso kann man 10 000 Menschen, etwa in einem Stadion, erfassen, oder 10 000 Briefmarken (100 Bogen), es ist aber schlechterdings unmöglich, sich 10 000 als abstrakte Zahl vorzustellen. Lernziele der Art: „Die Kinder müssen eine Vorstellung der Zahl 10 000 bekommen", sind daher unsinnig.

Die Möglichkeiten, Zahlen bis zu 1 000 000 zu repräsentieren, sind also beschränkt. Umso mehr Mühe sollte im Unterricht dazu verwendet werden, dass die Zahldarstellung im Stellenwertsystem erarbeitet wird. Dazu dient zunächst einmal das erweiterte Bündelhaus:

Stufen-namen	Million	Hundert-tausender	Zehntau-sender	Tausen-der	Hunder-ter	Zehner	Einer
Stufen-zeichen	M	HT	ZT	T	H	Z	E
							1 Z ←→ 10 E
					1 H ←→ 10 Z		
				1 T ←→ 10 H			
			1 ZT ←→ 10 T				
		1 HT ←→10 ZT					
	1 M ←→ 10 HT						

Hierbei lernen die Kinder zunächst die neuen Stufenzeichen kennen. Eine Verwendung der Zehnerpotenzen ist im 4. Schuljahr noch verfrüht.

Unter Verwendung der Stufenzeichen können Zahlen in der einen oder anderen Weise geschrieben werden.

$$13\,438 = 1\,ZT + 3\,T + 4\,H + 3\,Z + 8\,E$$

Diese Übungen sind in beiden Richtungen wichtig für die Zahlanalyse. Insbesondere müssen solche Übersetzungsübungen geübt werden, wenn einige Stellen Nullen aufweisen, z. B.

$$1\,M + 1\,T + 2\,E = 1\,001\,002$$

M	HT	ZT	T	H	Z	E	
					8		= 80
				8			
						8	
		8					
8							
	8						

Eine gute Übung in diesem Zusammenhang ist auch das Ziffernwandern. Dadurch wird dem Schüler bewusst, dass der Zahlenwert nur durch die Stellung der Ziffer im Bündelhaus bestimmt ist.

Der Zahlenraum bis zu 1 Million wird weiter durch die bereits im vorigen Abschnitt dargestellten Möglichkeiten erarbeitet. Dazu gehören vor allem Ordnungsübungen von Zahlen, Relationsdiagramme sowie Nachbarzahlen, jetzt also auch Tausender-, Zehntausender- und Hunderttausendernachbarn.

Runden-Veranschaulichung der Zahlen im Schaubild

Wenn auch bei „großen" Zahlen die genaue Darstellung durch Mengen oder sogar am Zahlenstrahl nicht mehr gelingt, so werden doch solche Zahlen in Schaubildern dargestellt, vor allem um einen qualitativen Zahlvergleich zu ermöglichen. Bei einem solchen Vergleich kommt es dann nicht mehr auf Einer- und Zehnerstelle an, infolgedessen müssen die Zahlen in der Regel gerundet werden.

Das Runden von Zahlen oder Größen vollzieht sich nach ganz bestimmten Regeln:

1. Gerundet wird von der Stelle ab, die angegeben wird, z. B. Runden auf Hunderter, Tausender usw.

2. Die Ziffern 1–4 werden abgerundet, 5–9 aufgerundet.

3. Nur einmaliges Runden ist erlaubt.

Insbesondere die 3. Regel muss verdeutlicht werden. Bei mehrmaligem Runden könnte etwa folgende Kette entstehen:

$$2447 \approx 2450 \approx 2500 \approx 3000$$

während ein einfaches Runden auf Tausender zu 2000 führt.

Der Vorteil des Rundens ist neben der besseren Veranschaulichung die bessere Merkfähigkeit der Zahlen, der Nachteil ist die Ungenauigkeit.

Dies wird den Kindern an mehreren Beispielen vorgeführt.

Beispiel:

Die Zugspitze ist 2963 m hoch.
Wir merken uns 3000 m.

Runden ist für Kinder insbesondere dann schwierig, wenn die Zahlen Nullen enthalten.

Beispiel:

2 081 000: Runde auf Hunderttausender.

Schwachen Schülern ist das Unterstreichen der auf- oder abzurundenden Ziffer eine Hilfe. Nicht zu vergessen ist die reversible Aufgabe zum Runden: Eine gerundete Zahl wird vorgegeben und es soll bestimmt werden, welche Zahlen zu diesem Rundungsergebnis geführt haben können.

Beispiel:

Es wurde auf Hunderttausender gerundet: 2 200 000

Die ursprüngliche Zahl liegt zwischen 2 150 000 und 2 249 999
Veranschaulichungen von Zahlen durch Graphiken dienen dem qualitativen Vergleich dieser Zahlen.

Beispiel:

Einwohnerzahlen deutscher Großstädte

Düsseldorf	663 600
Hannover	560 800
Saarbrücken	205 300

In der Darstellung wird für je 100 000 Einwohner ein ⚣ gezeichnet. Damit ist gleichzeitig die Rundungsvorschrift gegeben: Es wird auf Hunderttausender gerundet. Damit ergibt sich

Düsseldorf 700 000 👤 👤 👤 👤 👤 👤 👤

Hannover 600 000 👤 👤 👤 👤 👤 👤

Saarbrücken 200 000 👤 👤

Es können auch einfachere graphische Symbole, z. B. □, gewählt werden.

An dieser Stelle bietet sich eine komplexere Hausaufgabe an. Ein oder mehrere Kinder versuchen, auf dem Landratsamt oder dem Einwohnermeldeamt die Einwohnerzahlen für die Kreisgemeinden oder die Stadtbezirke zu ermitteln. Nach der Besprechung in der Schule wird nun versucht, die Einwohnerzahlen der Gemeinden oder Stadtbezirke graphisch zu veranschaulichen.

Eine solche Graphik kann auch gemeinsam in der Klasse erarbeitet und im Gemeinschaftskundeunterricht eingesetzt werden.

Mündliche Addition und Subtraktion im Zahlbereich bis 1000 und bis 1 000 000

Die erweiterte sprachliche Kompetenz der Kinder im 3. und 4. Schuljahr bringt es mit sich, dass jetzt allmählich eben den bereits verwendeten Fachausdrücken „plus" und „minus" auch weitere Termini wie „Summe", „Differenz", „Summanden", „Addieren", „Subtrahieren", aber auch „Multiplikation", „Division", „Faktor" und „Quotient" stärker Verwendung finden. Dies ist auch so in den meisten Lehrplänen vorgesehen. Jedoch sollten diese Ausdrücke nicht wie Vokabeln gelernt werden, sondern vor allem der Lehrer sollte sie in zunehmendem Maße verwenden. Zur vollständigen Übernahme dieser Termini durch die Schüler ist bis zur 5. Klasse Zeit.

Schwierigkeiten treten in der Regel bei der exakten Verwendung der Termini „Minuend", „Subtrahend", „Dividend" und „Divisor" auf. Ihre Einführung kann auf die 5. Klasse verschoben werden.

Addition und Subtraktion im Tausenderraum werden in ähnlichen Schritten erarbeitet wie die gleichen Operationen im Hunderterraum. Auf S. 74 ff. wurde gezeigt, wie zur Erklärung der einzelnen Schwierigkeitsstufen die arithmetischen Gesetze in zunehmendem Maße herangezogen werden müssen. Dies ist umso mehr im erweiterten Tausenderraum und darüber hinaus der Fall, jedoch wird im Rahmen dieses Buches auf diese Ableitungen verzichtet. Der interessierte Leser wird durch analoges Vorgehen wie im Hunderterraum leicht die Ableitungen durchführen können. Hier seien nur die methodischen Stufen dargestellt.

1. Parallel zur Erarbeitung des Zahlenraums bis 1000 durch Zahlenfolgen, Zählen und Operieren am Zahlenstrahl werden als erste methodische Stufe reine Hunderterzahlen addiert und subtrahiert, also Aufgaben des folgenden Typs gerechnet

$$400 + 300 = 700 \qquad 800 - 500 = 300$$

aber auch

$$231 + 500 = 731 \qquad 945 - 400 = 545$$

Zur Veranschaulichung solcher Operationen kann der Zahlenstrahl in Verbindung mit Stäben oder Streifen in folgender Weise herangezogen werden:

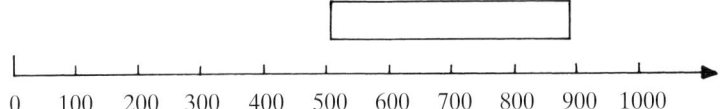

| | | | | | | | | | | |
|0|100|200|300|400|500|600|700|800|900|1000|

Der 4er-Streifen wird hier als 400er-Streifen interpretiert und die abgebildete Stellung kann als

$$500 + 400 = 900 \text{ oder als } 900 - 400 = 500$$

angesehen werden. Die Aufgaben werden in Analogie zu Aufgaben wie

$$5 + 4 = 9$$
$$\text{und} \quad 50 + 40 = 90$$

gelöst und bereiten in der Regel keine Schwierigkeiten.

2. Als zweite methodische Stufe werden Einerzahlen addiert oder subtrahiert, und zwar ohne und mit Überschreitung der nächsten Zehnergrenze. Das sind Aufgaben wie folgt:

$300 + 7 = 307$	$400 - 3 = 397$
$422 + 6 = 428$	$628 - 7 = 621$
$578 + 8 = 586$	$282 - 4 = 278$

Diese Aufgaben sind ja analog denen im Hunderterraum, außer, falls die Hundertergrenze überschritten wird.

$497 + 5 = 502$	$708 - 9 = 699$

Neben dem üblichen Typ $a + b = \square$ bzw. $a - b = \square$ werden auch Aufgaben der Art $a \pm \square = c$ und $\square \pm b = c$ gegeben, also etwa

$368 + \square = 374$	$432 - \square = 425$
$\square + 7 = 241$	$\square - 6 = 549$

Da solche Aufgaben für alle folgenden Stufen von großer Wichtigkeit sind, sollten sie über Wochen hin zum Gegenstand des täglichen Übungsrechnens gemacht werden.

3. Die 3. methodische Stufe besteht im Addieren und Subtrahieren von reinen Zehnerzahlen ohne und mit Überschreitung der Hundertergrenze. Solche Aufgaben sind z. B.

$431 + 60 = 491$	$572 - 30 = 542$
$782 + 50 = 832$	$421 - 80 = 341$

Die Aufgaben ohne Überschreitung werden durch Analogie zum ersten Hunderter gelöst.

$$431 + 60 = 491, \quad \text{da} \quad 31 + 60 = 91.$$

bei Aufgaben mit Überschreitung muss zunächst eine Zerlegung durchgeführt werden:

$$782 + 50 = 780 + 2 + 50 = 780 + 50 + 2 = 832$$

4. Auf der 4. methodischen Stufe werden dann sog. Zehner-Einerzahlen ohne und mit Überschreitungen addiert und subtrahiert, also Aufgaben der folgenden Art gelöst:

143

421 + 58 = 479	ohne Überschreitung
538 + 26 = 564	Überschreitung des Zehners
367 + 62 = 429	Überschreitung des Hunderters
278 + 45 = 323	Überschreitung des Zehners u. Hunderters
878 − 24 = 854	ohne Unterschreitung
462 − 38 = 424	Unterschreitung des Zehners
727 − 54 = 673	Unterschreitung des Hunderters
911 − 57 = 854	Unterschreitung des Hunderters u. Zehners

Die letzten Aufgabentypen stoßen schon an die Grenze der Leistungsfähigkeit der Kinder. Es kommt hierbei nicht mehr darauf an, einen festen Lösungsplan einzuhalten, sondern das Kind soll so variabel sein, möglichst verschiedene Lösungsverfahren je nach ihrer Brauchbarkeit bei jeder konkreten Aufgabe bereitzuhalten.

Solche Lösungsverfahren sind etwa die Zerlegung nach dem Assoziativgesetz oder Nachbaraufgaben.

Gerade dem letztgenannten Verfahren kommt bei den genannten Aufgaben eine große Bedeutung zu. In der Regel läuft das Rechenverfahren dann zunächst über Addition oder Subtraktion von benachbarten Zehnern, etwa

$$485 + 49 = \square \qquad 712 - 77 = \square$$
$$\underline{485 + 50 = 535} \qquad \underline{712 - 80 = 632}$$
$$485 + 49 = 534 \qquad 712 - 77 = 635$$

5. Die in der 4. Stufe geschilderten Schwierigkeiten tauchen wieder und verstärkt in der 5. methodischen Stufe auf, der Addition und Subtraktion von Hunderter-, Zehner-, Einerzahlen, also etwa bei Aufgaben der Art

$$231 + 455 = 686 \qquad 789 - 324 = 465$$
$$396 + 237 = 633 \qquad 623 - 248 = 375$$

Aufgaben dieses Typs übersteigen in der Regel das Leistungsvermögen der Drittklässler. Daher sollten im Unterricht mündlich nur einige leichtere Beispiele, etwa analog des ersten Beispiels, also ohne Zehner- und Hunderterüber- bzw. -unterschreitung gerechnet werden, um noch einmal mögliche Rechenwege aufzuzeigen. Im Übrigen dienen Aufgaben dieser Stufe aber dazu, für halbschriftliche und schriftliche Rechenverfahren zu motivieren.

Im Zahlenraum bis zu 1 Million beschränken sich die mündlichen Additionen und Subtraktionen auf Aufgaben mit reinen Tausendern, Zehntausendern und Hunderttausendern. Im 4. Schuljahr sind die Verfahren der schriftlichen Addition und Subtraktion gesicherter Bestand und es wäre unsinnig, schwierige Aufgaben der Addition und Subtraktion mündlich lösen zu lassen, wenn die schnelle algorithmischen Verfahren von den Schülern beherrscht werden.

Für mündliche Übungen recht geeignet ist das Fortsetzen von Zahlenfolgen, wobei reine Tausender- oder Zehntausenderzahlen zu addieren oder zu subtrahieren sind.

Beispiel:

Setze die Folgen fort

271 000, 273 000, 275 000, 277 000, ...
480 000, 475 000, 470 000, 465 000, ...

Selbstverständlich werden Additions- und Subtraktionsaufgaben bis 1 000 000 auch als Sachaufgaben gestellt, über deren spezielle Probleme aber ab S. 205 noch zu sprechen sein wird.

Vorbereitung der schriftlichen Addition

Das Verfahren der schriftlichen Addition ist das erste algorithmische Verfahren, das die Kinder lernen und das sie selbstverständlich später mechanisch beherrschen sollen. Daraus darf aber nicht gefolgert werden, dass es genügt, nur das mechanische Verfahren zu lernen, vielmehr muss auf das Verständnis für das Funktionieren des Verfahrens hin unterrichtet werden. Es hat sich nämlich in der Praxis gezeigt, dass unverstanden auswendig gelernte Verfahren größere Veranlassung zu Fehlern geben, als wenn die Beherrschung des Verfahrens auf Einsicht beruht.

Der Behandlung der schriftlichen Addition gehen im Unterricht halbschriftliche Verfahren zur Addition voraus. Von einem halbschriftlichen Verfahren für eine Rechenoperation spricht man dann, wenn Zwischenergebnisse notiert werden, ohne allerdings das Normverfahren zu benutzen. Meist werden die einzelnen Summanden nebeneinander und nicht untereinander wie beim Normverfahren notiert. Diese Notation entspricht also der üblichen Aufgabenstellen bei mündlichen Additionsaufgaben.

Halbschriftliche Verfahren sind selbstverständlich keine Normverfahren. Dennoch haben sich mindestens zwei verschiedene Darstellungsformen herausgebildet:

$$
\begin{array}{lll}
\underline{432 + 87 =} & \text{und} & \underline{432 + 87 =} \\
\underline{432 + 68 = 500} & & \underline{432 + 68 = 500} \\
\underline{500 + 19 = 519} & & \underline{500 + 19 = 519} \\
& & 432 + 87 = 519
\end{array}
$$

Im zweiten Darstellungsschema wird zwar der Rechengang systematischer notiert, zwischen den waagerechten Strichen stehen die Zwischenrechnungen, doch ist die erste Darstellungsart voll verständlich.

Mit Hilfe der halbschriftlichen Notation können noch einmal verschiedene Lösungswege besprochen werden, z. B.

$$
\begin{array}{lll}
\underline{468 + 36 =} & \underline{468 + 36 =} & \underline{468 + 36 =} \\
468 + 30 = 498 & 468 + 6 = 474 & \underline{468 + 32 = 500} \\
498 + 6 = 504 & 474 + 30 = 504 & 500 + 4 = 504
\end{array}
$$

Bei mehrmaligem Durchführen der halbschriftlichen Addition bemerken schon einige Kinder, dass die Methode schnell zum Ziel führt, bei der zunächst die Einer addiert werden. So braucht nicht nachträglich noch bei einem Zehnerübergang die Zehnerstelle korrigiert zu werden.

Hierauf kann sich nun die Behandlung des algorithmischen Verfahrens aufbauen und anschließen.

Es erweist sich nun als sehr nützlich und hilfreich, das Verfahren der schriftlichen Addition zunächst mit einem konkreten Modell im Zehnersystem, etwa den Mehrsystemblöcken, durchzuführen. Leider wurde in den Lehrplänen der meisten Bundesländer das konkrete Arbeiten mit Mehrsystemmaterial im 3er- oder 4er-System gestrichen, wahrscheinlich um bei Eltern mögliche Irritationen zu vermeiden. Wo der Lehrer es aber dennoch verantworten kann, die schriftliche Addition und die schriftliche Subtraktion durch Arbeiten mit konkretem Material in einem nichtdekadischen System vorzubereiten, sei er dazu ermuntert. Allerdings ist festzuhalten, dass dieses Operieren in nichtdekadischen Systemen nur aus methodischen Gründen erfolgt. Niemals wird eine geläufige Beherrschung dieser Rechenverfahren in nichtdekadischen Systemen angestrebt.

Der Vorteil der kleinen Basiszahl, nämlich zu simultan erfassbaren Mengen zu führen, legt es nahe, hier mit Steckwürfelstangen und -platten oder aber mit Mehrsystemmaterial zu arbeiten. Mit solchem Material wird nun der Vorgang der Addition konkret nachvollzogen. Die Notation und damit die Ableitung des schriftlichen Verfahrens erfolgt parallel. Zur Bearbeitung hat jeder Schüler einen Stellenwertordner auf einem DIN-A4-Blatt vor sich, ebenso Würfel, Stangen und Platten. Die Notation erfolgt im Heft.

Beispiel:

Es sollen die Zahlen $112_{(4)}$ und $211_{(4)}$ addiert werden. Dazu legt man auf dem Stellenwertordner folgende Einheiten:

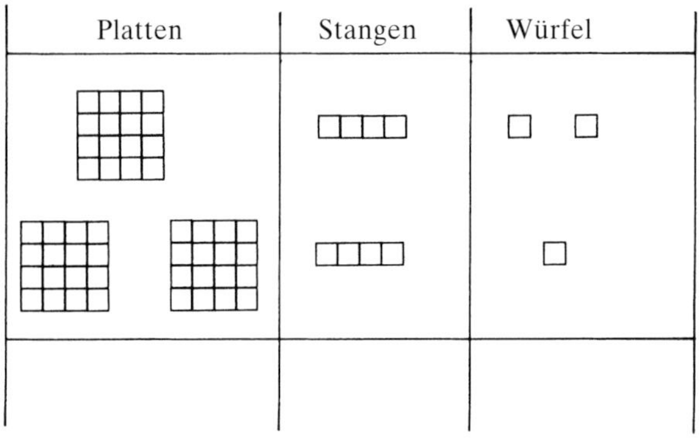

Das Addieren entspricht nun dem Zusammenlegen der konkreten Einheiten. Nach dem Zusammenlegen ergibt sich folgendes Bild:

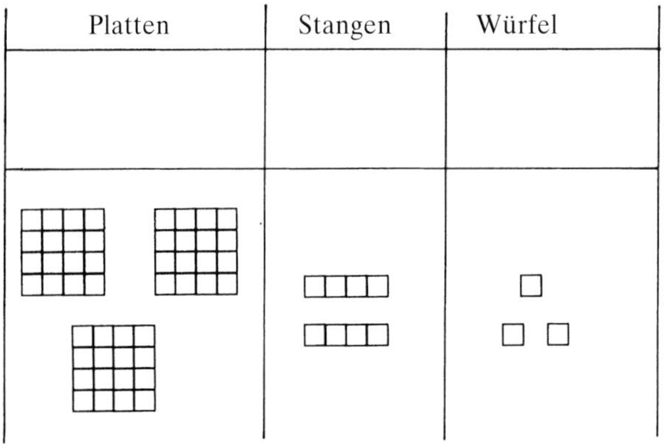

	P	S	W
	1	1	2
+	2	1	1
	3	2	3

Das Verfahren wird ein wenig komplizierter, wenn ein Übertrag vorkommt. Der Einfachheit halber wird der Vorgang hier in *einer* Tabelle notiert. Der Lehrer sollte jedoch beachten, dass die einzelnen Schritte nacheinander mit demselben Material vollzogen werden.

146

Platten	Stangen	Würfel

In der Einerspalte liegen nun mehr als 4 Würfel. Es werden 4 davon gegen eine Stange umgetauscht, die dann in die nächste Spalte übertragen wird. In der Notation wird dieser Übertrag durch eine 1 in der 2. Spalte markiert.

Platten	Stangen	Würfel

P	S	W
1	1	2
1	0	3
2	1	5
2	1_1	1
2	2	1

Für den Zeitpunkt des Umtauschens ergeben sich zwei Möglichkeiten:

1. nachdem die Elemente aller Spalten zusammengelegt sind,

2. unmittelbar nach dem Zusammenlegen der Elemente der Spalte, wenn die Basiszahl 4 überschritten wird.

Es wird dringend geraten, die 2. Möglichkeit zu bevorzugen, da sie dem endgültigen algorithmischen Verfahren entspricht.

Die schriftliche Addition

Nach der Vorbereitung in enaktiver Form könnte die schriftliche Addition im Zehnersystem gleich in der Notationsform vorgenommen werden. Will man aber ganz sicher gehen, so ist auch noch einmal eine graphische Darstellung angebracht.

Hier sei darauf verzichtet, den Fall ohne Übertrag darzustellen, vielmehr soll parallel zueinander eine Aufgabe mit Übertrag in ikonischer Form und in der genormten Schreibweise entwickelt werden. Als Symbol für einen Einer wird ●, für einen Zehner |, für einen Hunderter □ gewählt.

Hunderter	Zehner	Einer
□ □	| | | |	• • • • • • •
□	| |	• • • • •
□ □ □	| | | | | |	(• • • • • • • • • •) • •
□ □ □	| | | | | | |	• •

H	Z	E
2	4	7
+ 1	2_1	5
3	7	2

Jetzt kann das Verfahren ausschließlich in der symbolischen Form, also in der reinen Zahldarstellung ablaufen. Der Stellenwertordner sollte aber noch eine Zeit lang beibehalten werden. Wenn man auf ihn verzichtet, ist auf genaue und konkrete Darstellung unbedingt Wert zu legen. Die Zahlen werden stellengerecht untereinander notiert, je Kästchen eine Ziffer, Striche werden mit dem Lineal gezogen.

Bei der praktischen Durchführung der schriftlichen Addition gibt es eine Reihe von Fehlerquellen. Der Lehrer sollte sich die Fehler sehr genau ansehen und versuchen herauszubekommen, ob in der Klasse systematische Fehler gemacht werden. Dies ist dann immer ein Zeichen für einen nicht verstandenen Schritt bei der Ableitung des Verfahrens. Fehlerquellen liegen u. a. in folgenden Besonderheiten:

– Übertrag: Übertragszahl nicht oder falsch notiert,
– Überträge in mehreren Stellen hintereinander,
– die beiden Summanden haben unterschiedliche Stellenzahl,
– die Summanden oder das Ergebnis enthalten eine oder mehrere Nullen.

Zur Beherrschung des Verfahrens ist auch eine genormte Sprechweise zu empfehlen. Sie sollte zu Beginn noch die Einheit mit enthalten, also 8 E + 5 E = 13 E, 3 E hingeschrieben, 1 Z gemerkt.

Die Addition von 3 und mehr Summanden schließt sich an. Hierbei ist umso mehr auf stellengerechtes Untereinanderschreiben zu achten.

Vorbereitung der schriftlichen Subtraktion

Die schriftliche Subtraktion ist ein für das Verständnis wesentlich komplizierteres Verfahren als die schriftliche Addition.

Zum Verständnis des Verfahrens müssen zwei Voraussetzungen geschaffen sein,

1. die Einsicht, dass die Subtraktion als Ergänzen aufgefasst werden kann,

2. das Gesetz der gleichsinnigen Veränderung der Glieder einer Differenz.

Die erste Erkenntnis beruht auf der Äquivalenz der Aussagen

$$a - b = \square \qquad \Longleftrightarrow \qquad a = b + \square$$

in Zahlen

$$10 - 3 = \square \qquad \Longleftrightarrow \qquad 10 = 3 + \square$$

Das praktische Beispiel, an dem das Kind die Gleichwertigkeit von Abziehen und Ergänzen erfährt, ist der Verkaufsvorgang.

Beispiel:

Mutter kauft für 7,50 € Äpfel und bezahlt mit einem 10-€-Schein. Wie viel bekommt sie an Wechselgeld?

Eine Möglichkeit besteht darin, 7,50 € von 10,– € abzuziehen. Das ergibt 2,50 €.

Der übliche Weg ist aber, dass 7,50 € bis 10,– € ergänzt werden. Die Verkäuferin sagt: „7,50 €" und legt an Wechselgeld zunächst 50 Cent und dann 2,– € hin und zählt dabei bis 10,– € auf.

Das Abziehen ist die Grundlage des sog. „norddeutschen" Verfahrens der Subtraktion, das Ergänzen die der „süddeutschen" Methode.

Bei der „norddeutschen" Methode wird also der Minuend um den Subtrahend vermindert. Dies ist aber nur durchführbar, wenn der Subtrahend kleiner oder gleich dem Minuenden ist. Ist dies für eine oder mehrere Stellen nicht der Fall, so muss von der nächsthöheren Stelle „geborgt" werden.

```
    1 7 2
 –    1 8
 _____
        6
    1 7₁2
 –    1 8
 _____
    1 5 4
```

Diese Rechnung ist für die Einerstelle nicht durchführbar, da man von 2 nicht 8 abziehen kann. Daher „borgt" man sich 10 Einer, indem 1 Zehner von 7 in 10 Einer umgewandelt wird. Jetzt kann das Abziehen durchgeführt werden, allerdings müsste korrekt so wie oben notiert werden.

Das „norddeutsche" Verfahren gibt das Abziehen korrekt wieder, es tauchen aber große Schwierigkeiten auf, wenn etwa Aufgaben wie 1000 – 341 zu rechnen sind. Um die Einer abziehen zu können, muss ein Zehner in Einer umgetauscht werden, es sind aber keine Zehner vorhanden, auch die Hunderter fehlen und so muss der eine Tausender in 10 Hunderter umgewandelt werden, davon dann ein Hunderter in 10 Zehner und davon ein Zehner in 10 Einer. Verständnis und Notation ist also in solchen Fällen sehr erschwert. Daher ist in allen Bundesländern heute die so genannte „süddeutsche" Methode vorgeschrieben.

Diese beruht einerseits auf dem Ergänzen, aber damit wäre das Borgeproblem noch nicht aus der Welt geschafft. Es muss noch die 2. Voraussetzung besprochen werden, nämlich das Gesetz der gleichsinnigen Veränderung der Glieder einer Differenz: Wird bei einer Differenz Minuend und Subtrahend um dieselbe Zahl vergrößert oder verkleinert, so ändert sich die Differenz nicht.

$$a - b = c \qquad \Longleftrightarrow \qquad (a \pm n) - (b \pm n) = c$$

Wir betrachten im Folgenden diese Gleichung nur mit dem Pluszeichen. Als Zahlenbeispiel

$$10 - 3 = 7 \quad \Longleftrightarrow \quad 13 - 6 = 7$$
$$14 - 7 = 7$$
$$15 - 8 = 7$$
$$\dots$$

Dieses Gesetz kann motivierend durch folgende Zeichnung veranschaulicht werden.

Die Größendifferenz zwischen beiden Jungen bleibt gleich, auch wenn sie sich beide höher stellen.

Selbstverständlich gilt dieses Gesetz auch bei der Ergänzungsschreibweise

$$a + b = c \quad \Longleftrightarrow \quad (a + n) + b = (c + n)$$

In Zahlen

$$3 + 7 = 10$$
$$6 + 7 = 13$$
$$7 + 7 = 14$$
$$8 + 7 = 15$$
$$\dots$$

Beim „süddeutschen" Verfahren wird nun dieses Gesetz ausgenutzt, um das Ergänzen auch in den Fällen zu ermöglichen, bei denen die Stelle im Subtrahend größer ist als im Minuenden. Das vorhin durchgeführte Beispiel verläuft nun so: Das Ergänzen von 8 auf 2 ist nicht möglich. Anstatt nun einen Zehner zu borgen, wird Minuend (172) und Subtrahend (18) um 10 vergrößert (natürlich könnte man auch um andere Zahlen vergrößern, aber die 10 ist wegen des Zehnersystems besonders geeignet).

Allerdings wird der Minuend um 10 Einer und der Subtrahend um 1 Zehner vergrößert, was auf dasselbe hinausläuft. Jetzt ist ein Ergänzen möglich. Jetzt muss die Notation noch in Ordnung gebracht werden. Die 10 im Minuenden wird nicht mehr notiert, sondern erscheint nur noch sprachlich, indem bis 12 ergänzt wird. Der Zehner im Subtrahenden wird klein wie der Übertrag bei der Addition notiert.

150

$$
\begin{array}{r}
1\ 7\ 2 \\
-\quad 1\ 8 \\
\hline
1\ 7\ {}_12 \\
-\quad 1_{+1}8 \\
\hline
1\ 5\ 4
\end{array}
\qquad\qquad
\begin{array}{r}
1\ 7\ 2 \\
-\ 1_1\ 8 \\
\hline
1\ 5\ 4
\end{array}
$$

Dieses „süddeutsche" Verfahren wurde generell eingeführt, nachdem man bereits vor dem 2. Weltkrieg in Massenversuchen festgestellt hatte, dass damit das Rechnen weniger Zeit erfordert und weniger Fehler gemacht werden.

Wie bei der schriftlichen Addition, so kann auch die schriftliche Subtraktion durch Arbeiten mit konkretem Material vorbereitet werden. Wieder ist das Ziel, die beim Algorithmus ablaufenden Vorgänge konkret und einsichtig darzustellen.

Wir verwenden wieder das Vierersystem, wobei allerdings wieder bemerkt werden muss, dass selbstverständlich auch im Dreier-, Fünfer- oder Zehnersystem dieselben Operationen durchgeführt werden können. Es soll die im Vierersystem notierte Subtraktion 223 – 111 durchgeführt werden. Das Subtrahieren wird durch Ergänzen ausgeführt. Es muss also bestimmt werden, wie viel zum Subtrahenden (111) ergänzt werden muss, um den Minuenden (223) zu erreichen. Diese Differenz wird in die letzte Zeile gelegt bzw. notiert.

In dem Fall, dass ein Ergänzen an einer Stelle nicht stattfinden kann, weil die entsprechende Stellenzahl im Minuenden kleiner ist als im Subtrahenden, müssen Minuend und Subtrahend gleichsinnig verändert werden. Dies geschieht im Vierersystem durch Hinzufügen von 4 Einern zum Minuenden bzw. von 1 Vierer zum Subtrahenden. Wir führen das am Beispiel 231 – 113 durch (siehe S. 152).

So hilfreich diese konkreten Darstellungen für das Verständnis der schriftlichen Subtraktion sind und so geeignet sie sind, den Übergang vom einsichtigen Tun zur allmählichen Mechanisierung anzubahnen, so wäre es doch völlig verfehlt, wenn schon beim schriftlichen Rechnen in nichtdekadischen Stellenwertsystemen eine Mechanisierung angestrebt würde. Dies soll erst im Zehnersystem erfolgen. Schriftliches Addieren und Subtrahieren in nichtdekadischen Systemen ist kein Thema, das durch Übung mechanisiert werden darf.

Platten	Stangen	Würfel

	P	S	W
	2	3	1
−	1	1	3
	2	3	1+4
−	1	1+1	3
	1	1	2

Die schriftliche Subtraktion

Wenn Material vorhanden, dann kann das geschilderte konkrete Verfahren auch im Zehnersystem durchgeführt werden. In der Regel genügt aber auch eine graphische Darstellung oder eine Darstellung an der Haft- oder Magnettafel, um das Verfahren noch einmal zu verinnerlichen.

Hier sei dies nur noch einmal für den Fall der Zehnerüberschreitung durchgeführt, wobei parallel dazu die Notationsform abgeleitet wird. Dabei werden anstelle der Bezeichnungen Platten, Stangen und Würfel oder ihrer Abkürzungen jetzt die Bezeichnungen Hunderter (H), Zehner (Z) und Einer (E) benutzt.

Hunderter	Zehner	Einer

	H	Z	E
	3	4	1
−	1	2	7
	3	4	10+1
−	1	2+1	7
	2	1	4

Schließlich wird die Subtraktion nur noch in der üblichen Notationsform durchgeführt, wobei der Übertrag mit kleinen Ziffern markiert wird, also

	H	Z	E
	3	4	1
−	1	2_1	7
	2	1	4

Wichtig ist hier die Sprechweise 7 plus 4 (betont) ist 11, 1 notiert, 3 plus 1 (betont) ist 4, 1 plus 2 (betont) ist 3.

Der Stellenwertordner wird noch einige Zeit beibehalten, schließlich dann aber durch sauberes stellengerechtes Untereinanderschreiben der Zahlen überflüssig.

Der Lehrer achtet vor allem auf folgende systematische Fehler

– Verwechslung von Addition und Subtraktion
– Einfaches Unterschiedbilden anstelle des Ergänzens
- Nichtberücksichtigung des Übertrags, insbesondere wenn an zwei aufeinander folgenden Stellen ein Übertrag vorkommt
– Falsches Ergänzen, wenn im Minuend oder Subtrahend eine oder mehrere Nullen auftauchen
– Falsches Ergänzen, wenn beim Minuend und Subtrahend in Zehner- oder Hunderterstelle gleiche Ziffern auftauchen. Ohne Übertrag erscheint dann eine Null, mit Übertrag eine Neun im Ergebnis

Beispiel:

$$
\begin{array}{r}
748 \\
-\ 243 \\
\hline
505
\end{array}
\qquad
\begin{array}{r}
742 \\
-\ 248 \\
\hline
494
\end{array}
$$

Die Additionist die Umkehrung der Subtraktion und kann daher als Kontrollrechnung eingesetzt werden. Dazu werden Differenz und Subtrahend addiert und müssen zusammen den Minuend ergeben, also

Aufgabe   *Probe*

$$
\begin{array}{r}
752 \\
-\ 148 \\
\hline
604
\end{array}
\qquad
\begin{array}{r}
604 \\
+\ 148 \\
\hline
752
\end{array}
$$

Die geänderte Anordnung der Zahlen bei der Probe darf aber nicht mechanisch hingeschrieben werden, vielmehr sollte auch der Schüler die Beziehung

a – b = c daraus folgt c + b = a

kennen und benutzen.

Neben dem dargestellten Verfahren der schriftlichen Subtraktion wird immer wieder das sog. Auffüllverfahren diskutiert. Insbesondere Gerster (Gerster 1982, S. 43) macht darauf aufmerksam, dass dieses Verfahren in methodischer Hinsicht eine Reihe von Vorteilen aufweist.

Die Grundidee des Auffüllverfahrens besteht darin, den Minuenden als Zielbetrag anzusehen, bis zu dem ergänzt wird, der aber nicht verändert werden darf.

Als methodisches Modell kann ein Kilometerzähler herangezogen werden.

Beispiel:

Mark macht eine 2-tägige Radtour. Zu Beginn der Fahrt steht der Kilometerzähler seines Rades auf 0, am Abend des 1. Tages auf 48, am Abend des 2. Tages auf 83. Wie viel ist er am 2. Tag gefahren?

$$
\begin{array}{ll}
\text{Zusammen} & 83 \\
\text{am 1. Tag} & -\ 48 \\
\end{array}
$$

Durch Ergänzen soll man von 8 auf 3 kommen. Der Kilometerzähler zählt von 8 bis 13 also 5, wobei die Zehnerstelle um 1 weiterläuft.

Die Rechnung sieht dann so aus

$$
\begin{array}{r}
83 \\
-\ 4_18 \\
\hline
.5
\end{array}
$$

Jetzt sind nur noch die Zehner zu ergänzen

$$
\begin{array}{r}
83 \\
-\ 4_18 \\
\hline
35
\end{array}
$$

Nach Gerster hat die Auffülltechnik folgende Vorteile:

1. Die gegebenen Zahlen werden nicht verändert.
2. Die Sachgebundenheit der Zahlen bleibt erhalten.
3. Es ist kein Trick (z. B. gleichsinniges Verändern) erforderlich.
4. Diese Technik erzwingt konsequentes Ergänzen.

Schwierig ist die Subtraktion mehrerer Subtrahenden, dies sowohl vom Verständnis als auch von der Durchführung des Algorithmus her. Zunächst muss geklärt werden, dass statt mehrerer Zahlen einzeln zu subtrahieren auch diese Zahlen addiert werden können und dann die Summe vom Minuenden subtrahiert werden kann. Dies geschieht am besten durch eine Sachaufgabe.

Familie Petry nimmt 800 € mit zum Einkaufen und gibt nacheinander 290 € für einen Anzug, 175 € für ein Kleid und 180 € für Schuhe aus. Wie viel Geld bringt sie vom Einkaufsbummel noch zurück?

Diese Aufgabe kann auf zwei Arten gerechnet werden. Einmal können alle Ausgaben nacheinander abgezogen werden

$$
\begin{array}{lll}
\quad 800 \text{ €} & \quad 510 \text{ €} & \quad 335 \text{ €} \\
-\ 290 \text{ €} & -\ 175 \text{ €} & -\ 180 \text{ €} \\
\hline
\quad 510 \text{ €} & \quad 335 \text{ €} & \quad 155 \text{ €}
\end{array}
$$

Natürlich erkennen die Kinder, wie umständlich dieses Verfahren ist. Aus der Aufgabe wird aber klar, dass man auch alle Ausgaben addieren und diese Summe dann von 800 € abziehen kann. Das ergibt folgende Rechnung

$$
\begin{array}{r}
290\ \text{€} \\
+\ 175\ \text{€} \\
+\ 180\ \text{€} \\
\hline
645\ \text{€}
\end{array}
\qquad
\begin{array}{r}
800\ \text{€} \\
-\ 645\ \text{€} \\
\hline
155\ \text{€}
\end{array}
$$

Diese beiden Rechnungen können zusammengefasst werden, indem die Subtrahenden zunächst addiert werden und dann bis zum Minuenden ergänzt wird, also

$$
\begin{array}{r}
800\ \text{€} \\
-\ 290\ \text{€} \\
-\ 175\ \text{€} \\
-\ 180\ \text{€} \\
\hline
155\ \text{€}
\end{array}
$$

Hiermit ist dann das Normalverfahren für die Subtraktion mehrerer Summanden erreicht. Eine Fehlerquelle ist aber zu beachten, die darin besteht, dass alle Zahlen, also auch der Minuend addiert werden. Eine kleine Hilfe zur Vermeidung dieses Fehlers ist es, konsequent auf das Mitnotieren des Minuszeichens zu achten.

3.2 Multiplikation und Division

Im zweiten Schuljahr werden die Grundvorstellungen der Multiplikation und Division erarbeitet und die Einmaleinsfolgen gelernt. Auch wenn diese dort bis zu einem gewissen Grad der Mechanisierung beherrscht werden, so wird es eine beständige Aufgabe in der Grundschule sein, durch ständiges Wiederholen den Bestand zu sichern und zu festigen. Im dritten und vierten Schuljahr treten dann auch in Bezug auf Multiplikation und Division weitere Probleme auf, die durch die jetzt erfolgte Erweiterung des Zahlenraums bedingt sind. Hierbei handelt es sich einmal um die Rechensätze, die man früher das „Große Einmaleins" nannte. Dies wird zwar nicht mehr bis zur Mechanisierung gelernt, vielmehr werden diese Aussagen mit arithmetischen Gesetzen, etwa dem Distributivgesetz, erschlossen. Trotzdem ist die Beherrschung dieses Aufgabentyps selbstverständlich. Zum andern erlaubt der erweiterte Zahlenraum die Multiplikation mit und die Division durch 10, 100 und 1000 usw. und mit reinen Zehner- und Hunderterzahlen.

In der wachsenden Schwierigkeit solcher Aufgaben liegt dann die Motivation für die schriftliche Multiplikation und Division, die dann über die verschiedenen Stufen der halbschriftlichen Rechenverfahren erarbeitet wird.

Damit ist die Behandlung der Zahlverknüpfungen im Bereich der natürlichen Zahlen im Wesentlichen abgeschlossen. Es fehlt noch der Einblick in den multiplikativen Aufbau der natürlichen Zahlen, also eine Betrachtung der Teiler- und Vielfachenbeziehungen, die im Zusammenhang mit Teilbarkeitsfragen und den Primzahlen behandelt werden.

Wiederholung des Einmaleins

In der Regel wurde das Einmaleins im zweiten Schuljahr vollständig eingeübt, wenn auch in einigen Lehrgängen erst für das dritte Schuljahr die vollständige Beherrschung aller Einmaleinssätze vorgeschrieben wird.

Die ständige Wiederholung und Übung aller Einmaleinssätze bleibt aber generell für das dritte und vierte Schuljahr ein Hauptthema, dem vor allem im sog. „Zehnminutenrechnen" zu Beginn der Mathematikstunde Rechnung getragen wird.

Zur Wiederholung des Einmaleins stehen selbstverständlich alle Übungsformen zur Verfügung, wie sie bereits auf S. 100 ff. dargestellt wurden. Mehr und mehr löst man sich jetzt aber von den Einmaleinsfolgen und geht insbesondere zu Aufgabenformen über, bei denen die Variable an allen möglichen Stellen auftaucht, also

$$7 \cdot 8 = \square \qquad 48 : 6 = \square$$
$$3 \cdot \square = 27 \qquad 63 : \square = 9$$
$$\square \cdot 4 = 32 \qquad \square : 5 = 8$$

Diese Aufgaben werden jetzt in der Regel ohne konkretes Material in mündlicher Form oder schriftlich auf einem Arbeitsblatt gestellt. Daneben treten aber auch weitere Notationsformen auf, etwa das Operatorschema oder Tabellendarstellungen:

E	0	A
6	· 5	$\square$
7	$\square$	28
$\square$	· 4	36

E	0	A
36	: 6	$\square$
72	$\square$	8
$\square$	: 3	4

Mit dem Tabellenschema lässt sich eine motivierende Partnerarbeit durchführen. Jeder Schüler bringt von zu Hause einen Würfel mit oder erhält einen solchen vom Lehrer. Die Partner würfeln abwechselnd mit beiden Würfeln, die sich in der Farbe unterscheiden sollten, multiplizieren die Augenzahlen und tragen das Ergebnis in folgende Tabelle ein.

	1	2	3	4	5	6
1						
2						
3						
4						
5						
6						

Dabei bezieht sich die linke Spalte beispielsweise auf den 1. (z. B. roten) Würfel, die obere Zeile auf den 2. (z. B. blauen) Würfel. Es wird so lange abwechselnd gewürfelt, bis die Tabelle vollständig ausgefüllt ist. Führt man das Ganze als Wettspiel durch, dann hat das Kind gewonnen, das das letzte Produkt einsetzen kann.

Um auch die Einmaleinsaussagen mit 7, 8 und 9 zu üben, kann einer der beiden Würfel oder auch beide Würfel mit entsprechenden Überklebungen präpariert werden.

Im 3. Schuljahr sollte aber auf alle Fälle stärker als im 2. Schuljahr auf eine Verbindung aller Grundrechenarten hin unterrichtet werden.

Dazu dienen Aufgaben der folgenden Art:

$$6 \cdot 3 + 12 = \square$$
$$\square \cdot 6 + 4 = 22$$

Im ersten Fall kann die Lösung ohne Schwierigkeiten errechnet werden. Der zweite Fall ist eine Gleichung mit einem Platzhalter. Der Lehrer darf sich auf keinen Fall dazu verleiten lassen, hier eine Art von Gleichungsumformungen (Äquivalenzumformung) vornehmen zu lassen, also die „+4 als –4 auf die andere Seite bringen" usw.

Diese Aufgaben können nur durch sinnvolles Probieren gelöst werden, indem in die Leerstelle sinnvoll Zahlen eingesetzt werden und die Gleichheit von rechter und linker Seite überprüft wird.

Eine motivierende Übung, bei der ebenfalls mehrere Grundrechenarten verwendet werden, ist das sog. Zielscheibenschießen (Schmidt R. u. a., S. 8).

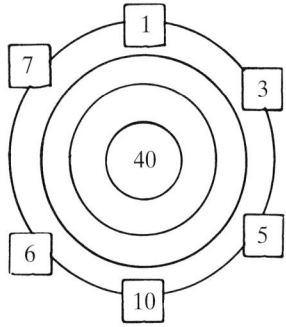

Es soll nun versucht werden, durch Verknüpfung der Zahlen auf dem Ring mit Hilfe der Addition, Subtraktion, Multiplikation und Division die Zahl im Zentrum zu erreichen.

Beispiel:

$7 \cdot 3 = 21$	oder	$5 \cdot 6 = 30$	oder
$21 - 1 = 20$		$30 + 7 = 37$	
$20 + 10 = 30$		$37 + 3 = 40$	
$30 + 10 = 40$			

$6 \cdot 3 = 18$
$18 + 10 = 28$
$28 : 7 = 4$
$4 \cdot 10 = 40$

Der Reiz der Aufgabe liegt darin, möglichst verschiedene Lösungswege zu finden. Dem Erfindungsreichtum der Schüler sind hier keine Grenzen gesetzt.

Um zu vermeiden, dass mehrmals derselbe Lösungsweg genannt wird, werden die Rechnungsgänge wie oben notiert und zur Belohnung der Name des Erfinders dahinter geschrieben.

(Vorsicht, nicht folgende Notation verwenden:

$5 \cdot 6 = 30 + 7 = 37 + 3 = 40$!! Missbrauch des Gleichheitszeichens!)

Ein ähnliches Spiel ist auch nach einem Vorschlag von Leutenbauer (Leutenbauer 1979) das Partnerspiel „Einmaleinsfußball". Den Spielern A und B wird als „Tor" jeweils eine Zahl zugeordnet, die nicht das Ergebnis einer Einmaleinsaussage sein sollte. Der Spieler A beginnt mit einer Einmaleinsaussage, der Spieler B addiert oder subtrahiert zu dem Ergebnis das einer andern Einmaleinsaussage und versucht die „Torzahl" seines Gegners zu erreichen. Multiplikationen mit 1 sind nicht erlaubt, Eigentore sind möglich.

Beispiel:

Spieler A: Tor 41   Spieler B: Tor 53
$7 \cdot 7 = 49$ $49 - 2 \cdot 4 = 41$ (Tor!)

Multiplikation und Division im Tausenderraum

Die Erschließung des Zahlraums bis 1000 erfolgte in engem Zusammenhang mit der Addition und Subtraktion. Andererseits liegen alle Einmaleinsergebnisse im Raum bis 100, so dass die Kinder im erweiterten Zahlenraum bis 1000 noch keinerlei Erfahrung mit der Multiplikation gemacht haben.

Um diese Erfahrung machen zu können, müssen vor allem zwei Voraussetzungen geschaffen werden, die Kenntnis

1. der Multiplikation mit 10 und 100,

2. des Verbindungsgesetzes oder Distributivgesetzes.

Das Letztere wurde zwar schon im 2. Schuljahr mit Material dargestellt (siehe S. 99). Es fehlte aber eine wichtige Voraussetzung zum vollen Verständnis und zur umfassenden Anwendung dieses Gesetzes, nämlich das Rechnen mit Klammern.

Das Rechnen mit Klammern kann gerade am Beispiel des Distributivgesetzes erläutert werden, etwa an folgender Situation:

Der Kellner eines Lokals stellt auf 4 Tische je einen Obstkorb. In jedem Korb sind 3 Äpfel und 2 Birnen. Wie viel Früchte sind insgesamt in den Körben?

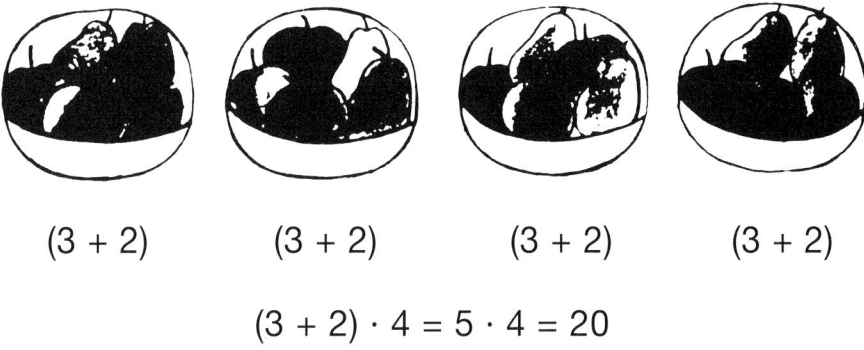

$$(3 + 2) \qquad (3 + 2) \qquad (3 + 2) \qquad (3 + 2)$$

$$(3 + 2) \cdot 4 = 5 \cdot 4 = 20$$

An dieser Berechnungsart wird auch die Bedeutung der Klammern einsichtig: Der Klammerinhalt wird zuerst berechnet. Klammern sind „Vorfahrtsregeln" und bedeuten: Rechne zuerst den Klammerinhalt aus.

Im genannten Beispiel können die Klammern noch ohne weiteres mit den Körbchen identifiziert werden.

Der vorgestellte Rechnungsgang hat noch nichts mit dem Distributivgesetz zu tun. Dieses kommt erst ins Spiel, wenn die Gesamtzahl der Früchte auch auf andere Art berechnet wird, die die Gleichwertigkeit der beiden Rechenverfahren bestätigt.

Insgesamt sind es nämlich $3 \cdot 4$ Äpfel und $2 \cdot 4$ Birnen, also 20 Früchte.

Damit ergibt sich die Gleichheit

$$(3 + 2) \cdot 4 = 3 \cdot 4 + 2 \cdot 4$$

Dies ist das eigentliche Verteilungs- oder Distributivgesetz. Es besagt, dass ein Produkt aus einer Summe oder Differenz und einer Zahl auf zwei Arten berechnet werden kann: 1. Durch Berechnung der Summe bzw. der Differenz und ihrer Multiplikation mit der Zahl und 2. dadurch, dass jeder der Summanden bzw. Minuend und Subtrahend getrennt mit der Zahl multipliziert wird und die Produkte dann addiert bzw. subtrahiert werden. Hierbei werden dann keine Klammern gesetzt, da die vereinbarte Regel „Punktrechnung vor Strichrechnung" gilt. Beide Berechnungsarten sind gleichwertig, so dass man beliebig die eine oder die andere Berechnungsmethode wählen kann. Voraussetzung dafür ist nur, dass die Kinder die eine Form in die andere umrechnen können.

Der Übergang vom Klammerterm zum ungeklammerten Term heißt „ausmultiplizieren".

$$(4 + 5) \cdot 3 = 4 \cdot 3 + 5 \cdot 3$$
$$(6 - 2) \cdot 3 = 6 \cdot 2 - 2 \cdot 3$$

der umgekehrte Übergang heißt „ausklammern"

$$6 \cdot 4 + 3 \cdot 4 = (6 + 3) \cdot 4$$
$$8 \cdot 2 - 4 \cdot 2 = (8 - 4) \cdot 2$$

Das Ausmultiplizieren verläuft nach der Regel, dass jede Zahl in der Klammer mit dem Faktor multipliziert wird, das Ausklammern kann nur dann vorgenommen werden, wenn die Summanden bzw. Minuend und Subtrahend einen gemeinsamen Faktor haben.

Ausklammern und Ausmultiplizieren sind Umkehroperationen voneinander, die in beiden Richtungen an zahlreichen Beispielen geübt werden müssen. Die Kinder sollen dabei erkennen, dass durch das Verteilungsgesetz sich zahlreiche Rechenvorteile ergeben.

Die andere Voraussetzung für die multiplikative Erschließung des Tausenderraumes ist die Multiplikation mit 10 und 100 bzw. die Division geeigneter Zahlen durch 10 und 100.

Der Lehrer hüte sich davor, gleich zu Beginn die Regel der Multiplikation mit 10 oder 100 als das Anhängen einer oder zweier Nullen und die Division durch 10 oder 100 als das Wegstreichen von einer oder von zwei Nullen zu interpretieren. Dies ist eine zu kurzschrittige Deutung, die höchstens als Endprodukt eines Erkenntnisprozesses formuliert werden kann.

Für die Darstellung der Multiplikation mit 10 und 100 können verschiedene Vorstellungen herangezogen werden, etwa das Operatormodell

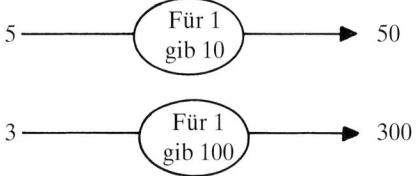

Sehr geeignet ist auch das Operieren mit Spielgeld (siehe Schmidt 1977, S. 54), wobei etwa 12 Zehneuroscheine 120 € ergeben

$$12 \cdot 10 = 120$$

oder 8 Hunderteuroscheine 800 €

$$8 \cdot 100 = 800$$

Auch das Operieren mit Mehrsystemmaterial zur Basis 10 verdeutlicht die Multiplikation mit 10 oder 100. 5 Zehnerstangen entsprechen 50 einzelnen Würfeln oder 6 Hunderterplatten sind so viel wie 600 Würfel.

Die Division durch 10 oder 100 ist die Umkehroperation zur entsprechenden Multiplikation und kann entsprechend dargestellt werden. 150 € sollen in 10-€-Scheinen ausbezahlt werden. Dies ist ein Aufteilen von 150 € in 10-€-Beträgen, also die Lösung

$$150 \, € = \square \cdot 10 \, €$$

Wenn man sich vom Arbeitsmaterial löst, erscheinen Multiplikation mit 10 (bzw. 100) und Division durch 10 (bzw. 100) am eindrucksvollsten im Operatorschema als Umkehroperationen:

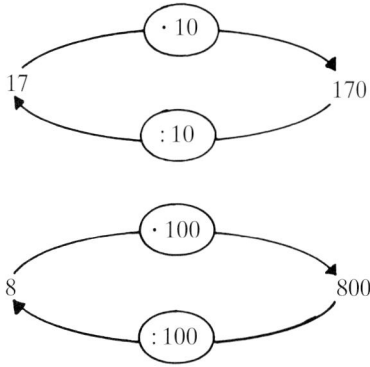

Aber auch in der Stellenwerttafel sollten verzehnfachte und verhundertfachte Zahlen notiert werden, weil diese Darstellung für halbschriftliche und schriftliche Multiplikation von überragender Bedeutung ist.

T	H	Z	E	
		8	7	· 10
	8	7	0	

T	H	Z	E	
			5	· 100
	5	0	0	

Entsprechend die Darstellung der Division durch 10 oder 100

T	H	Z	E	
	2	5	0	: 10
		2	5	

T	H	Z	E	
	7	0	0	: 100
			7	

Das Verteilungsgesetz und die Multiplikation von 10 und 100 wurden als Voraussetzungen für die multiplikative Erschließung des Tausenderraums genannt. Beide Voraussetzungen gestatten es letztlich, Aufgaben wie $7 \cdot 26$ u. Ä. zu lösen. Allerdings ist zur Bewältigung solcher Aufgaben noch eine Zwischenstufe erforderlich, nämlich die Multiplikation mit Zehner- und Hunderterzahlen und die Division dadurch. Hierbei handelt es sich also um Aufgaben wie

$7 \cdot 30 = \square$ $450 : 90 = \square$
$3 \cdot 200 = \square$ $900 : 300 = \square$

Solche Aufgaben werden in zwei Schritten gelöst, wobei das Assoziativgesetz der Multiplikation den mathematischen Hintergrund bildet

$7 \cdot 30 = 7 \cdot (3 \cdot 10) = (7 \cdot 3) \cdot 10 = 21 \cdot 10 = 210$
$450 : 90 = (45 \cdot 10) : (9 \cdot 10) = 45 : 9 = 5$

Während bei der Multiplikation die dargestellte Umformung auch für Kinder einleuchtend ist, insbesondere, wenn sie mit Operatoren verdeutlicht wird,

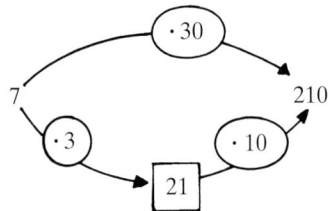

so muss man bei der Division auf eine Grundvorstellung, etwa das Aufteilen, zurückgreifen.

Die Aufgabe $240 : 60 = \square$ kann demnach etwa als Handlungsanweisung verstanden werden, 240 € in 60-€-Anteile aufzuteilen. Das ergibt 4 Anteile. 4 Anteile wären aber auch das Ergebnis, wenn 24 € in 6-€-Anteile aufgeteilt würden.

So kann also die Analogie

$$240 : 60 = 4$$
$$24 : \ 6 = 4$$

aufgestellt werden.

Die Operatordarstellung wird durch folgendes Problem erschwert. Die Kinder wissen, dass $30 = 3 \cdot 10$ ist. Soll z.B. 150 durch 30 dividiert werden, so muss das Operatordiagramm so aussehen:

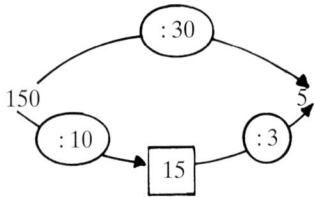

Der Operator $(:30)$ muss also in die Operation $(:10)$ und $(:3)$ zerlegt werden und nicht in die Operation $(:10)$ und $(\cdot 3)$, wie die Kinder vielfach vermuten könnten.

Der Lehrer kann allerdings das Operatormodell durchaus benutzen, wenn er sicherstellt, dass die Schüler etwa den Operator $(:40)$ in $(:10)$ und $(:4)$ zerlegen.

Damit sind nun endgültig alle Hilfsmittel bereitgestellt, um die Multiplikation mit mehrstelligen Zahlen und die Division mehrstelliger Zahlen durchzuführen.

Ausgangspunkt kann etwa folgende Sachaufgabe sein:

Eine Hausfrau kauft 4 Dutzend Knöpfe (1 Dutzend = 12 Stück). Zur Lösung führt folgende Darstellung

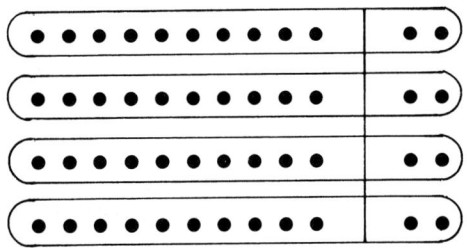

$$12 \cdot 4 = 10 \cdot 4 + 2 \cdot 4 = 40 + 8 = 48$$

Natürlich lassen sich auch andere Zerlegungen angeben, z. B. $12 \cdot 4 = 6 \cdot 4 + 6 \cdot 4 = 24 + 24 = 48$, aber die erste hat den Vorteil, dass sich die Teilprodukte wegen der Zerlegung in eine Zehnerzahl und eine Einerzahl besonders einfach berechnen lassen. In ähnlicher Weise lassen sich nun auch Multiplikationen natürlicher Zahlen durchführen, z. B.

$$28 \cdot 7 = 20 \cdot 7 + 8 \cdot 7 = 140 + 56 = 196$$

Hiermit wird auch deutlich, dass die Multiplikationen des sog. „großen Einmaleins" nun keine Sonderstellung mehr einnehmen, also auch nicht in der Weise mechanisiert zu werden brauchen, wie die des „kleinen Einmaleins". Ist einmal das Rechenverfahren mit Hilfe des Verteilungsgesetzes gesichert, so können damit auch alle Aufgaben des „großen Einmaleins" gerechnet werden und eine weit größere Anzahl. Außerdem ist damit ein direkter Weg über die halbschriftliche zur schriftlichen Multiplikation erschlossen, wie im nächsten Abschnitt dargelegt wird.

Auch bei der Division mehrstelliger Zahlen kann das Verteilungsgesetz mit Erfolg angewandt werden. Allerdings ergeben sich hier zwei verschiedene Typen von Aufgaben, die sich im Schwierigkeitsgrad unterscheiden

1. $48 : 4 = (40 + 8) : 4 = 40 : 4 + 8 : 4 = 10 + 2 = 12$
   Hierbei erfolgt die Zerlegung so, dass jede Stelle einzeln durch den Divisor teilbar ist.
2. $132 : 4 = (120 + 12) : 4 = 120 : 4 + 12 : 4 = 30 + 3 = 33$
   Wenn der Dividend in Hunderter, Zehner und Einer zerlegt würde, dann wäre eine Division der einzelnen Stellen durch 4 nicht ohne Rest möglich. Eine andere Zerlegung kann aber durchaus zum Ziel führen.

Der Schüler muss erkennen, welche Zerlegung zum Ziel führt. Hier sind zahlreiche Übungsbeispiele nötig.

Eine Wiederholung des Verfahrens im 4. Schuljahr führt dann auch hier über die halbschriftliche Division zum schriftlichen Algorithmus.

Vorbereitung der schriftlichen Multiplikation

Mit der Kenntnis der Anwendungsmöglichkeiten des Verteilungsgesetzes und den Gesetzmäßigkeiten für die Multiplikation mit Zehner- und Hunderterzahlen sind die wichtigsten Voraussetzungen für das Verständnis des schriftlichen Multiplikationsverfahrens gegeben. Es kommt jetzt nur noch darauf an, das schriftliche Normverfahren zu entwickeln, was in verschiedenen halbschriftlichen Stufen geschieht.

Die *1. Stufe* schließt sich unmittelbar an die Zerlegungsübungen nach dem Verteilungsgesetz an und stellt inhaltlich nur eine Wiederholung dar. Das Neue ist jedoch die Schreibweise, die auf die des Normalverfahrens der schriftlichen Multiplikation abzielt. Es werden noch einmal verschiedene Zerlegungen nach dem Verteilungsgesetz angesprochen.

Beispiel:

$16 \cdot 8 = \square$	$16 \cdot 8 = \square$	$16 \cdot 8 = \square$
$7 \cdot 8 = \ 56$	$8 \cdot 8 = \ 64$	$10 \cdot 8 = \ 80$
$9 \cdot 8 = \ 72$	$8 \cdot 8 = \ 64$	$6 \cdot 8 = \ 48$
$16 \cdot 8 = 128$	$16 \cdot 8 = 128$	$16 \cdot 8 = 128$

Eine methodische Frage ist es, ob die Schüler das unten errechnete Ergebnis nachträglich noch in die Leerstelle der 1. Zeile eintragen sollen. Dafür würde sprechen, dass eine solche

Leerstelle für Kinder einen hohen Aufforderungscharakter besitzt, das Ergebnis einzutragen. Dagegen ist zu bemerken, dass beim endgültigen Multiplikationsalgorithmus auch das Ergebnis nur unter der Staffel steht.

Im Unterricht ist für die Kinder die Zerlegung in Zehner und Einer so dominant, dass andere Zerlegungen z.T. erst durch starke Lenkung gefunden werden. Durch die Gleichheit der Ergebnisse stellen die Kinder fest, dass viele Zerlegungen möglich sind, die in Zehner und Einer sich aber durch einfacheres Rechnen auszeichnet.

In der *2. methodischen Stufe* wird dieses Verfahren auf die Multiplikation drei- und mehrstelliger Zahlen mit einem einstelligen Faktor ausgedehnt. Dabei können zwei gleichberechtigte Möglichkeiten nebeneinander entwickelt werden. Die erst beginnt mit der Multiplikation der höchsten Stelle, die zweite mit der kleinsten Stelle:

Beispiele:

$$
\begin{array}{ll}
435 \cdot 6 = \rule{2cm}{0.4pt} \\
400 \cdot 6 = 2400 \\
\ 30 \cdot 6 = \ \ 180 \\
\ \ \ 5 \cdot 6 = \ \ \ \ 30 \\
435 \cdot 6 = 2610
\end{array}
\qquad
\begin{array}{ll}
435 \cdot 6 = \rule{2cm}{0.4pt} \\
\ \ \ 5 \cdot 6 = \ \ \ \ 30 \\
\ 30 \cdot 6 = \ \ 180 \\
400 \cdot 6 = 2400 \\
435 \cdot 6 = 2610
\end{array}
$$

Aus der Gleichheit der Ergebnisse schließen die Kinder, dass beide Verfahren gleichwertig sind. Zunächst einmal neigt man zur ersten Version, weil hierbei die Zahl von links nach rechts, also in Schreibrichtung zerlegt wird. Auch bei der Anordnung der Teilergebnisse ergeben sich keine Schwierigkeiten beim Untereinanderschreiben.

Letztlich ist aber das zweite Verfahren zu bevorzugen, weil sich daraus unmittelbar die schriftliche Multiplikation mit einstelligem Faktor ableitet. Um dabei Fehler zu vermeiden, muss der Lehrer auf ausreichend Platz bei der Multiplikation der Einer und Zehner achten, um ein stellengerechtes Untereinanderschreiben zu gewährleisten.

Die *3. methodische Stufe* geht aus der zweiten dadurch hervor, dass die vollständige Gleichung mit Platzhalter und die Gleichungen der Teilergebnisse nicht mehr notiert werden.

Dies ist folgende Kurzschreibweise:

$$
\begin{array}{r}
4\,3\,5 \cdot 6 \\
\hline
3\,0 \\
1\,8\,0 \\
2\,4\,0\,0 \\
\hline
2\,6\,1\,0
\end{array}
$$

Daraus wird dann die Schreibweise entwickelt, die beim einstelligen Multiplikator schon die endgültige schriftliche Multiplikation darstellt.

Die *4. methodische Stufe* ist schon das schriftliche Verfahren für einstelligen Multiplikator. Wichtig ist hierbei vor allem die Sprechweise, die in ähnlicher Weise genormt sein soll wie das ganze Verfahren.

164

Am Anfang werden noch die Stellenwerte mitgesprochen, später wird darauf verzichtet. Dann spielt auch die Reihenfolge der Faktoren in den Teilprodukten keine Rolle mehr. Zu beachten ist auch, dass die Einerstelle des Ergebnisses genau unter dem einstelligen Multiplikator steht. Die Einübung der stellengerechten Schreibweise schon hier wird sich bei der Multiplikation mit mehrstelligem Multiplikator auszahlen.

Wichtig ist, dass der Schüler das Verfahren nicht nur mechanisch lernt, sondern versteht. Sollte eine Multiplikation mit ein- oder mehrstelligem Übertrag (wie oben) dem Lehrer für den Einstieg als zu schwierig erscheinen, so kann eine Multiplikation ohne Übertrag vorausgehen, etwa

$$\frac{4\,2\,1 \cdot 2}{8\,4\,2}$$

Der weitere Ausbau des schriftlichen Multiplikationsverfahren erfolgt nun über mehrstellige Multiplikatoren.

Die *5. methodische Stufe* ist die schriftliche Multiplikation mit einer reinen Zehnerzahl bzw. einer reinen Hunderterzahl. Hierbei kommt einerseits die erarbeitete Multiplikation mit reinen Zehner- und Hunderterzahlen, andererseits die Beachtung der stellengerechten Schreibweise bei der Multiplikation mit einstelligem Faktor zugute.

Beispiel:

$2\,5\,3 \cdot 3\,0$	$2\,7\,3 \cdot 4\,0\,0$
Zerlegung in	Zerlegung in

$$\frac{2\,5\,3 \cdot 3 \cdot 10}{2\,5\,3 \cdot 3} \qquad \frac{2\,7\,3 \cdot 4 \cdot 1\,0\,0}{2\,7\,3 \cdot 4}$$
$$\frac{}{7\,5\,9} \qquad\qquad \frac{}{1\,0\,9\,2}$$
$$\frac{7\,5\,9 \cdot 1\,0}{7\,5\,9\,0} \qquad \frac{1\,0\,9\,2 \cdot 1\,0\,0}{1\,0\,9\,2\,0\,0}$$

zusammen   zusammen

$$\frac{2\,5\,3 \cdot 3\,0}{7\,5\,9\,0} \qquad \frac{2\,7\,3 \cdot 4\,0\,0}{1\,0\,9\,2\,0\,0}$$

Die *6. methodische Stufe* ist nun das endgültige schriftliche Multiplikationsverfahren mit mehrstelligem Multiplikator. Zur Herleitung wird der Multiplikator zerlegt, etwa

$$\frac{4\,3\,1 \cdot 2\,4\,3}{4\,3\,1 \cdot (2\,0\,0 + 4\,0 + 3)}$$

Die einzelnen Produkte können errechnet werden:

$$\frac{4\,3\,1 \cdot 2\,0\,0}{8\,6\,2\,0\,0} \qquad \frac{4\,3\,1 \cdot 4\,0}{1\,7\,2\,4\,0} \qquad \frac{4\,3\,1 \cdot 3}{1\,2\,9\,3}$$

Die einzelnen Teilprodukte müssen nun addiert werden:

```
    86 2 0 0
    17 2 4 0
     1 2 9 3
 1 0 4 7 3 3
```

Alle Berechnungen können im endgültigen Multiplikationsschema zusammengefasst werden.

```
    4 3 1 · 2 4 3
       8 6 2 0 0
       1 7 2 4 0
         1 2 9 3
     1 0 4 7 3 3
     ==========
```

Die schriftliche Multiplikation

Der mechanischen Beherrschung des schriftlichen Verfahrens muss die einsichtige Erarbeitung des Verfahrens vorausgehen, so wie sie im vorigen Abschnitt durchgeführt wurde. Dadurch wird das Verfahren unabhängiger von sich einschleichenden systematischen Fehlern.

Solche sind immer auf unverstandenen Nachvollzug von Teilschriften des Algorithmus zurückzuführen.

Dem einsichtigen Verständnis dient es auch, dass die Nullen bei den Hunderter- und Zehnerteilprodukten noch geraume Zeit mitgeschrieben werden.

```
    2 4 7 · 5 2 3
     1 2 3 5 0 0
         4 9 4 0
           7 4 1
     1 2 9 1 8 1
     ==========
```

Dabei erinnert sich das Kind jedesmal (oder wird vom Lehrer daran erinnert), dass es ja eigentlich zunächst mit 500, dann mit 20 und dann mit 3 multipliziert. Erst später, wenn beim stellengerechten Untereinanderschreiben keine Fehler mehr auftauchen, können die Nullen fortgelassen werden.

```
    2 4 7 · 5 2 3
     1 2 3 5
       4 9 4
         7 4 1
     1 2 9 1 8 1
     ==========
```

Der schriftliche Multiplikation sollte eine Überschlagsrechnung vorausgehen. Dazu werden die zu multiplizierenden Zahlen auf ihre höchste Stelle hin gerundet und die gerundeten Zahlen multipliziert. Diese Multiplikation kann, ja sollte zuweilen sogar in schriftlicher Form erfolgen, damit keine Stellenfehler auftauchen.

166

$$\begin{array}{r} 2\,0\,0 \cdot 5\,0\,0 \\ \hline 1\,0\,0\,0\,0\,0 \\ \hline\hline \end{array}$$

Zu einem einsichtigen Rechnen gehört auch die Ausnutzung von Rechenvorteilen. Generell ist eine Multiplikation rationeller durchzuführen, wenn der 2. Faktor (Multiplikator) weniger Stellen besitzt als der 1. Faktor (Multiplikand). Ein Vergleich zeigt den Rechenvorteil:

$$\begin{array}{r} 2\,4 \cdot 1\,5\,3\,2 \\ \hline 2\,4 \\ 1\,2\,0 \\ 7\,2 \\ 4\,8 \\ \hline 3\,6\,7\,6\,8 \\ \hline\hline \end{array} \qquad \begin{array}{r} 1\,5\,3\,2 \cdot 2\,4 \\ \hline 3\,0\,6\,4 \\ 6\,1\,2\,8 \\ \hline 3\,6\,7\,6\,8 \\ \hline\hline \end{array}$$

Da bei der Multiplikation das Vertauschungsgesetz gilt, nach dem die Reihenfolge der Faktoren gleichgültig ist, wird man es beim schriftlichen Multiplizieren nach Möglichkeit so einrichten, dass der 2. Faktor weniger Stellen hat als der erste.

Die Multiplikation mit vertauschten Faktoren kann als Kontrollrechnung durchgeführt werden.

Fehlerquellen liegen im Bereich der Multiplikation und Division immer dann vor, wenn die Zahlen 1 und 0 mit im Spiele sind. Dabei kann es sich darum handeln, dass die Einmaleinsaussagen von 1 und 0 verwechselt werden.

Dies spielt besonders dann eine Rolle, wenn im 1. Faktor eine Null erscheint, z. B.

$$\begin{array}{r} 7\,0\,4 \cdot 2\,7 \\ \hline 1\,4\,0\,8 \\ 4\,9\,2\,8 \\ \hline 1\,9\,0\,0\,8 \\ \hline\hline \end{array}$$

Bei Lösung der vorstehenden Aufgabe kann es vorkommen, dass das erste Teilprodukt 1428 lautet, weil nicht $2 \cdot 0$, sondern $2 \cdot 1$ gerechnet wurde.

Taucht im 2. Faktor eine 0 auf, so vereinfacht sich dadurch die Rechnung beträchtlich, weil de facto die zu berechnenden Stellenzahlen reduziert werden. Allerdings liegt hier eine Fehlerquelle, die nur durch folgende oder ähnliche einsichtige Überlegung ausgeschaltet werden kann:

Beispiel:

$$\begin{array}{r} 5\,3\,7 \cdot 2\,0\,4 \\ \hline 1\,0\,7\,4 \\ 0\,0\,0 \\ 2\,1\,4\,8 \\ \hline 1\,0\,9\,5\,4\,8 \\ \hline\hline \end{array}$$

Zunächst wird gerechnet wie gewohnt. Dann aber sollten die Schüler erkennen, dass der zweite Faktor nicht nur als 2 Hunderter, 0 Zehner und 4 Einer aufgefasst werden kann, sondern auch als 20 Zehner und 4 Einer. Dadurch ergibt sich nebenstehende Verkürzung

```
  5 3 7 · 2 0 4
─────────────────
  1 0 7 4 0
      2 1 4 8
─────────────────
  1 0 9 5 4 8
═════════════════
```

Als Rechenvorteil lässt sich daraus ableiten, dass bei gleicher Stellenzahl der Faktoren eine Rechnung dann vereinfacht wird, wenn der zweite Faktor Nullen aufweist.

Dasselbe gilt für den Fall, dass im zweiten Faktor Einsen auftauchen.

Vorbereitung der schriftlichen Division

Die Hinführung zum Normalverfahren der schriftlichen Division im Unterricht hängt natürlich davon ab, welche Form des Algorithmus für die Division mit Rest (siehe S. 110) durch den jeweiligen Lehrplan vorgeschrieben ist. Im Folgenden seien die methodischen Stufen an zwei Formen entwickelt, der mit Restschreibweise und der so genannten Zerlegungsform. Bei der Zerlegungsform wird zuerst der Divisionsterm notiert, dann folgt der Rechengang in multiplikativer Schreibweise.

Die *1. methodische Stufe* ist die Division durch eine einstellige Zahl.

In einer Vorüberlegung erkennen die Kinder, dass die bei der Multiplikation so hilfreiche Zerlegung nach dem Verteilungsgesetz in Hunderter, Zehner und Einer hier meist nicht zum Ziel führt.

```
                              4 9 2 : 4
4 9 2 : 4 = □                 4 9 2 = 4 · □
─────────────────             ─────────────────
4 0 0 : 4 = 1 0 0             4 0 0 = 4 · 1 0 0
  9 0 : 4 = ?                   9 0 = 4 · ?
    2 : 4 = ?                     2 = 4 · ?
─────────────────             ─────────────────
```

aber eine andere Zerlegung führt zum Ziel

```
4 9 2 : 4 = □                 4 9 2 = 4 · □
─────────────────             ─────────────────
4 0 0 : 4 = 1 0 0             4 0 0 = 4 · 1 0 0
  8 0 : 4 =   2 0              8 0 = 4 ·   2 0
  1 2 : 4 =     3             1 2 = 4 ·       3
─────────────────             ─────────────────
4 9 2 : 4 = 1 2 3            4 9 2 = 4 · 1 2 3
═════════════════             ═════════════════
```

Auf dieser Stufe kommt es also darauf an, Zahlen günstig zu zerlegen, so dass sich die Teilergebnisse ohne Rest ergeben.

In der *2. mathematischen Stufe* entfallen dann die einzelnen Gleichungen für die Teilergebnisse. Die Zerlegungszahlen werden noch notiert. Das Ergebnis erscheint aber jetzt in der ersten Zeile. Zur besseren Orientierung und zur richtigen Identifizierung der Teilergebnisse wird hier die Verwendung des Stellenwertordners empfohlen.

Offensichtlich wird bei diesem Verfahren nicht gleich von vornherein eine vollständige Zerlegung des Dividenden gesucht, sondern es wird lediglich der Koeffizient der jeweiligen

168

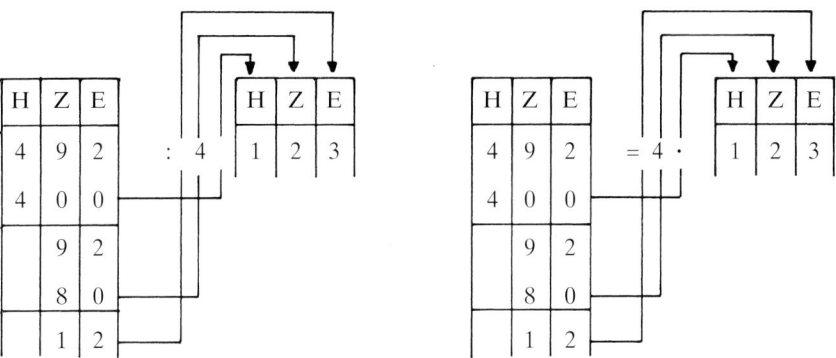

Zehnerpotenz auf das darin enthaltene Vielfache des Divisors untersucht. Dieses für die weiteren Stufen typische Vorgehen muss an dieser Stufe eingehend geübt werden.

Die *3. mathematische Stufe* ist eine Kurzform der 2. Stufe. Hiermit wird für den einstelligen Divisor aber schon die Endform erreicht.

Die bei den Teildivisionen verbleibenden Reste werden in die nächstniedrigen Zehnerpotenzen umgewandelt:

```
HZE        HZE        Sprechweise:
4 9 2 : 4 = 1 2 3      4 H : 4 = 1 H, 1 H · 4 = 4 H, 4 H + 0 H = 4 H
4
0 9                    9 Z : 4 = 2 Z, 2 Z · 4 = 8 Z, 8 Z + 1 Z = 9 Z
  8
  1 2                  12 E : 4 = 3 E, 3 E · 4 = 12 E
```

bzw.

```
4 9 2 : 4
HZE        HZE
4 9 2 = 4 · 1 2 3      4 H = 4 · 1 H, 1 H · 4 = 4 H, 4 H + 0 H = 4 H
4
0 9                    9 Z = 4 · 2 Z, 2 Z · 4 = 8 Z, 8 Z + 1 Z = 9 Z
  8
  1 2                  12 E = 4 · 3 E, 3 E · 4 = 12 E
```

Auch hierbei kann die Nennung der Einheiten im Laufe der Zeit unterbleiben.

Als *4. methodische Stufe* folgt die Division durch reine Zehnerzahlen. Beim mündlichen Rechnen wurde schon die Gesetzmäßigkeit erarbeitet, dass z. B.

$$150 : 30 = (150 : 10) : 3 = 15 : 3$$

ist. Der Lehrer kann sich diese auf dem Assoziativgesetz der Multiplikation beruhende Gesetzmäßigkeit auch durch ein Kürzen durch 10 erklären.

$$\frac{a}{b} = \frac{a}{10} : \frac{b}{10} = \frac{a}{1\!\!0} \cdot \frac{1\!\!0}{b} = \frac{a}{b}$$

Die Schüler sollten allerdings nicht oberflächliche Formulierungen benutzen wie: „Ich streiche die Null", sondern genauer formulieren: „Ich dividieren beide Zahlen durch 10."

Auf dieser Stufe kann auch verstärkt die Division mit Rest behandelt werden, weil der Zehnerrest bzw. der Rest bei Division durch eine Zehnerzahl deutlich erkennbar ist.

Analog zur 3. Stufe ergibt sich dann folgende algorithmische Form:

```
                              7 5 0 : 3 0
    7 5 0 : 3 0 = 2 5         7 5 0 = 3 0 · 2 5
    6 0                       6 0
    ───                       ───
    1 5 0                     1 5 0


                              1 6 2 6 : 3 0
    1 6 2 6 : 3 0 = 5 4  R 6  1 6 2 6 = 3 0 · 5 4 + 6
    1 5 0                     1 5 0
    ─────                     ─────
      1 2 6                     1 2 6
      1 2 0                     1 2 0
      ─────                     ─────
          6                         6
```

Natürlich können bei der ersten Aufgabe auch zunächst beide Zahlen durch 10 dividiert werden, dadurch wird sie zurückgespielt auf die 3. methodische Stufe.

Als *5. methodische Stufe* wird nun die Endform der schriftlichen Division durch einen zweistelligen Divisor erreicht, die sowohl ohne als auch mit Rest durchgeführt wird. Hier ist das Abschätzen der einzelnen Teilquotienten von besonderer Bedeutung, weil an den Zahlen die Vielfachen nicht direkt abgelesen werden können. Deshalb kommt auch als neue Erschwerung die Ermittlung der Teilprodukte durch schriftliche Multiplikation hinzu.

Um die Kinder nicht zu sehr durch diese schriftliche Ermittlung der Teilprodukte vom eigentlichen Divisionsalgorithmus abzulenken, ist es hilfreich, wenn zu Beginn die Vielfachen des Divisors aufgeschrieben werden.

```
                                          3 0 2 4 : 2 4
    3 0 2 4 : 2 4 = 1 2 6     2 4         3 0 2 4 = 2 4 · 1 2 6
    2 4                       4 8         2 4
    ───                       7 2         ───
      6 2                      9 6          6 2
      4 8                    1 2 0          4 8
      ─────                  1 4 4          ─────
        1 4 4                                 1 4 4
        1 4 4                  . . .           1 4 4
        ─────                                  ─────


                                          7 8 6 4 : 3 2
    7 8 6 4 : 3 2 = 2 4 5  R 24           7 8 6 4 = 3 2 · 2 4 5 + 2 4
    6 4                                   6 4
    ───                                   ───
    1 4 6                                 1 4 6
    1 2 8                                 1 2 8
    ─────                                 ─────
      1 8 4                                 1 8 4
      1 6 0                                 1 6 0
      ─────                                 ─────
        2 4                                   2 4
```

Die schriftliche Division

Das Verfahren der schriftlichen Division ist das schwierigste der schriftlichen Verfahren für die vier Grundrechnungsarten. Das liegt vor allem daran, dass es das Verfahren der schriftlichen Subtraktion und der schriftlichen Multiplikation einschließt. Unabdingbare Vorbedingung für das Verständnis der schriftlichen Division ist also die fehlerfreie Beherrschung dieser elementaren Verfahren.

Wie bei allen schriftlichen Verfahren, so muss auch beim schriftlichen Divisionsverfahren die einsichtige Erarbeitung der mechanischen Beherrschung vorausgehen. Dazu dienen die im vorigen Kapitel entwickelten fünf methodischen Stufen.

Dazu dienen aber auch Überschlagsrechnung und Proberechnung. Ähnlich wie bei der Multiplikation, so wird auch bei der schriftlichen Division die Überschlagsrechnung mit gerundeten Zahlen durchgeführt:

$$78077 : 54 = 1445 \quad R\ 47$$

$$\begin{array}{l} \underline{5\,4} \\ 2\,4\,0 \\ \underline{2\,1\,6} \\ \quad 2\,4\,7 \\ \quad \underline{2\,1\,6} \\ \quad\quad 3\,1\,7 \\ \quad\quad \underline{2\,7\,0} \\ \quad\quad\quad 4\,7 \end{array}$$

Überschlagsrechnung
$$80000 : 50 = 1600$$
Probe
$$\begin{array}{l} \underline{1445 \cdot 54\ +\ 47} \\ 7225 \\ \quad\underline{5780} \\ \quad 78030 + 47 = 78077 \end{array}$$

Als Probe wird die Multiplikation von Quotient und Divisor in schriftlicher Form durchgeführt. Ergab sich bei der Division ein Rest, so ist er in oben angeführter Weise mit zu berücksichtigen.

Aus dieser Darstellung wird auch deutlich, dass die multiplikative Zerlegungsform den Zusammenhang zwischen den beiden Umkehroperationen Multiplikation und Division am besten wiedergibt. Ihre Behandlung ist aber mit Schwierigkeiten verbunden. Diese liegen vor allem darin, dass diese Form für Lehrer und Eltern ungewohnt ist und deshalb sich bei der unterrichtlichen Behandlung Fehler einschleichen können. Es muss den Lehrern dringend angeraten werden, das neue Verfahren, falls sie es behandeln wollen oder müssen, selbst zu üben und bei sich selbst zu mechanisieren, damit es nicht zu solchen falschen Schreibweisen kommt wie

$$78077 : 54 = 1445 + 47\,!\,!\,!$$

(Siehe dazu auch S. 110 f.)

Wie bereits erwähnt, ist der Divisionsalgorithmus der schwierigste der vier Grundrechenarten und deshalb sind die möglichen Fehlerquellen auch zahlreich.

Die schwierigste Stelle ist das Schätzen, das Wievielfache des „Teildivisors" gerade kleiner oder gleich den entsprechenden Stellen des Dividenden ist. Auskunft über die Richtigkeit der Schätzung gibt die anschließende Subtraktion. Wurde z. B. zu gering geschätzt, so ist das Subtraktionsergebnis größer als der Divisor.

Beispiel:

$$7\,4\,0\,3 \;:\; 1\,7$$
$$7\,4\,0\,3 \;=\; 1\,7 \cdot 3\,.\,.$$
$$\underline{5\,1}$$
$$2\,3$$

$$.\,.$$

Richtig wäre 4 gewesen. Daher ist das Ergebnis der Subtraktion (23) größer als der Divisor. Es muss neu angesetzt werden, also

$$7\,4\,0\,3 \;=\; 1\,7 \cdot 4\,3\,5 \;+\; 8$$
$$\underline{6\,8}$$
$$6\,0$$
$$\underline{5\,1}$$
$$9\,3$$
$$\underline{8\,5}$$
$$8$$

Eine weitere Fehlerquelle liegt dann vor, wenn eine der Subtraktionen innerhalb des Algorithmus Null ergibt und der Divisor größer ist als die nächste Stelle des Dividenden. In einem solchen Fall erscheint im Ergebnis eine Null.

Beispiel:

$$7\,2\,3\,5 \;:\; 2\,4$$
$$7\,2\,3\,5 \;=\; 2\,4 \cdot 3\,0\,1 \;+\; 1\,1$$
$$\underline{7\,2}$$
$$0\,3\,5$$
$$\underline{2\,4}$$
$$1\,1$$

Die Notation der Null wird häufig vergessen, weil die Kinder bei einem zweistelligen Divisor auch einen zweistelligen Teildividenden erwarten.

Es gibt zahlreiche weitere Fehlerquellen, z.B. alle diejenigen, die im Zusammenhang mit den Subtraktionen und den Multiplikationen auftreten können. Es sollte dabei aber die Pflicht eines jeden Lehrers sein, diese Fehler aufmerksam zu analysieren und korrigierend, auch individuell, einzugreifen. Erfahrungsgemäß ist nur der kleinere Teil der Fehler bei den schriftlichen Rechenverfahren durch Unkonzentriertheit und Flüchtigkeit der Schüler verursacht. Der größere Teil der Fehler sind systematische Fehler, die auf unverstandene Teilschritte in der Ableitung des Algorithmus zurückzuführen sind.

In den Lehrplänen der Bundesländer wird in der Regel nur die Division durch einen zweistelligen Divisor verlangt. Eine Erweiterung auf drei- und mehrstellige Divisoren kann im 5. Schuljahr erfolgen.

Teilbarkeitsregeln

Von großer Bedeutung für das praktische Rechnen, insbesondere auch für das Rechnen mit Brüchen im 6. Schuljahr, sind die Teilbarkeitsregeln. Sie geben Auskunft darüber, ob eine Zahl ohne Rest durch eine andere Zahl teilbar ist. Dabei müssen zwei Arten von Teilbarkeitsregeln unterschieden werden:

1. Endstellenregeln (z. B. für Division durch 2, 4, 5, 10 usw.)

2. Quersummenregeln (z. B. für Division durch 3 und 9)

Die Endstellenregel ist auch in ihrem vollen Verständnis für Grundschulkinder unproblematisch, die Quersummenregel nicht. Daher werden in den meisten Lehrgängen Endstellenregeln zwar behandelt, Quersummenregeln aber nicht.

Der Lehrer sollte sich Rechenschaft über die Natur dieser Teilbarkeitsregeln geben: Zwar ist die Eigenschaft der Teilbarkeit einer Zahl durch 2, 3, 5 usw. unabhängig vom Zahlensystem, in dem die Zahlen notiert werden, aber die Erkennbarkeit dieser Teilbarkeit auf Grund der Teilbarkeitsregeln hängt vom Stellenwertsystem ab, in dem die Zahlen aufgeschrieben sind. Werden beispielsweise Zahlen im 5er-System notiert, so kann man nicht an der Quersumme erkennen, ob sie durch 3 teilbar sind. Auch die Teilbarkeit durch 2 kann nicht an der letzten Stelle erkannt werden. Die geraden Zahlen lauten nämlich im Fünfersystem:

2 4 11 13 20 22 24 31 ...

Für die Grundschule ist es aber nicht empfehlenswert, Teilbarkeitsregeln auch für andere Stellenwertsysteme zu behandeln. Vielmehr genügt ihre Kenntnis für das Zehnersystem.

Für die Behandlung der Endstellenregeln ist zunächst einmal ein empirischer Einstieg möglich.

Der Lehrer schreibt eine ungeordnete Zahlenmenge an die Tafel und lässt all die Zahlen streichen oder wegwischen, die nicht durch 2 (bzw. 5, 4, 10 usw.) teilbar sind.

Dabei stellen die Schüler fest, dass alle geraden Zahlen durch 2 teilbar sind, also alle Zahlen, deren letzte Ziffer 0 oder durch 2 teilbar ist.

Analog werden die anderen Teilbarkeitsregeln entdeckt:

Alle Zahlen sind durch 10 teilbar, deren letzte Ziffer 0 ist. Alle Zahlen sind durch 5 teilbar, deren letzte Ziffer 0 oder 5 ist. Eigentlich ist es aber ein wenig schade, wenn diese Sätze nur empirisch abgeleitet werden. Hier liegt nämlich eine der wenigen Situationen in der Grundschule vor, in der auch mit Kindern schon so etwas wie ein allgemein gültiger Beweis durchgeführt werden kann. Wir wollen ihn hier am Beispiel der Teilbarkeit durch 4 zeigen. Zugrunde liegt diesem Beweisgedanken der zahlentheoretische Satz: Ist a Teiler von b und a Teiler von c, so ist auch a Teiler von b + c.

Dies kann an einzelnen Beispielen gezeigt werden, z. B.

4 ist Teiler von 20 und 4 ist Teiler von 12,
also ist 4 auch Teiler von 20 + 12 = 32.

Nun wird mit den Kindern erarbeitet, dass 4 Teiler von 100 und allen reinen Hunderterzahlen ist. (Auch hier liegt wiederum ein zahlentheoretischer Satz zugrunde, nämlich: Wenn a eine Zahl (z. B. 100) teilt, dann teilt sie auch alle Vielfachen dieser Zahl (z. B. 200, 300, ... 1200, 1500, ...)

Es taucht jetzt die Frage auf, ob 136 durch 4 teilbar ist. Wir zerlegen 136 = 100 + 36

> 100 ist durch 4 teilbar
> 36 ist durch 4 teilbar
>
> also 136 ist durch 4 teilbar

Dies wird noch an einigen Beispielen gefestigt:

200 ist durch 4 teilbar	500 ist durch 4 teilbar
84 ist durch 4 teilbar	13 ist nicht durch 4 teilbar
284 ist durch 4 teilbar	513 ist nicht durch 4 teilbar

Daraus erkennen die Kinder selbstständig die Teilbarkeitsregel: Eine Zahl ist genau dann durch 4 teilbar, wenn ihre letzten beiden Stellen durch 4 teilbar sind.

Die Endstellenregeln für die Teilbarkeit durch 2, 4, 5 und 10 kann also in dieser oder in anderer Form ohne Schwierigkeiten in der Grundschule abgeleitet werden.

Ein verständiges Erfassen der Quersummenregeln für 3 und 9 ist in der Grundschule kaum möglich, eine Behandlung dieser Regeln sollte daher der 5. Klasse vorbehalten bleiben.

3.3 Rechnen mit Größen

Im 3. und 4. Schuljahr liegt ein Schwerpunkt in der Behandlung von Größen. Neben den bereits im 1. und 2. Schuljahr angesprochenen Größenbereichen der Geldwerte, der Längen und der Zeitspannen (siehe S. 112 ff.) erscheinen die Größenbereiche der Gewichte und Volumina (als Hohlmaße) neu im Plan, aber auch das Rechnen in den eben genannten Größenbereichen wird wieder aufgenommen und intensiviert.

Dieser Schwerpunkt in der Behandlung der Größen hat seine Ursache vor allem in folgenden Gegebenheiten:

1. Der Zahlenraum ist bis 1000 und über 1000 hinaus erweitert, so dass jetzt auch mit tausendteiligen Größen gerechnet werden kann und bei zehn- und hundertteiligen Größen Verwandlungen zwischen nicht direkt benachbarten Einheiten möglich sind.

2. kann das Rechnen mit Größen als Motivation für und als Ergänzung zum numerischen Rechnen eingesetzt werden, so dass eine integrierte Behandlung beider Themen angezeigt ist.

3. können jetzt im Bereich des Sachrechnens und der Sachkunde neue Objektbereiche rechnerisch erschlossen werden, weil Lesefähigkeit, Abstraktionsfähigkeit und Allgemeinwissen der Schüler vorhanden sind.

Insbesondere das 3. Argument beinhaltet, dass die Behandlung von Größen mit zahlreichen Erforschungs- und Experimentiersituationen zu einem interessanten und spannenden Unterricht führen kann. Dabei wird im Allgemeinen die methodische Stufenfolge zur Erarbeitung von Größen, wie sie im Zusammenhang mit den Längen (S. 115 ff.) dargestellt wurde, eingehalten. Allerdings weist jeder Größenbereich einige Besonderheiten auf, über die im Folgenden noch zu berichten sein wird.

Es ist selbstverständlich, dass die Größen in der Grundschule nicht vollständig behandelt werden können. So wird es insbesondere Thema der 5. Klasse sein, alle bis dahin behandelten Größen noch einmal im Zusammenhang und im über 1 Million erweiterten Zahlenraum vorzunehmen. Weiter müssen die abgeleiteten Größen den weiterführenden Schulen vorbehalten bleiben. Dies sind nicht nur die physikalischen Größen wie Geschwindigkeit, Beschleunigung, Stromstärke usw., sondern auch Flächeninhalt und Volumen, deren Einheiten sich ja auf Längeneinheiten zurückführen lassen.

Kommaschreibweise bei Geldwerten

Das charakteristische Unterrichtsprinzip bei der Behandlung von Größen war die Unterscheidung zwischen den abstrakten Größen und ihren konkreten Repräsentanten. Bei den Geldwerten ist diese Unterscheidung bei den Kindern der 3. Klasse mit hoher Wahrscheinlichkeit gegeben: Es wird hier kaum noch Kinder geben, die einen Haufen von 10 Zehncentmünzen als mehr Geld ansehen als ein 1-€-Stück. Was also neben einem intensiven Üben des Rechnens mit Geldbeträgen bleibt, ist das Kennenlernen aller Geldscheine und -münzen und die Erarbeitung der Kommaschreibweise.

Die Kenntnis des Zahlenraums bis 1000 ermöglicht es jetzt auch, alle Geldsorten vorzustellen. Dies geschieht am besten mit einem Stellenwertordner in der Form von S. 135, also mit einem 1-€-Stück, mit Zehn-, Hundert- und Fünfhundert-Euro-Scheinen (Spielgeld) und mit Ein- und Zehncentstücken. Zusätzlich werden 5-€-Schein, Zwanzig-, Fünfzig-

und Fünfhundert-Euro-Schein sowie die Münzen für 1, 2, 5, 50 Cent sowie 2 € vorgestellt.

Hierzu gehört nun die Übung, eine bestimmten Geldbetrag auf verschiedene Weise darzustellen, etwa in folgender Aufgabenform:

	500	100	50	20	10	5	2 €	1 €
498 € =		4	1	2		1	1	1
498 € =								
498 € =								
498 € =								
498 € =								
498 € =								
498 € =								

Neu ist in der 3. Klasse die Kommaschreibweise bei Größen. Diese wird allerdings hier nicht als Dezimalschreibweise aufgefasst, da zu einem solchen Vorgehen das Verständnis von 0,1 als $\frac{1}{10}$, 0,01 als $\frac{1}{100}$ usw. gegeben sein muss, was sinnvollerweise erst nach der Behandlung der Bruchrechnung in Klasse 6 möglich ist.

Generell gilt für die Grundschule der didaktische Grundsatz: Das Komma trennt die Einheiten voneinander, also 1,20 € ist eine Kurzschreibweise von 1 € 20 ct.

Deshalb muss in der Grundschule die Anzahl der Stellen hinter dem Komma den genormten Einheiten angepasst werden. Angaben wie 1,125 €, 1,5 € und 2,03 g usw. sind in der Grundschule nicht sinnvoll. Die Einführung der Kommaschreibweise erfolgt am besten wieder am Stellenwertordner (siehe Grass, Hole, Werner Bd. 3, S. 114).

Ware	Preis	€	Zct	ct	geschrieben	gesprochen
Waschpulver	4 € 80 ct	8	8	0	4,80 €	4 Euro 80 Cent
Spülmittel	2 € 9 ct	2	0	9	2,09 €	2 Euro 9 Cent
Seife	74 ct	0	7	4	0,74 €	74 Cent

Nicht besetzte Stellen werden durch die Ziffer 0 belegt.

Mit den verschiedenen Sprech- und Schreibweisen von Größen kann ein motivierendes Spiel in der Gruppe analog dem Memory durchgeführt werden: Es werden jeweils 3 gleiche Größenangaben in verschiedener Schreibweise wie

    1 € 8 ct   1,08 €   108 Cent

auf 3 verschiedenen Karten notiert. Eine Anzahl solcher Karten wird nun mit verdeckter Schriftseite ausgelegt. Ein Kind der Gruppe dreht eine Karte herum. Wenn es ihm gelingt, die 2 dazu passenden Karten anschließend aufzudecken, so kann es diese 3 Karten wegnehmen. Andernfalls dreht es die erste Karte wieder um und das nächste Kind ist dran. Wer die meisten Karten bekommt, ist Sieger.

Mündliche und schriftliche Rechenübungen festigen den Gebrauch und die Schreibweise der Geldbeträge. Hierzu gehören vor allem die schriftliche Addition und Subtraktion mehrerer Geldbeträge z. B.

```
    12,31 €          98,50 €
+    4,28 €       –  14,31 €
+  18,53 €       –   3,25 €
+   0,75 €       –   0,50 €
```

Gewisse Schwierigkeiten macht in Klasse 4 noch die Schreibweise hoher Geldbeträge, weil dabei Verwechslungen und Fehler in der Stellenzahl vorkommen. Hier helfen Aufgaben wie: Wie viel 10-€-, 100-€-Scheine braucht man, um 150 000 €, 1 500 000 €, 15 000 000 € zu zahlen?

Geübt werden sollte auch die Schreibweise von Zahlwörtern großer Zahlen, etwa mit der Motivation des Ausfüllens von Scheckformularen: Zweiundsiebzigtausendvierhundertacht €.

Längen

Am Beispiel der Längen wurde (S. 115 ff.) gezeigt, in welchen methodischen Stufen ein Größenbereich erarbeitet werden kann. In der 3. Klasse ist also damit zu rechnen, dass die Einheiten m und cm sowie deren Umrechnungen ineinander den Schülern bekannt sind. Es ist ähnlich wie bei den Geldwerten, neben einer intensiven Übung des Messens und Rechnens mit Längen ist vor allem die Kommaschreibweise zu erarbeiten, die aber durch die neuen Einheiten km, dm und mm schwieriger ist als bei den Geldwerten.

Am Anfang der Behandlung in der 3. Klasse steht die Wiederholung der Längenmaße m und cm sowie der eingeschobenen Einheit dm.

Wie bei allen Größen, so prägen sich auch die Längeneinheiten besser ein, wenn die Kinder Repräsentanten dieser Maße zur Verfügung haben. Es empfiehlt sich daher, dass sich die Kinder für die Längen 1 cm, 1 dm und 1 m Papierstreifen herstellen, die sie bei Schätz- und Messaufgaben als Vergleichsmaßstab heranziehen. Es ist nicht mehr an Auslegen gedacht, sondern lediglich an einen qualitativen Vergleich des messenden Gegenstands mit der Messeinheit.

Zur Einprägung dienen auch Vergleiche mit Körpermaßen, 1 m entspricht bei Kindern etwa einer Armspanne, 1 dm kann als Abstand zwischen Zeigefinger- und Daumenspitze und 1 cm als Fingernagelbreite dargestellt werden. Im Übrigen werden Meterstab und Lineal, eventuell auch Bandmaß für Messungen herangezogen.

Den Messübungen sollte ein Schätzen vorausgehen. Dazu erstellen die Kinder eine Tabelle der folgenden Art:

Gegenstand	geschätzt	gemessen	Fehler
Breite des Schrankes	1 m 20 cm	1 m 30 cm	10 cm
Länge des Tisches	1 m 30 cm	1 m 10 cm	20 cm

Natürlich können auch die Schätzergebnisse mehrerer Schüler notiert werden. Wer das beste Schätzergebnis hat, hat gewonnen. In Klassenzimmer und Schulhaus lassen sich vielseitige Messungen durchführen, z. B. Länge und Breite des Klassenzimmers, des Schrankes, Höhe der Fenster, Breite und Höhe der Wandtafel, Länge und Breite des Schulgebäudes, des Schulhofes usw.

Hierbei werden zwei Probleme angesprochen:

1. Für genaue Messungen reicht die Zentimetereinteilung nicht aus. Es muss eine feinere Einteilung geschaffen werden: mm.

2. Um einheitliche Maßangaben zu bekommen, müssen Maßeinheiten ineinander umgerechnet werden. Dazu dient eine Tabelle

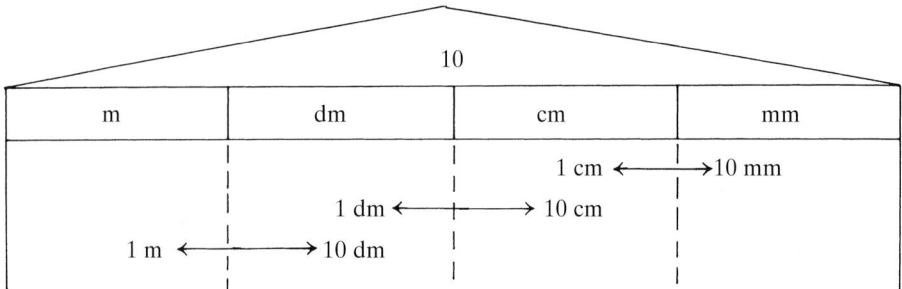

Damit wird die Bedeutung der Umwandlungszahl 10 herausgestellt. Umrechnungen erfolgen demnach auch zunächst in benachbarte Einheiten, also

$$5\,cm\ \ 8\,mm\ \ = 58\,mm$$
$$67\,cm\ \ = \ 6\,dm\ 7\,cm$$

Additionen und Subtraktionen werden zunächst noch durchgeführt, indem alle Größen in die kleinste vorkommende Einheit umgerechnet werden, damit die Operation mit ganzen Zahlen durchgeführt werden kann. Nicht in dieses Schema der Umwandlungen mit 10 passt die Einheit km, die den Kindern selbstverständlich bekannt ist. 1 Kilometer wird als 1000 m festgelegt. Wenn es die örtlichen Verhältnisse zulassen, dann sollte in der Umgebung der Schule eine möglichst gerade Strecke von 1 km mit markantem Anfangs- und Endpunkt abgemessen werden. Anfangs- und Endpunkt sollten voneinander einzusehen sein. Das Abmessen erfolgt mit Laufrad oder Bandmaß, wobei jeweils 100 m durch einen Kreidestrich markiert werden. Auf dem Rückweg vom Endpunkt zum Anfangspunkt kann dann jedes Kind zählen, wie viel Schritte es für 100 m und 1 km braucht. Außerdem kann die Zeit bestimmt werden, die man zum Abschreiten von 1 km benötigt.

Umrechnungen erfolgen zunächst nur in der folgenden Form

$$7524\,m\ \ = 7\,km\ 524\,m$$
$$3\,km\ 20\,m\ = 3020\,m$$

Mit der Längeneinheit km lassen sich nun eine Fülle von Sachaufgaben rechnen, die große Entfernungen bei Bahn und Autobahn zum Inhalt haben.

Beispiel:

Herr Frank fährt von Würzburg über Frankfurt nach Karlsruhe. Von Würzburg nach Frankfurt sind es 120 km, von Frankfurt nach Karlsruhe sind es 140 km. Kann er an einem Tag hin- und zurückfahren?

178

Entfernungen können beim Auto am Kilometerzähler aus Anfangsstand und Endstand ermittelt werden. Sinnvollerweise wird eine solche Tabelle so angelegt:

Kilometerstand am Ende der Fahrt	4 731	7 542	
Kilometerstand am Anfang der Fahrt	4 328		4 204
Fahrtstrecke		631	351

Die Kommaschreibweise wird nur bei m und cm und bei km und m verwendet.

Hier bietet sich wieder eine Tabelle analog dem Stellenwertordner an:

Länge	10 m	1 m	dm	cm	geschrieben	gesprochen
2 m 3 cm		2	0	3	2,03 m	2 m 3 cm

<u>Wiederum werden nicht besetzte Stellen außer führenden Stellen mit Nullen belegt.</u>

<u>Genau hier liegen aber auch Fehlerquellen vor. Gerade bei Längenangaben mit einstelligen Zentimeteranteilen wird die 0 von Schülern oft ausgelassen.</u>

Verstärkt tritt diese Problematik bei der Kommaschreibweise von km und m auf, weil hier die Zwischengrößen keinen eigenen Namen besitzen. (Die Einheiten Dekameter und Hektometer sind nicht allgemein gebräuchlich.)

Wiederum hilft ein Stellenwertordner:

Länge	10 km	1 km	100 m	10 m	1 m	geschrieben	gesprochen
42 km 10 m	4	3	0	1	0	42,010 km	42 km 10 m oder 42,010 km

Hier ist darauf zu achten, dass die Stellen nach dem Komma einzeln gelesen werden, also Zweiundvierzig-Komma-Null-Eins-Null und nicht Zweiundvierzig-Komma-Zehn.

Auch bei den Längen bietet sich zur Einübung der Schreibweise das auf S. 176 genannte Memory-Spiel an. Längenangaben werden etwa so notiert:

    7 km 20 m   7020 m   7,020 km

Auch Relationsdiagramme festigen die korrekte Schreibweise von Längenangaben.

Beispiel:
                 1 km 30 m

    1,300 km   1003 m

         1300 m

Zeichne Pfeile ein. Der Pfeil bedeutet: ... ist kürzer als ...

Zeitspannen

Ablesen von Zeitpunkten und Berechnen von Zeitspannen wurde im gewissen Umfang bereits im 2. Schuljahr betrieben (siehe S. 128). Auch der direkte und der mittelbare Vergleich mit willkürlichen Einheiten (z. B. Metronomschlägen) wurden bereits im 2. Schuljahr erarbeitet, so dass hierauf nur in einer Wiederholung eingegangen werden muss. Im 3. Schuljahr kommen neben der Einheit Sekunde die großen Zeitspannen Tag, Woche, Monat und Jahr sowie das Rechnen mit ihnen dazu. Einer besonderen Übung bedarf das Rechnen mit Stunden und Minuten, vor allem über die 12-Uhr- und 24-Uhr-Grenze hinaus.

Am Beginn der Behandlung stehen noch einmal Ablese- und Einstellübungen an der Modelluhr. Diese Übungen umfassen jetzt vor allem auch Zeitangaben mit Minutenangaben, die nicht ganze 5- und 10-Minuten-Angaben sind, ebenso Uhrzeiten nach 12 Uhr, also z. B.

8.13 Uhr   14.42 Uhr   23.56 Uhr

Es ist nicht auszuschließen, dass es hierbei noch zu Einstellfehlern kommt und zwar in der Form, dass etwa beim Einstellen von 9.32 Uhr zwar der große Zeiger auf 32 Minuten gesetzt wird, der Stundenzeiger aber exakt auf 9, also

Hieran kann der Lehrer ersehen, dass die Vorstellung der Zeitspanne noch nicht gesichert ist. Das Kind hat nicht beachtet, dass in den seit 9.00 Uhr verstrichenen 32 Minuten auch der kleine Zeiger gewandert ist und zwischen 9 und 10 stehen muss.

Diesem Fehler kann abgeholfen werden, indem an der Modelluhr noch einmal der Gang der Zeiger verdeutlicht wird, also das Vorrücken des großen Zeigers und das gleichzeitige Vorrücken des kleinen Zeigers. An diesem Beispiel wird aber auch deutlich, dass eine Digitaluhr, die ja die Zeit genauso anzeigt, wie eben geschildert, der Vorstellung des Verlaufs von Zeit und damit dem Verständnis für Zeitspannen eher hinderlich ist. Die Digitaluhr kann erst herangezogen werden, wenn die Zeigeruhr sicher abgelesen und eingestellt werden kann.

Wie bei den anderen Größen, so kann das Bedürfnis nach kleineren Einheiten durch die Forderung nach genauerem Bestimmen von Zeitpunkt und Zeitspanne geweckt werden.

Wie die Stunde (h) in 60 Minuten (min) aufgeteilt wird, so wird die Minute in 60 Sekunden (s) geteilt.

Die Wahl dieser Einheit kann den Kindern mit zwei Argumenten begründet werden:

1. Die Sekunde entspricht etwa der Zeitspanne zwischen zwei Pulsschlägen beim gesunden erwachsenen Menschen.

2. Bei der Zeigeruhr kann dieselbe Einteilung wie bei den Minuten benutzt werden, wenn der Sekundenzeiger in einer Minute eine volle Umdrehung ausführt.

Um den Kindern eine Vorstellung von Zeitdauer und Sekundenlänge zu vermitteln, wird eine Stoppuhr herangezogen, mit deren Hilfe kurze Zeitspannen abgestoppt werden, etwa

100-Meter-Lauf	10 s
200-Meter-Lauf	22 s
100-Meter-Schwimmen	56 s

Für das Rechnen mit Zeitspannen bietet sich vor allem der Fahrplan an. Hier ist aus Abfahrts- und Ankunftszeit die Fahrzeit zu bestimmen. Wie bereits im 2. Schuljahr, so erfolgt diese Berechnung vor allem anschaulich.

Aus Abfahrtszeit und Fahrzeit lässt sich in der Regel auf mehrere Arten die Ankunftszeit berechnen.

Beispiel:

Abfahrt: 8.25 Uhr
Fahrzeit: 3 h 45 min.

verschiedene Rechenwege

1. 8.25 Uhr $\xrightarrow{35\,min}$ 9.00 Uhr $\xrightarrow{3\,h\,10\,min}$ 12.10 Uhr

2. 8.25 Uhr $\xrightarrow{3\,h}$ 11.25 Uhr $\xrightarrow{45\,min}$ 12.10 Uhr

3. 8.25 Uhr $\xrightarrow{45\,min}$ 9.10 Uhr $\xrightarrow{3\,h}$ 12.10 Uhr

4. 8.25 Uhr $\xrightarrow{4\,h}$ 12.25 Uhr $\xrightarrow{-15\,min}$ 12.10 Uhr

Es liegt im Wesen des operativen Umgangs mit Zeiten, dass keiner Berechnungsart unbedingter Vorzug vor den andern eingeräumt wird. Vielmehr wird es sich als fruchtbar herausstellen, mehrere Möglichkeiten im Unterricht zu besprechen.

Dasselbe gilt auch für die anderen Rechenformen, also die Berechnung vom Abfahrtszeit aus Fahrzeit und Ankunftszeit sowie der Fahrzeit aus Abfahrts- und Ankunftszeit. Schließlich werden als Übung Tabellen wie die folgende ausgefüllt:

Abfahrtszeiten	9.17		12.20
Fahrzeit		3 h 4 min	2 h 49 min
Ankunftszeit	12.03	13.12	

Am besten wird ein echter Fahrplan einer Bahn- oder Busstrecke des Heimatbezirks besprochen, womit auch ein sachkundlicher Beitrag geleistet werden kann, indem die spezielle Symbolik eines Fahrplans im Unterricht erörtert wird.

Problematisch sind dann noch Fahrzeitberechnungen, wenn die Abfahrtszeit vor 24 Uhr und die Ankunftszeit nach 0 Uhr liegt. Auch diese Aufgabe wird operativ gelöst, indem die Zeiten vor und nach Mitternacht getrennt berechnet und dann addiert werden.

Schwieriger als bei anderen Größen ist die Umrechnung von Zeitmaßen, da wegen der nichtdekadischen Umrechnungszahlen kein Stellenwertordner verwendet werden kann.

Der fachliche Hintergrund ist so letztlich die Division mit Rest. Wenn z. B. 225 min in Stunden und Minuten umgerechnet werden sollen, so erfolgt das durch die Rechnung

$$225 \,\mathrm{min} \;= 180 \,\mathrm{min} \qquad + 45 \,\mathrm{min}$$
$$= 3 \cdot 60 \,\mathrm{min} \qquad + 45 \,\mathrm{min}$$
$$= 3 \,\mathrm{h}\ 45 \,\mathrm{min}$$

Analog bei der Umrechnung von Sekunden in Minuten.

Zur Vereinfachung wird zu solchen Aufgaben die Vielfachmenge von 60 bereitgestellt (z. B. auf einer seitlichen Tafel im Klassenraum)

$1 \,\mathrm{h} =\ \ 60 \,\mathrm{min}$	$1 \,\mathrm{min} =\ \ 60 \,\mathrm{s}$
$2 \,\mathrm{h} = 120 \,\mathrm{min}$	$2 \,\mathrm{min} = 120 \,\mathrm{s}$
$3 \,\mathrm{h} = 180 \,\mathrm{min}$	$3 \,\mathrm{min} = 180 \,\mathrm{s}$
$4 \,\mathrm{h} = 240 \,\mathrm{min}$	$4 \,\mathrm{min} = 240 \,\mathrm{s}$
...	...

Die Umrechnung von Minuten in Stunden und Minuten bzw. von Sekunden in Minuten und Sekunden erfolgt nun durch Subtraktion des größten ganzzahligen Anteils:

$280 \,\mathrm{min} - 240 \,\mathrm{min} = 40 \,\mathrm{min}$	$280 \,\mathrm{min} = 4 \,\mathrm{h}\ 40 \,\mathrm{min}$
$500 \,\mathrm{s} - 480 \,\mathrm{s} = 20 \,\mathrm{s}$	$500 \,\mathrm{s} = 8 \,\mathrm{min}\ 20 \,\mathrm{s}$

Die Umkehraufgabe besteht in einer Multiplikation mit 60, etwa

$$3 \,\mathrm{h}\ 24 \,\mathrm{min} = 3 \cdot 60 \,\mathrm{min} + 24 \,\mathrm{min} = 180 \,\mathrm{min} + 24 \,\mathrm{min} = 204 \,\mathrm{min}$$
$$5 \,\mathrm{min}\ 10 \,\mathrm{s} = 5 \cdot 60 \,\mathrm{s} + 10 \,\mathrm{s} = 300 \,\mathrm{s} + 10 \,\mathrm{s} = 310 \,\mathrm{s}$$

Dieses Thema ist auch ein Beispiel dafür, wie eine Kopfrechenübung zu Beginn der Stunde sinnvoll als Vorbereitung des Stundenthemas gestaltet werden kann. Geeignete mündliche Übungen sind Aufgaben wie

$$6 \cdot 60 = \square \qquad\qquad 240 = \square \cdot 60$$

Die großen Zeitspannen Tag, Woche, Monat und Jahr werden im Zusammenhang mit entsprechenden Sachkundethemen rechnerisch erarbeitet. Allerdings sollten sich Umrechnungen in Grenzen halten. Die Erarbeitung der Umrechnungsformeln ist unproblematisch

1 Tag	= 24 Stunden
1 Woche	= 7 Tage
1 Monat	= 30 Tage
1 Jahr	= 12 Monate

Bei der Anzahl der Tage pro Monat ist auf die obige Vereinfachung hinzuweisen, unbeschadet der Tatsache, dass einzelne Monate 30, 31 oder 28 Tage besitzen.

Zur Bewältigung von Umrechnungen leisten wieder Vielfachenreihen gute Dienste, z. B.

1 Tag	= 24 h	1 Jahre	= 12 Monate
2 Tage	= 48 h	2 Jahre	= 24 Monate
3 Tage	= 72 h	3 Jahre	= 36 Monate
...		...	

Damit können Aufgaben wie folgt berechnet werden, indem z. B. alle Aufgaben in die kleinste Einheit umgerechnet werden.

Beispiel:

Richard war 3 Wochen und 4 Tage verreist. Markus 24 Tage. Wer war länger verreist?

Auch Übungen wie die folgende sind geeignet:

Verbinde gleiche Zeitspannen!

3 Mon. 1 Wch. 6 Tg.	93 Tg.
4 Mon. 3 Tg.	103 Tg.
1 Mon. 10 Wch. 13 Tg.	123 Tg.
2 Mon. 2 Wch. 19 Tg.	113 Tg.

Gewichte

Der Größenbereich der Gewichte wird in der 3. Klasse neu eingeführt, weil die Verwandlungszahl zwischen g und kg sowie zwischen kg und t 1000 ist und erst im 3. Schuljahr Zahlen bis 1000 zur Verfügung stehen.

Wie bei allen andern Größenbereichen, so kann auch zur Einführung der Gewichte die methodische Stufenfolge mit direktem Vergleich, mittelbarem Vergleich mit willkürlichen Einheiten und mittelbarem Vergleich mit genormten Einheiten eingehalten werden. Vorausgehen sollten allerdings Schätzübungen, bei denen festgestellt werden soll, welcher von jeweils zwei Gegenständen schwerer oder leichter ist. Solche Schätzübungen sind gerade bei den Gewichten so anregend und wichtig, weil Kinder normalerweise großes Volumen mit großem Gewicht gleichsetzen und dann überrascht sind, wenn Gegenstände mit großem Volumen leicht und kleine Gegenstände schwer sein können. Diese Erkenntnis muss systematisch gefördert werden.

Der Lehrer bringt eine Reihe von Gegenständen mit, darunter vielleicht einige besonders große, aber leichte aus Plastikmaterial (Es gibt Plastikkörper, die wie ein 10-kg-Gewichtsstein aus Gusseisen aussehen, aber wesentlich leichter sind) und einige kleine schwere Stücke, z. B. aus Blei.

Die Schüler sollen nun, ohne die Gegenstände in die Hand zu nehmen, eine Rangordnung der Gegenstände nach ihrem Gewicht angeben, nach der der Lehrer dann die Gegenstände vor den Augen der Schüler ordnet. Erst dann fordert er einige Schüler auf, die Gegenstände in die Hand zu nehmen und zu schätzen, welcher schwerer oder leichter ist als der andere. Danach wird die Reihenfolge der Gegenstände bestätigt oder abgeändert.

Die Schüler merken allerdings auch, dass das Schätzen des Gewichts mit der bloßen Hand, also ohne Waage, nicht eindeutig ist. Vielleicht wurde ein Gegenstand von einem Schüler als schwerer, von einem andern Schüler als leichter als ein anderer eingestuft.

Zur genaueren Durchführung des direkten Vergleichs ist eine Waage notwendig, und zwar eine Balkenwaage oder Tafelwaage, mit der ein Massenvergleich und damit ein Gewichtsvergleich durchgeführt wird. (Die Gleichsetzung von Gewicht und Masse ist möglich, da das Produkt aus Masse eines Körpers und örtlicher Fallbeschleunigung nach DIN 1304 als „Gewichtskraft" zu bezeichnen ist.)

Mit der Balkenwaage wird nun paarweise festgestellt, welcher Gegenstand schwerer ist als der andere. Als Darstellungsform bietet sich hier das Pfeildiagramm zur Relationsvorschrift „... ist schwerer als ..." an.

Damit kann man auch eine eindeutige Reihenfolge der Gegenstände bezüglich ihres Gewichts festlegen.

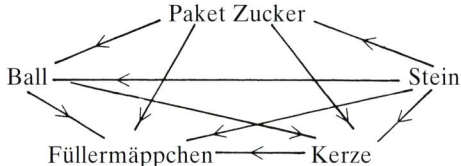

Auch für die 2. methodische Stufe, die des mittelbaren Vergleichs mit willkürlichen Einheiten, benötigt man eine Balkenwaage und eine Menge gleichartiger Gegenstände wie Nägel, Schrauben, Steckwürfel u. Ä. Damit lässt sich nun das Gewicht der Gegenstände in einer Tabelle ausdrücken:

Gegenstand	Anzahl der Schrauben
Stein	58
Zucker	50
Ball	26
Kerze	18
Mäppchen	4

Zur nächsten Stufe führt die Argumentation, dass die Anzahl der Schrauben, die das Gewicht eines Gegenstandes bestimmen, natürlich von der Art der Schrauben abhängt. Je kleiner das Gewicht der einzelnen Schraube ist, desto größer muss die Anzahl sein, um das Gewicht des Steines zu erreichen.

Es leuchtet ein, dass nicht überall gleichartige Schrauben vorhanden sind. Deshalb wurden Gewichtsstücke geschaffen, die überall gleich sind. Die Einheit des Gewichts ist 1 g. (Die eigentlich definierte Gewichtseinheit ist das Kilogramm, doch bietet sich für die unterrichtliche Behandlung zunächst das Gramm an, weil dadurch Gewichte von handlichen Gegenständen mit ganzzahligen Maßzahlen und ohne Kommaschreibweise ausgedrückt werden können.)

Die o. a. Tabelle wird nach Auswägen der Gegenstände wie folgt ergänzt:

Gegenstand	Gewicht
Stein	575 g
Zucker	500 g
Ball	255 g
Kerze	180 g
Mäppchen	40 g

Es schließt sich eine genaue Untersuchung eines Gewichtssatzes an, der aus folgenden Gewichtsstücken besteht:

1 500-g-Stück	1 50-g-Stück	1 5-g-Stück
2 200-g-Stücke	2 20-g-Stücke	2 2-g-Stücke
1 100-g-Stück	1 10-g-Stück	1 1-g-Stück

Ein solcher Gewichtssatz ist so beschaffen, dass jedes Gewicht zwischen 1 g und 1000 g auf das Gramm genau ermittelt werden kann. Nach einigen Wägeversuchen, bei denen auch die subtraktive Wägung besprochen wird, also die Methode, bei der auch auf der Seite des zu wägenden Gegenstandes Gewichtsstücke liegen, die dann vom Gewicht der anderen Seite abgezogen werden müssen, um das Gewicht des Gegenstandes zu bestimmen, wird überlegt, mit welchen Gewichtsstücken bestimmte Gewichte darzustellen sind, z. B.

$$777\,g = 1 \cdot 500\,g + 1 \cdot 200\,g + 1 \cdot 50\,g + 1 \cdot 20\,g + 1 \cdot 5\,g + 1 \cdot 2\,g$$

Wenn der Wägevorgang operativ erarbeitet wurde, können auch die anderen Gewichtseinheiten und deren Umrechnungen eingeführt werden.

$$1\,kg = 1000\,g$$
$$1\,t\ \ = 1000\,kg$$

Hiermit lassen sich auch ohne Kommaschreibweise anwendungsbezogene Additions- und Subtraktionsaufgaben rechnen.

Beispiel:

Frau Bayer kauft 250 g Aufschnitt, 750 g Rindfleisch, 1 kg Schweinefleisch und 200 g Leberwurst. Frau Höfer kauft von jeder Sorte die doppelte Menge. Welches Gewicht muss jede Frau tragen?

Die Lösung wird dadurch erreicht, dass alle Angaben in g umgerechnet und dann addiert werden.

Die Einheit t ist für Kinder schwer fassbar. Hier bedarf es einiger Beispiele, damit die Kinder eine Vorstellung von großen Gewichten gewinnen, z. B.

1 PKW	wiegt ca. 1 t
1 LKW	wiegt ca. 10 t
1 Lokomotive	wiegt ca. 80 t

Solche Angaben können sich die Kinder auch selbst beschaffen.

Die Kommaschreibweise wird wieder mit Hilfe des Stellenwertordners eingeführt:

Gewicht	10 kg	1 kg	100 g	10 g	1 g	geschrieben	gesprochen
4 kg 20 g		4	0	2	0	4,020 kg	4 kg 20 g oder 4,020 kg

bzw.

Gewicht	10 t	1 t	100 kg	10 kg	1 kg	geschrieben	gesprochen
24 t 25 kg	2	4	0	2	5	24,025 t	24 t 25 kg oder 24,025 t

Die Ziffern nach dem Komma werden einzeln gelesen.

Problematisch ist wieder das Besetzen der fehlenden Stellen mit 0. Das bereits erwähnte Memoryspiel (S. 191) mit Angaben wie

| 2 kg 8 g | 2,008 kg | 2008 g |

wird zur Übung eingesetzt.

Hohlmaße

Volumina, also Rauminhalte von Körpern, gehören im Allgemeinen nicht zum Unterrichtsstoff der Grundschule, weil die zugehörigen Einheiten (cm^3, m^3 usw.) abgeleitete Einheiten sind. Aus demselben Grund wird ja auch der Größenbereich der Flächeninhalte in der Grundschule ausgelassen.

In einer speziellen Form erscheinen aber doch Rauminhalte im Unterricht, nämlich in der Form der Hohlmaße mit den Einheiten l und hl. Während aber beim allgemeinen Volumenbegriff der Rauminhalt des Gesamtkörpers gemeint ist, geht es hier um das Fassungsvermögen des hohlen Innenraums des Körpers. Die Vergleichsbeziehungen zwischen diesen Hohlkörpern sind: „... fasst mehr (weniger) als ..." und „... fasst genau so viel wie ..."

Im Unterricht ist es unbedingt erforderlich, dass Gefäße vorgestellt und deren Fassungsvermögen durch Umfüllversuche miteinander verglichen werden. Als Füllsubstanz wird in der Regel Wasser oder Sand empfohlen, wobei aber dem Wasser eindeutig der Vorzug einzuräumen ist, weil es einfach zu bekommen und leichter zu beseitigen ist, wenn etwas verschüttet wurde.

Die schon mehrfach geschilderte methodische Stufenfolge kann auch für die Erarbeitung der Hohlmaße eingehalten werden.

Die Stufe des direkten Vergleichs besteht darin, dass Gefäße direkt nach ihrem Fassungsvermögen durch Umschütten verglichen werden. Das Wort „Fassungsvermögen" braucht dabei im Unterricht nicht erwähnt zu werden, es genügen die Wörter „größer", „kleiner", „genau so groß".

Geeignete Gefäße sind Eimer, Kannen, Töpfe, Gießkannen, Tassen und vor allem Flaschen. Die Stufe des indirekten Vergleichs besteht darin, den Inhalt einer Flasche oder Kanne in Gläser oder Tassen umzugießen.

„In diese Kanne passen 8 Tassen."

„In diese Flasche passen zwischen 6 und 7 Tassen, also ist die Kanne größer als die Flasche."

Der indirekte Vergleich mit willkürlichen Einheiten kann auch so vor sich gehen, dass z. B. eine Flasche in ein großes Gefäß geleert wird, auf dessen Rand schon die Markierungen für den Inhalt von Tassen angebracht sind.

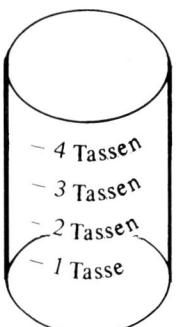

Der Schritt zum Messen mit genormten Einheiten ist klein. Auf vielen Gefäßen ist der

Inhalt in Liter notiert, zusätzlich ein Eichstrich, dessen Bedeutung im Unterricht besprochen wird.

<u>Das Liter wird als Volumen eines Würfels mit 1dm Kantenlänge erklärt.</u> Das Liter ist wie das Kilogramm ein für den handlichen Umgang recht großes Maß, aber im Gegensatz zu diesem ist die Tausendstelunterteilung, nämlich Milliliter (ml) nicht so gebräuchlich wie das Gramm. Die Hohlmaße sind daher besonders geeignet, zum ersten Mal bereits im Grundschulunterricht auf Brüche einzugehen. Dies ist umso näherliegend, weil gerade die Größen

$$\frac{1}{2} \, l \qquad \frac{1}{4} \, l \qquad \frac{1}{8} \, l$$

im täglichen Leben sehr gebräuchlich sind. Es können zahlreiche Gefäße (Gläser, Tassen) mit den oben genannten Inhalten aufgewiesen werden.

Wichtig ist vor allem auch die gegenseitige Beziehung der Maße untereinander, also etwa 4 mal $\frac{1}{4}$ l ergibt 1 l.

Die Hohlmaße fallen auch in Bezug auf die größere Maßeinheit aus dem üblichen Rahmen. Die größere Volumeneinheit müsste der m³ sein, aber diese abgeleitete Einheit wird erst in der weiterführenden Schule in Zusammenhang mit der Behandlung der Volumina besprochen. Stattdessen ist das Hektoliter (hl) in vielen Lehrplänen vorgeschrieben, obwohl die praktische Bedeutung dieser Messeinheit sehr gering ist. Eigentlich wird sie lediglich bei Biererzeugung und -konsum noch verwendet.

Die Umwandlungszahl ist 100, also:

1 hl = 100 l

Hier kann der Lehrer als Erinnerungshilfe erwähnen, dass hekto ein griechisches Wort ist und „100" bedeutet.

Die Kommaschreibweise wird wieder in der üblichen Weise mit Hilfe des Stellenwertordners eingeführt.

Flüssigkeitsmenge	10 hl	1 hl	10 l	1 l	geschrieben	gesprochen
13 hl 4 l	1	3	0	4	13,04 hl	13 hl 4 l oder 13,04 hl

Additions- und Subtraktionsaufgaben schließen sich an.

3.4 Geometrie

Zur Begründung geometrischer Aktivitäten in der Grundschule wurde bereits auf S. 121 einiges angeführt. Diese Argumente gelten natürlich ebenso für die 3. und 4. Klasse. Immer noch handelt es sich um propädeutische Geometrie, also um eine Vorbereitung eines systematischen Lehrgangs, wie er erst in der 7. Klasse der weiterführenden Schulen beginnt, aber gegenüber dem 1. und 2. Schuljahr werden jetzt doch an die Schüler höhere Anforderungen an Präzision und Genauigkeit, aber auch an Abstraktionsvermögen gestellt.

Mit der Erziehung zu genauem Beobachten, genauem und sauberem Anfertigen von Zeichnungen und korrekter Heftführung erfüllt der Geometrieunterricht über die Schulung des räumlichen Vorstellungsvermögens hinaus die Forderung, dass im Unterricht auch Wertvorstellungen zu fördern sind. Zwar handelt es sich hierbei sicher nur um sekundäre Werte gegenüber Werten wie Mitmenschlichkeit und Toleranz, doch ist die Hoffnung nicht unbegründet, dass mit sauberer und klarer Heftführung und korrektem Anfertigen von Zeichnung auch eine Schulung des folgerichtigen Denkens verbunden ist.

Wiederum liegt aber das Schwergewicht geometrischer Tätigkeiten auf der handlungsorientierten Darstellungsform: Legen von Material, Abdecken, Falten usw. sind die hervorstechenden Tätigkeiten der Schüler.

Im Folgenden wird auf topologische Aktivitäten nicht mehr eingegangen. Die ab S. 122 angeführten Übungen sind in modifizierter Form auch für das 3. und 4. Schuljahr geeignet.

Einführung des Gitternetzes

Das Gitternetz ist für die Durchführung geometrischer Aufgaben, vor allem für die Flächenberechnungen und für die Abbildungen Spiegelung und Verschiebung, aber auch für die Durchführung spezieller Drehungen ein nützliches Hilfsmittel, dessen Bedeutung ständig zunimmt. Das Gitternetz ist den Kindern längst von kariertem Papier her bekannt. Die Kinder haben mit seiner Hilfe schon häufig Muster entworfen. Der Lehrer kann sie auch dazu anhalten, mit Farbstiften interessante Ornamente zu entwerfen, wie z. B.

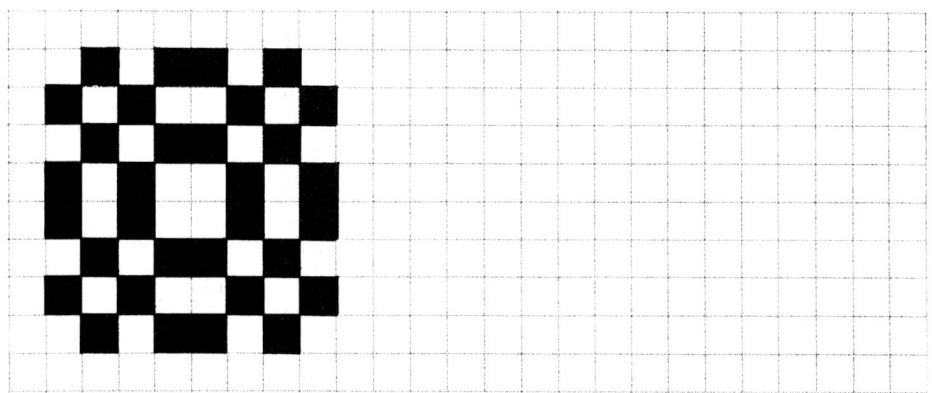

Dabei können auch Muster mit einheitlichen Grundelementen erfunden werden, z. B.

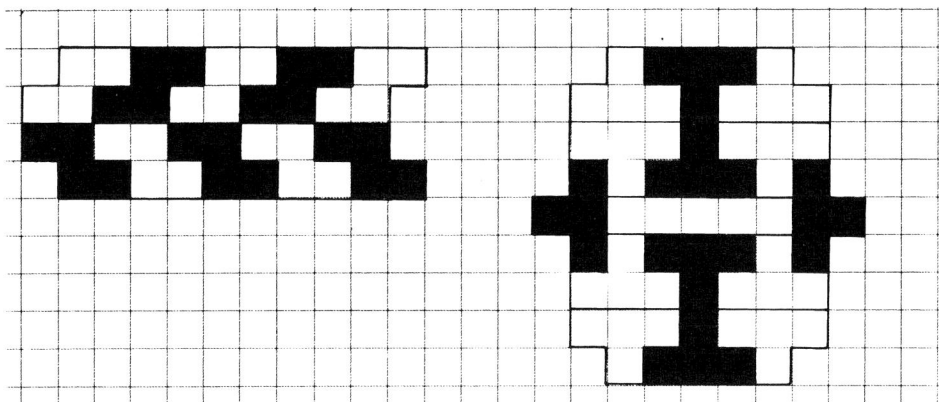

Hier sind schon eine Reihe von geometrischen Abbildungen enthalten, z. B. Verschiebungen, Spiegelungen und Drehungen, allerdings brauchen sie noch nicht thematisiert zu werden.

Zu Beginn der Arbeit mit dem Gitternetz stehen die Felder zwischen den Gitterlinien im Vordergrund. Es bedarf besonderer methodischer Bemühungen, später die Aufmerksamkeit der Kinder auf die Gitterlinien zu lenken.

Zunächst aber lassen sich mit den Gitterfeldern noch einige interessante Spiele durchführen, z. B. das bekannte „Schiffe versenken".

In einem abgegrenzten Gitternetz werden die senkrechten Spalten unten mit Buchstaben und die waagerechten Zeilen links mit Zahlen versehen, so dass jedes Feld durch ein Paar aus Buchstabe und Zahl eindeutig benannt werden kann. Jeder Schüler hat zwei solcher Gitternetze vor sich, eins, in dem er seine eigenen „Schiffe" einträgt und ein zweites, in dem er seine gestellten Fragen und seine „Abschüsse" markiert. Nebeneinander sitzende Schüler vereinbaren die Anzahl der „Schiffe" – z. B. 2 große Schiffe (3 Felder) und 4 kleine Schiffe (1 Feld) und stellen abwechselnd Fragen nach dem Standort der gegnerischen Schiffe. Bei einem Treffer darf der augenblickliche Frager weiterfragen.

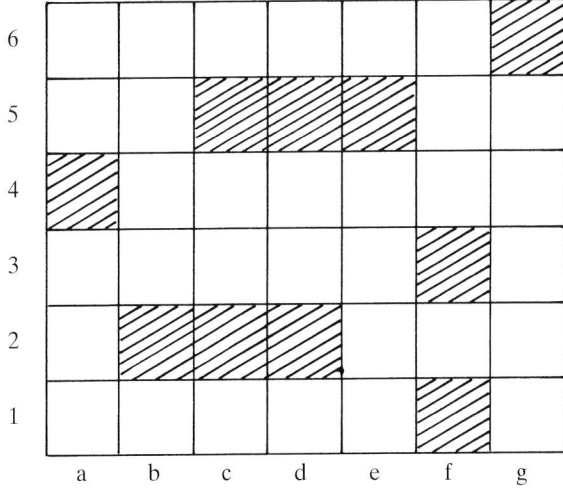

Wer zuerst alle „Schiffe" des Gegners „versenkt" hat, hat gewonnen.

Hier wurden jetzt zum ersten Mal die Planquadrate in eindeutiger Weise dadurch bezeichnet, dass auf der „Rechtsachse" die Abschnitte durch Buchstaben und auf der „Hochachse" die Abschnitte durch Zahlen festgelegt werden. Jedes Planquadrat ist damit eindeutig benennbar.

Hierbei ist die Vereinbarung „erst rechts, dann hoch" unbedingt einzuhalten, weil später auch die Buchstaben auf der Rechtsachse noch durch Zahlen ersetzt werden und dann die Reihenfolge unbedingt zur Fixierung notwendig ist.

Ein ähnliches Spiel wie das vorhin genannte ist die „Schatzsuche". Auf einem leeren Blatt wird eine Stelle markiert, an der sich ein Schatz befindet. Eine eindeutige Ortung der Stelle ist erst möglich, wenn an Rechtsachse und Hochachse eine Einteilung (etwa Zentimetereinteilung) angebracht wird.

Eine weitere Übung ist die Orientierung auf Ortsplänen. Geeignet dazu sind ein großer Plan des Heimatortes oder entsprechende kleinere Pläne für die Hand des Schülers. Die Kinder suchen auf dem Plan bestimmte Stellen (Markt, Rathaus, Schule, Kirche usw.) und geben das zugehörige Planquadrat an. Umgekehrt kann gefragt werden: Welches große Bauwerk befindet sich im Planquadrat g 3, h 1 usw. Auch Wege, z. B. die Schulwege einzelner Schüler, können mit Hilfe der Planquadrate verfolgt werden.

Eine andersartige Verwendung des Gitternetzes liegt dann vor, wenn nicht die Intervalle auf Rechts- und Hochachse mit Buchstaben und Zahlen bezeichnet werden, sondern die Gitterlinien selbst benannt werden. Diese Verwendung des Gitternetzes richtet sich auf das Arbeiten mit dem Koordinatensystem und ist daher von großer Bedeutung für den gesamten Mathematikunterricht.

Will man allerdings im Unterricht unmittelbar vom Arbeiten mit Planquadraten in der soeben beschriebenen Weise zum Arbeiten mit Gitterlinien übergehen, so kommt es häufig zu einem so genannten negativen Transfer, d. h. die an sich recht einfache Benennung von Punkten mit Hilfe der Gitterlinien wird erschwert, weil die Schüler immer noch die Angabe des Planquadrats vorziehen.

Der einfache Weg zur Vermeidung dieser Schwierigkeiten besteht darin, zwischen der Behandlung der Planquadrate und der Gitterlinien einige Zeit verstreichen zu lassen.

Sollten dann bei einigen Schülern noch Schwierigkeiten auftauchen, so zeichne man in einem unbeschrifteten Gitternetz ein einzelnes Quadrat heraus:

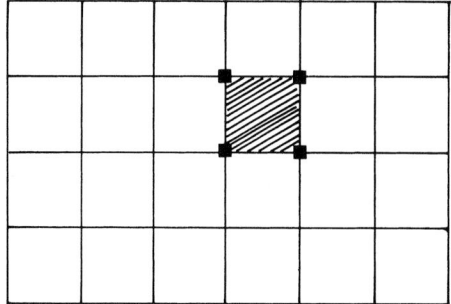

Dieses Quadrat kann einmal als Planquadrat aufgefasst werden und wäre bei üblicher Festlegung dann mit d 3 zu bezeichnen. Es kann aber auch durch die Eckpunkte auf den Gitterlinien festgelegt werden, die von 0 an nach rechts und nach oben durchnummeriert werden. Damit wird das Quadrat durch die 4 Punkte (3/2), (4/2), (4/3) und (3/3) festgelegt. Selbstverständlich können auch zur Bezeichnung der Gitterlinien noch Buchstaben und Zahlen verwendet werden, aber die ausschließliche Verwendung von Zahlen ist in der Mathematik üblich. Auch bezüglich der Schreibweise ist eine frühe Anpassung an die in der Mathematik übliche, also die Koordination in runden Klammern mit einem Schrägstrich als Trennung, zu befürworten. Damit ist eine spätere Verwechslung mit dem Komma ausgeschlossen.

Eine motivierende Vorstellung besteht in der Deutung der Gitterlinien als Straßen. Hier kann der Hinweis erfolgen, dass es tatsächlich Städte gibt, deren Straßen sich alle rechtwinklig kreuzen. Diese Vorstellung wird realisiert, indem man auf einem Bogen Packpapier ein Quadratgitter zeichnet, dessen Quadrate eine Seitenlänge von mindestens 25 cm besitzen. Dadurch können die Kinder richtig auf den Straßen gehen und Gitterlinien abschreiten, z. B.

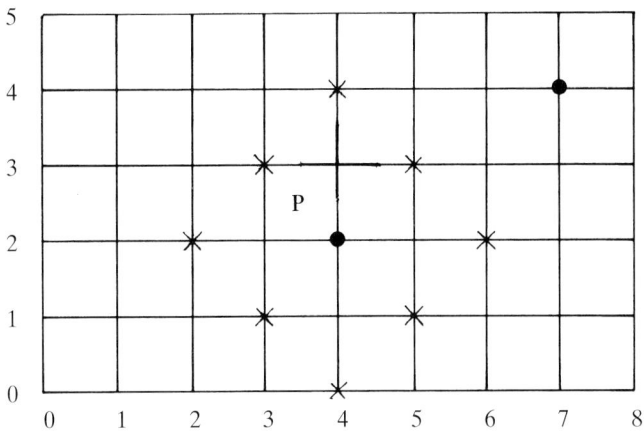

Peter wohnt an der Ecke (4/2). Er möchte seinen Freund besuchen, der an der Ecke (7/4) wohnt. Oder Peter darf sich nur höchstens zwei Straßen von zu Hause entfernen. Bis wo darf er überall gehen? Das Ergebnis sind Punkte, die zu einem auf einer Ecke stehenden Quadrat gehören. Dieses Quadrat kann als Umkehraufgabe mit Koordinaten angegeben werden, im obigen Fall also

    (4/0), (5/1), (6/2)
    (6/2), (5/3), (4/4)
    (4/4), (3/3), (2/2)
    (2/2), (3/1), (4/0)

Diese Technik wird nun dazu benutzt, mit Hilfe der Koordinaten Figuren vorzugeben, die dann von den Kindern mit dem Lineal zu zeichnen sind, z. B. ein Haus, ein altes Auto, ein Roboter usw. Hier werden nun zum ersten Mal von den Kindern geradlinig begrenzte geometrische Figuren gezeichnet, was unbedingt mit dem Lineal oder dem Geodreieck geschehen sollte. Der Lehrer sollte auch auf richtigen Gebrauch der Zeichengeräte achten. Lineal und Geodreieck sollten nicht beschädigt sein. Beim Zeichnen werden sie in der Mitte (nicht am Ende) mit der Hand festgehalten. So können sie nicht aus der Lage rutschen, wenn man mit dem Bleistift entlanggleitet.

Figuren durch Koordinaten angeben und zeichnen kann wieder in Partnerarbeit geschehen, indem der eine die Koordinaten nennt und der Partner die Punkte markiert und die Linien einzeichnet.

Das Gitternetz gibt auch Gelegenheit, die Begriffe „senkrecht" und „parallel" einzuführen. Die erste Vorstellung sollte allerdings zunächst durch Falten erfolgen, da so die Schüler eine Handlung ausführen können.

Ein Stück Papier, das nach Möglichkeit keine rechteckig aufeinander stehende Seiten hat, wird von den Schülern einmal gefaltet. Dabei entsteht eine Faltlinie, die beim Auseinander-klappen des Papiers als Geradenstück sichtbar wird. Die Schüler prüfen mit dem Lineal die Eigenschaft „gerade" und zeichnen die Linie nach. Jetzt wird das auseinandergefaltete Papier noch einmal gefaltet und zwar so, dass die Faltlinienstücke aufeinanderliegen. Die so entstehende Faltkante steht senkrecht auf der ersten Faltlinie. Auf diese Art entstehen als Faltwinkel 4 rechte Winkel. Die Begriffe „gerade", „senkrecht" und „rechter Winkel" wer-den auch von den Schülern übernommen. Der Nachweis eines rechten Winkels erfolgt von nun an mit dem Geodreieck.

Weiter wird das an der ersten Faltlinie gefaltete Papier so gefaltet, dass die Stücke der zwei-ten Faltlinie aufeinanderliegen.

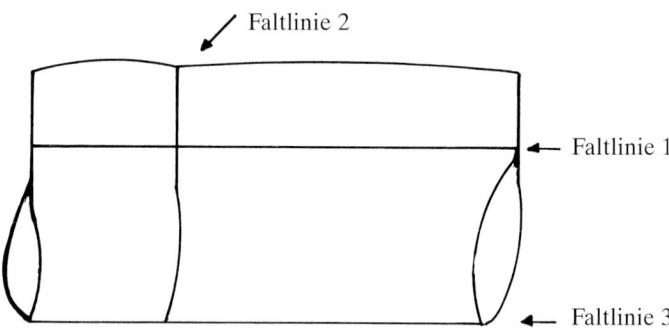

Faltlinie 2

Faltlinie 1

Faltlinie 3

Dadurch entsteht die Faltlinie 3, die parallel zur Faltlinie 1 ist. Das Wort „parallel" wird genannt und aufgeschrieben (Rechtschreibung: zunächst 2, dann 1 l!!).

Jetzt können die Kinder versuchen, ein Gitternetz zu falten, was im Prinzip gelingt.

Besser geht dies allerdings zeichnerisch unter Verwendung des Geodreiecks, wobei folgen-der Gebrauch zu besprechen ist:

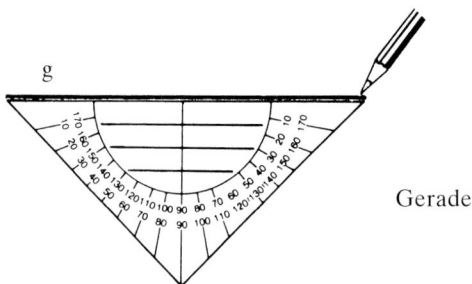

g

Gerade

192

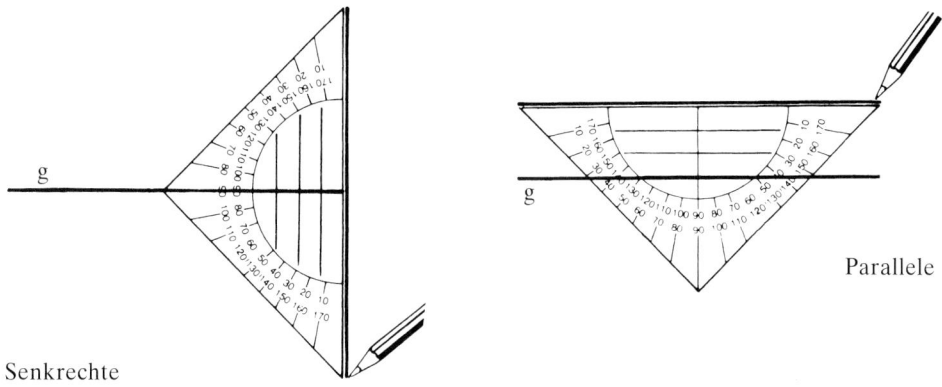

Senkrechte

Parallele

Auf diese Art versuchen die Kinder, selbst ein Gitternetz zu zeichnen oder geometrische Figuren in ein Gitternetz zu zeichnen. Der Lehrer kann hierbei in der Grundschule noch keine vollkommene Zeichentechnik erwarten, was aber ein ständiges Bemühen um saubere und genaue Zeichnungen nicht überflüssig macht.

Auslegen und Zusammensetzen von Figuren

Dieses geometrische Thema wurde bereits im 1. und 2. Schuljahr angesprochen. Im 3. und 4. Schuljahr wird es fortgesetzt, wobei weitergehende Methoden und Fragestellungen auftauchen, z. B.

- geht es jetzt nicht nur um einfaches Auslegen von Figuren, sondern auch schon um einen Flächenvergleich,
- kann das Gitternetz als Hilfsvorstellung herangezogen werden,
- können Figuren zerschnitten und geeignet wieder zusammengesetzt werden.

Am Anfang steht ein direkter Flächenvergleich zwischen zwei Rechteckflächen, die etwa folgende Gestalt haben:

Die Frage nach Größe der Fläche wird von den Kindern z. T. noch nicht klar erfasst. So kann es passieren, dass der Vorschlag gemacht wird, die Größen der Fläche mit dem Meterstab auszumessen. Der Schüler möchte dann den Umfang ermitteln, den er repräsentativ für die Flächengröße hält.

Klärend sind in dieser Situation Lehrerfragen wie: „Für welche der beiden Flächen braucht man mehr Farbe, wenn man sie anstreicht?" Das Auslegen mit willkürlichen Einheiten, z. B. mit Heften oder Postkarten, bringt die Erkenntnis, dass beide Flächen gleich groß sind. Diese Erkenntnis kann auch durch Zerschneiden der Flächen und Anlegen gewonnen werden. Die sichere Methode ist allerdings die des Auslegens, was in einigen Übungen vertieft wird.

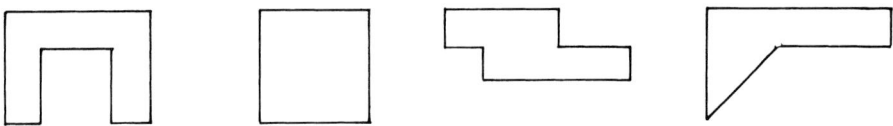

Formen wie diese sind geeignet. Als Auslegematerial dient ein käufliches Material oder selbst geschnittene Plättchen, die leicht aus Karton hergestellt werden können.

Zunächst kann man Plättchen verschiedener Art nehmen, z. B. Quadrate, Rechtecke und rechtwinklige gleichschenklige Dreiecke.

Später nimmt man Plättchen der gleichen Art, erst damit ist ein exakter Flächenvergleich möglich.

Motivierend ist die Arbeit mit Grundrissen von Wohnungen oder Anordnungen von Feldern.

In der Kreisgruppe wird z. B. der Plan einer Wohnung besprochen (auch im Zusammenhang mit Sachkunde).

Schlaf-zimmer	Bad	Wohnzimmer	
	Flur		
Kinder-zimmer	WC	Küche	Esszimmer

Zunächst sollte man ein paar Worte darauf verwenden, wie ein solcher Grundriss zustande kommt, etwa als Haus ohne Dach, damit man in die Räume hineinsehen kann.

Um die Räume bezüglich ihrer Größe vergleichen zu können, werden sie mit quadratischen Fliesen ausgelegt. Dabei stellen dann die Kinder fest, dass das Wohnzimmer der größte Raum ist, dass das Esszimmer kleiner als das Schlafzimmer ist, dass Schlafzimmer und Flur gleich groß sind usw.

Das Zusammensetzen von Figuren kann als Umkehrvorgang zum Auslegen angesehen werden. Hierbei sollen mit Elementarfiguren, z. B. Quadraten oder Dreiecken, komplexere Figuren gelegt werden.

Es können auch solche Aufgaben gestellt werden: Möglichst viele Figuren aus 4, 5, 6 oder mehr Quadraten zu legen.

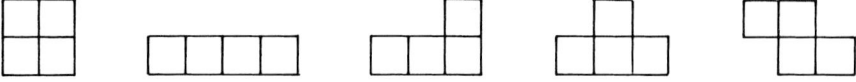

Parkettierungen sind Belegungen der ganzen Ebene, also nicht begrenzter Figuren, mit kongruenten Elementarflächen.

Nur ganz bestimmte Figuren eignen sich zum Parkettieren, z.B. die sog. „L-Z-T-Plättchen" (Fricke-Besuden 1975, S. 65).

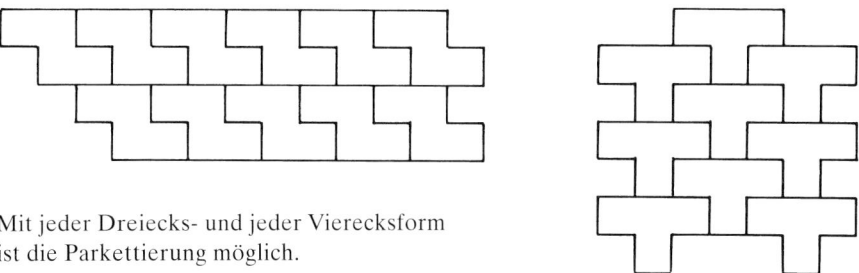

Mit jeder Dreiecks- und jeder Vierecksform ist die Parkettierung möglich.

Abbildungen

Bereits im 2. Schuljahr konnte die Achsenspiegelung auf verschiedene Weise behandelt werden (siehe S. 127 f.). Dabei kam es vor allem auf motivierende Aktivitäten und Spiele an und nicht auf eine systematische Ableitung der Gesetzmäßigkeiten der Spiegelung.

Das bleibt auch so im 3. und 4. Schuljahr, allerdings wird auch das Thema Spiegelungen ausgebaut, etwa durch Verwendung des Gitters. Außerdem werden weitere Abbildungen, nämlich Verschiebung und Drehung zur Sprache kommen.

Angesprochen wurde bereits das Erstellen achsensymmetrischer Figuren mit Hilfe von konkretem Material, z.B. Steckwürfel, Legeplättchen usw. Im 3. Schuljahr steht das Gitternetz zur Verfügung, so dass auf zeichnerischer Ebene folgende Übungen durchgeführt werden können:

1. Zeichnen von achsensymmetrischen Figuren mit Hilfe des Gitternetzes

2. Nachweis der Achsensymmetrie an im Gitternetz gezeichneten Figuren.

Bewusst ist das Zeichnen von achsensymmetrischen Figuren zuerst genannt, weil es unmittelbar an die Arbeit mit konkretem Material anschließt. Auf einem Arbeitsblatt lässt der Lehrer Teilfiguren achsensymmetrisch ergänzen, wobei darauf zu achten ist, dass die Sym-

achsen-
gebunden

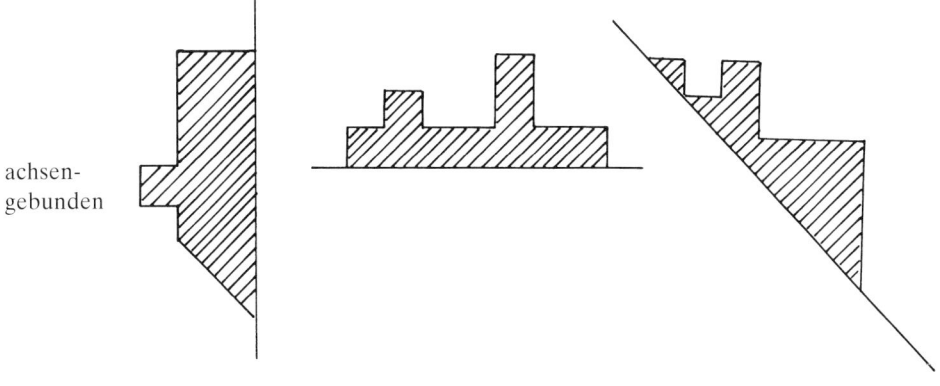

195

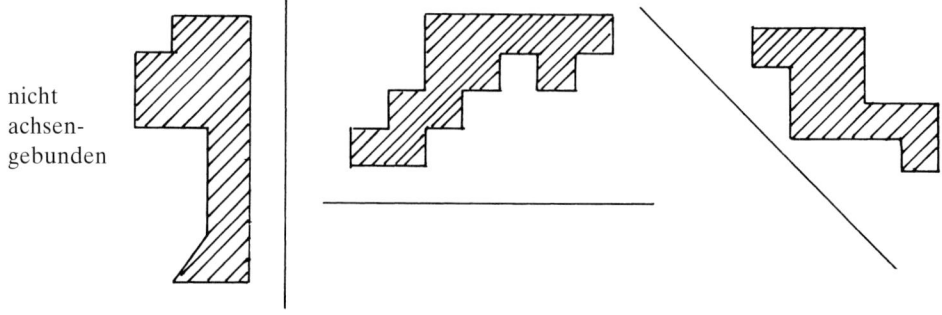

nicht
achsen-
gebunden

metrieachsen nicht nur senkrecht, sondern auch waagerecht und schräg liegen kann. Auch hierbei sind wieder die beiden Schwierigkeitsgrade der achsengebundenen und der nicht achsengebundenen Teilfigur zu beachten.

Eine weitere Steigerung im Schwierigkeitsgrad ist die Ergänzung achsenüberschreitender Figuren. Wenn auch die Schwierigkeit dieses Aufgabentyps groß ist, so ist doch eine solche Aufgabe für das Verständnis der Spiegelung als Abbildung von großer Bedeutung. Die Spiegelung ist nämlich nicht, wie vielfach von Schülern angenommen wird, eine Abbildung einer Halbebene auf die andere, sondern eine Abbildung der ganzen Ebene auf sich. Durch eine Spiegelung an einer festen Achse wird jede Halbebene auf die andere und die Punkte der Achse auf sich abgebildet. Deshalb sollten, wenn irgend möglich, auch solche Figuren symmetrisch ergänzt werden, die teilweise in beiden Halbebenen vorgegeben sind. Der Lehrer wird dabei natürlich interessante Motive wählen, z. B.

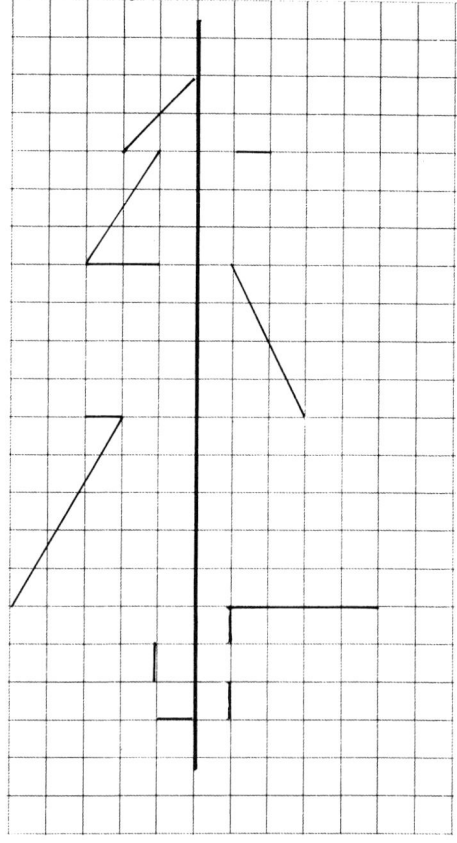

Hier ist das Gitternetz unersetzbar. Der Spiegel wird nur zur Kontrolle der fertigen Zeichnung herangezogen.

Anschließend wird das Identifizieren achsensymmetrischer Figuren erwartet. Hier sind wiederum solche Figuren für die Schüler am leichtesten als achsensymmetrisch zu erkennen, die eine senkrechte, durch die Figur verlaufende Symmetrieachse besitzen, etwa

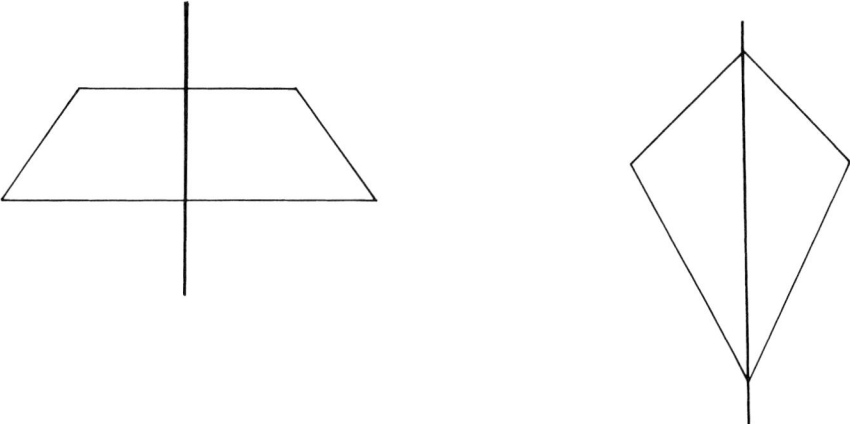

Schwieriger ist die Erkenntnis der Symmetrie, wenn die Achse waagerecht oder gar schräg liegt.

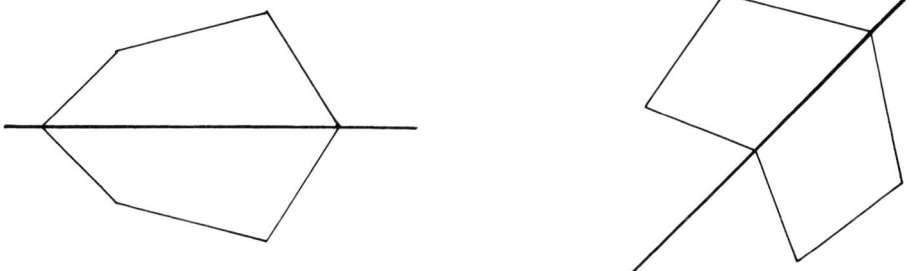

Noch schwieriger ist die Identifizierung nicht achsengebundener symmetrischer Figuren.

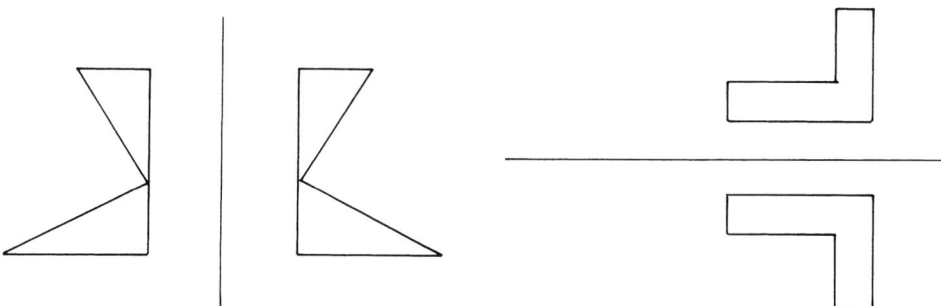

Neu ist die Möglichkeit, dass Figuren 2 und mehr Symmetrieachsen haben können. So haben z. B. Rechteck und Raute 2 Achsen, das gleichseitige Dreieck 3 und das Quadrat 4 Achsen. Der Kreis hat unendlich viele Symmetrieachsen.

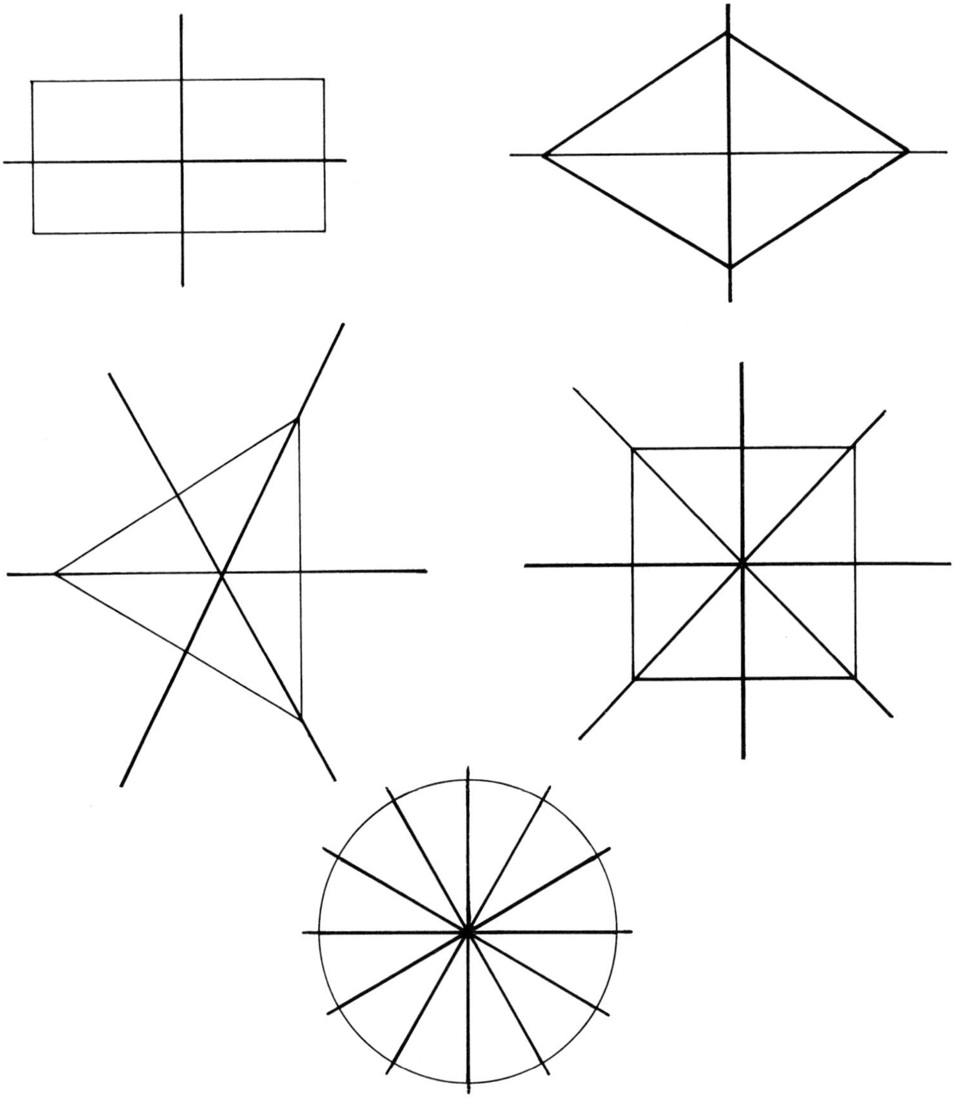

Als Kontrastbeispiele sollten auch nichtsymmetrische Figuren besprochen werden. Hier ist speziell das Parallelogramm interessant, das von Kindern häufig als achsensymmetrisch angesehen wird, obwohl es keine Symmetrieachse besitzt. Es ist vielmehr punktsymmetrisch.

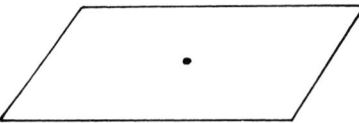

Intuitiv auf die Grundsätze der Spiegelung geht folgende Aufgabe ein:

Ist hier richtig gespiegelt?

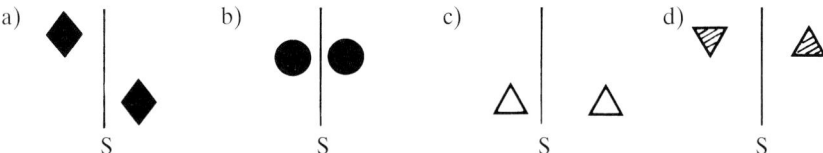

Eine beliebige Übung ist die Untersuchung der großen lateinischen Buchstaben auf Symmetrien. Auch hierbei treten verschiedene Fälle auf, z. B.

Buchstaben ohne Symmetrieachse: F, G, L

Buchstaben mit einer senkrechten Symmetrieachse: A, M

Buchstaben mit einer waagerechten Symmetrieachse: C, E

Buchstaben mit waagerechter und senkrechter Symmetrieachse: I, H

Buchstaben mit Punktsymmetrie: N, S, Z

Die Buchstaben mit Punktsymmetrie werden von den Schülern als „irgendwie" symmetrisch angesprochen, ohne dies genauer spezifizieren zu können. Sicher ist – und das kann mit einem Spiegel konstatiert werden –, dass sich keine Symmetrieachsen finden lassen.

In einigen Lehrgängen werden auch Doppelspiegelungen an zwei senkrechten Spiegelachsen behandelt. Zur Differenzierung sind solche Übungen möglich, für eine allgemeine Behandlung allerdings weniger geeignet.

Auch für die Vorbereitung der Verschiebung als Abbildung leistet das Gitternetz gute Dienste. Vorher sollte die Verschiebung aus realen Situationen abgeleitet werden, etwa durch das Verschieben eines Wagens.

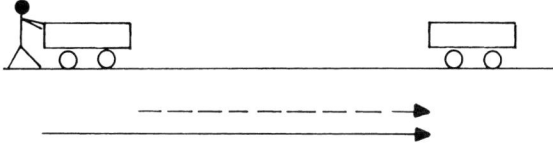

Die Verschiebung ist durch die Verschiebungsrichtung und durch die Länge der Verschiebung gekennzeichnet. Alle Punkte werden auf gleich langen parallelen Bahnen verschoben (Vorsicht: Am besten wird ein Wagen mit feststehenden Rädern verwendet). Die Länge der Verschiebung entspricht der Länge des durchgezogenen Pfeils und nicht der des gestrichelten Pfeils, wie häufig von Kindern angegeben wird. Verdeutlicht kann dieser Sachverhalt werden durch einen Mann, der den Wagen so weit schieben muss.

Die Verschiebung selbst ist wieder eine Abbildung der ganzen Ebene auf sich, was sinnvollerweise wiederum durch zwei aufeinandergelegte Folien dargestellt werden kann, auf denen zunächst übereinanderliegend dieselbe Figur gezeichnet ist. Durch gegenseitiges Verschieben der beiden Folien (nicht Drehen!) entsteht dann folgende Figur:

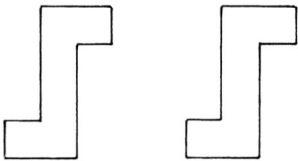

die dann auch durch mehrmalige Verschiebung in die gleiche Richtung und um den gleichen Betrag zu einem so genannten Bandornament erweitert werden kann.

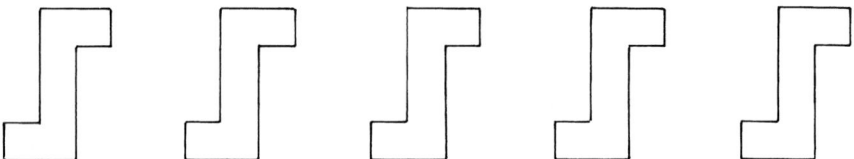

Zur selbstständigen Erstellung solcher durch Verschiebung entstehender Bandornamente bietet sich die Verwendung des Quadratgitters an, wobei die Verschiebung nach einem Vorschlag von Uhr (Uhr 1976, S. 205) durch Operatoren festgelegt werden kann.

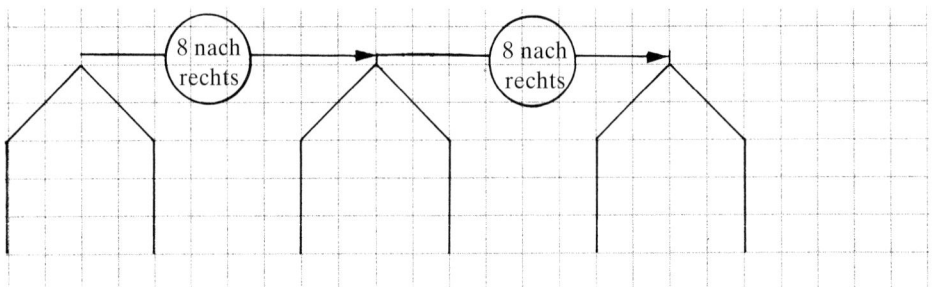

Im weiteren Verlauf des Unterrichts können auch andere Verschiebungen durchgenommen werden, z.B. nach oben oder kombiniert nach oben und rechts, z.B.

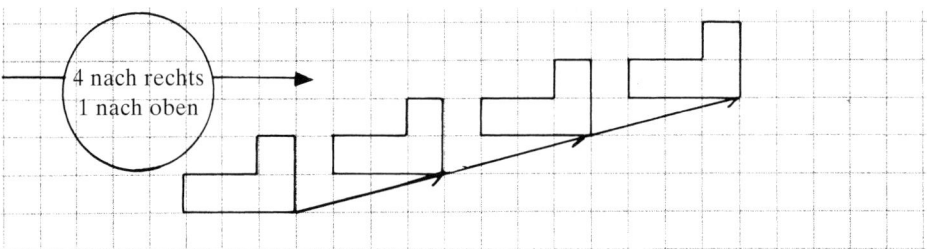

Da Operatoren verwendet werden, gibt es wieder 3 Grundaufgaben:

1. Verschobene Figur gesucht,
2. Anfangsfigur gesucht,
3. Verschiebung(s-Operator) gesucht.

Zur Vereinfachung des Verfahrens bietet sich an, von der Figur eine Schablone anzufertigen und diese zu verschieben.

Die letzte in der Grundschule zu behandelnde Abbildung ist die Drehung, die aber nur in den Spezialfällen der Viertel- und Halbdrehungen angesprochen werden kann, weil der Winkelbegriff nicht vorhanden ist.

Die Drehung ist ebenfalls eine Abbildung der ganzen Ebene auf sich, wobei nur ein Punkt, der Drehpunkt, fest bleibt. Diese Eigenschaft wird wiederum durch 2 Folien am O. H.-Projektor demonstriert, die mit einer abgeknickten Zirkelspitze im Drehpunkt zusammengehalten werden. Für den Anfang ist es einfacher, als Drehpunkt einen ausgezeichneten Punkt der Figur anzunehmen, um dann Halb- und Vierteldrehung nach links und nach rechts ausführen zu können. Es entstehen dann folgende Figuren:

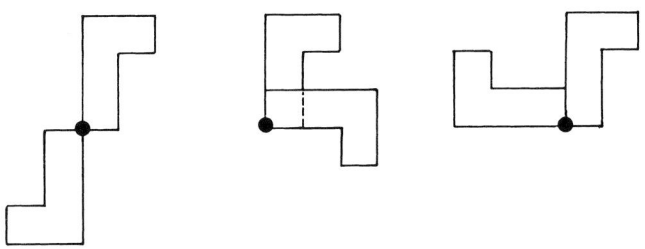

Auch hierbei hilft das Gitternetz, allerdings wird man zunächst einmal Deckdrehungen einer Figur ausführen, etwa beim Quadrat:

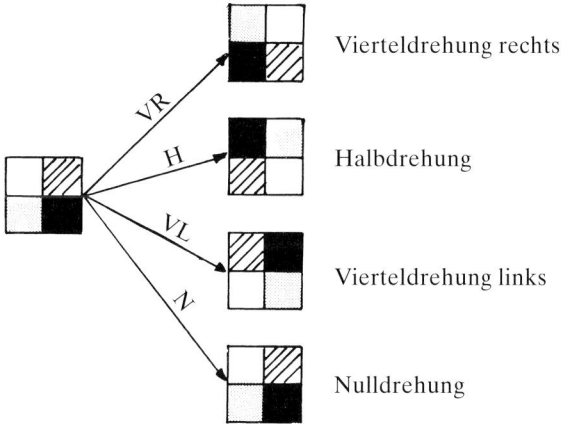

Wiederum kann die Drehvorschrift als Operator aufgefasst werden, mit dem sich 3 Aufgabentypen durchführen lassen:
1.- Bestimmung der gedrehten Figur,
2. Bestimmung der Ausgangsfigur,
3. Bestimmung der Drehung.
Es mag zunächst den Kindern sinnlos erscheinen, auch eine Nulldrehung zu formulieren. Dies wird aber verständlich, wenn diese vier Drehungen konkret mit einem Quadrat aus vier verschiedenen Steckwürfeln durchgeführt werden. Dabei erkennen die Kinder, dass sich alle genannten Drehungen aus Vierteldrehungen rechts (oder links) zusammensetzen

lassen. 2 Vierteldrehungen rechts entsprechen einer Halbdrehung, 3 Vierteldrehungen rechts ergeben dieselbe Lage wie eine Vierteldrehung links und 4 Vierteldrehungen ergeben die Ausgangslage (Nulldrehung).

Auf eine weitergehende gruppentheoretische Analyse der Abbildungen wird in der Grundschule verzichtet.

Räumliche Gebilde

In jedem Bildungsplan wird als Ziel geometrischer Tätigkeiten u.a. die Förderung des räumlichen Vorstellungsvermögens genannt. Auch das Kind macht ausgiebig räumliche Erfahrung, wenn es mit Bauklötzen spielt, bastelt oder Höhlen baut und einrichtet. Umso erstaunlicher ist es, dass echte unterrichtliche Erfahrungen von räumlichen Gebilden selten sind und nur ganz vereinzelt in Lehrgängen auftauchen.

Dies ist eine Diskrepanz, die in der Zukunft unbedingt beseitigt werden muss. In der didaktischen Literatur mehren sich in letzter Zeit auch die Vorschläge, etwa durch Operieren mit Würfeln und Quadern und deren Netzen, auch im Unterricht räumliche Vorstellungen zu schulen (z.B. Schäfer 1979).

Der Würfel erweist sich dabei als ideales Objekt, wie im Folgenden angedeutet werden soll:

Für den Unterricht stehen drei prinzipiell verschiedene Würfelmodelle zur Verfügung

a) das Vollmodell,
b) das Kantenmodell,
c) das Flächenmodell.

Jedes dieser Modelle hat einen eigenen Stellenwert im Unterricht und erfüllt eigene Funktionen, die durch die anderen Modelle nicht übernommen werden können.

Am Anfang einer unterrichtlichen Behandlung wird der Lehrer vom Spielwürfel ausgehen, wobei er allerdings darauf aufmerksam macht, dass bei diesem Ecken und Kanten abgerundet sind, um einen besseren Lauf beim Würfeln zu ermöglichen.

Der Lehrer wird dann den Schülern den Auftrag geben, einen Würfel aus Knetmasse zu bilden oder aus einer Kartoffel zu schneiden. Dies wird auf große Schwierigkeiten stoßen, da es den Kindern kaum gelingt, quadratische Flächen zu schneiden, die dann noch rechtwinklig aufeinander stehen.

Trotz aller Fehlversuche ist dies eine fruchtbare Unterrichtsphase. Es wird dabei den Kindern bewusst, dass der so einfach erscheinende Würfel ein Gebilde mit sehr vollkommenen Eigenschaften ist.

Implizit werden bei dieser Tätigkeit die Begriffe und ihre Beziehungen untereinander gelernt:

Der Würfel hat 6 Flächen, 8 Ecken und 12 Kanten. Jeweils 2 Ecken gehören zu einer Kante und 2 Flächen bilden eine Kante. An einer Ecke stoßen 3 Kanten und 3 Flächen zusammen. Zu einer Fläche gehören 4 Kanten und 4 Ecken.

Nach der Arbeit mit dem Vollmodel sollen die Kinder ein Kantenmodell bauen. Die Kanten werden durch Holzstäbe, Zündhölzer oder Trinkhalme gebildet, die an den Ecken durch Plastilinkugeln gehalten werden. Zur Sicherung der angeführten Eigenschaften des Würfels sollen die Kinder den Bau des Modells selbst planen und vorbereiten, vor allem sollen sie ausreichend Stäbe (bzw. Halme) und Plastilinkugeln bereitstellen.

Die Arbeit mit dem Flächenmodell führt zur Abwicklung und zum Netz. Im Unterricht kann man hier einen analytischen oder einen synthetischen Weg einschlagen. Der synthetische Weg besteht darin, dass die Kinder versuchen, aus 6 gleich großen Quadraten einen Würfel zu basteln. Dies ist jedoch in der Regel mit Schwierigkeiten verbunden, die in der motorischen Ungeschicklichkeit der Schüler liegen. Diese sind möglicherweise durch Partnerarbeit zu verringern. Der sicherere Weg ist aber der analytische, der darin besteht, dass ein vom Lehrer gebasteltes Würfelmodell zerschnitten wird. Es werden aber nur so viele Schnitte durchgeführt, wie unbedingt nötig. Das sind 7 Schnitte. Bei richtiger Wahl der Schnittkanten entsteht dann eine Abwicklung des Würfels. Jede Abwicklung des Würfels heißt Netz des Würfels. Folgende Figuren sind Würfelnetze:

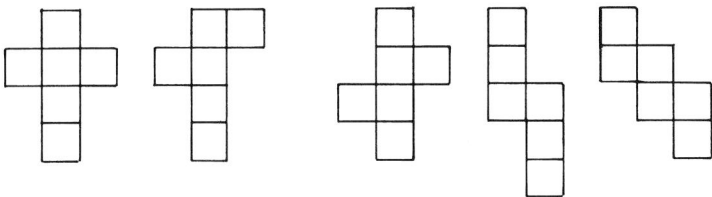

Insgesamt gibt es 11 verschiedene Würfelnetze, aber nicht jede Anordnung von 6 Quadraten bildet ein Würfelnetz. So sind z. B. folgende Konfigurationen keine Netze

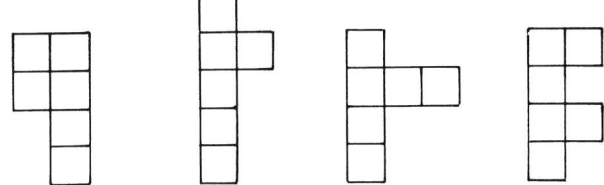

Für die geistig regeren Schülern erübrigt sich sehr bald das Ausschneiden und Falten der Quadratkonfiguration, um zu entscheiden, ob es sich um ein Würfelnetz handelt oder nicht. Sie lösen diese Aufgabe in der Vorstellung oder durch spezielle Überlegungen. So ist es z. B. bei der ersten Figur der Gegenbeispiele unmöglich, dass bei einem Würfelnetz an einer Ecke 4 gefaltete Kanten zusammenlaufen. Bei der zweiten Konfiguration hängen 5 Quadrate an einem „Band". Beim Falten würde sich hierbei aber erstes und fünftes Quadrat überdecken.

Übungen mit Würfelnetzen werden auch dadurch interessant, dass zusammengehörige Schnittkanten des gezeichneten Netzes gleich gefärbt werden sollen. Dies ist eine sehr intensive Übung der Raumvorstellung.

Ähnlich das Bezeichnen der Seitenflächen: Bei einem echten Spielwürfel beträgt die Augensumme gegenüberliegender Seiten 7, also die 1 liegt der 6, die 2 der 5 und die 3 der 4 gegenüber. Diese Erkenntnis wird auf die Netze übertragen, indem in ein solches die Augen eingezeichnet werden, etwa so:

Die Augenzahlen können auch in folgender Weise zur Förderung der Raumvorstellung verwendet werden: Die Schüler stellen sich vor, dass ein gezeichneter Würfel um die untere Vorderkante, um die rechte oder linke Unterkante oder um die Mittelachse jeweils mehrmals um 90° gedreht wird. Wie sieht bei dem gezeichneten Würfel die neue Ansicht aus?

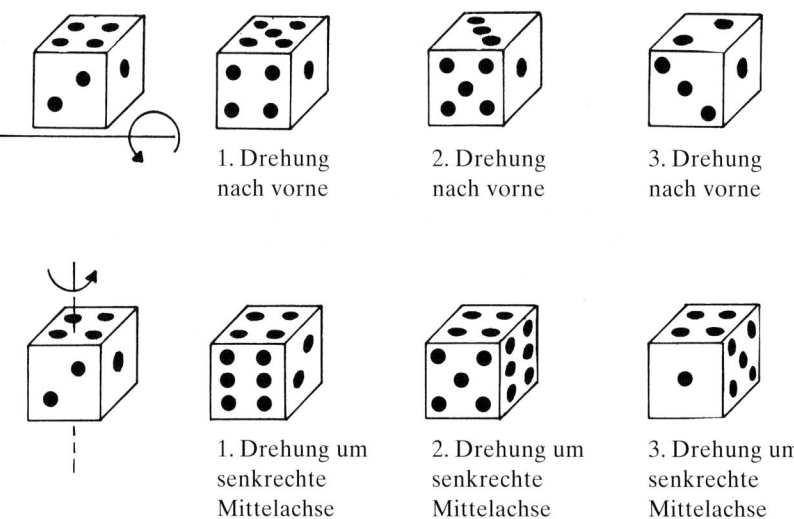

| 1. Drehung nach vorne | 2. Drehung nach vorne | 3. Drehung nach vorne |

| 1. Drehung um senkrechte Mittelachse | 2. Drehung um senkrechte Mittelachse | 3. Drehung um senkrechte Mittelachse |

Analog die anderen Drehungen.

Es ist wohl offensichtlich, dass diese und ähnliche Übungen das räumliche Vorstellungsvermögen fördern. Es handelt sich hierbei um operative Übungen, die auch in reversibler Form (rückwärts) durchgeführt werden können.

Ähnliche Übungen wie mit dem Würfel lassen sich auch mit dem allgemeinen Quader durchführen, nur sind diese wesentlich schwieriger, etwa die Konstruktion eines Kantenmodells. Auch das Netz ist wesentlich komplizierter. Immerhin kann das analytische Vorgehen vom fertigen Quader hier genauso durchgeführt werden.

Ein Quadernetz ist etwa:

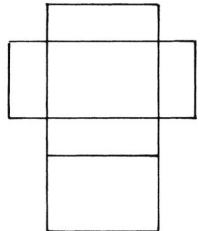

Auch hierbei lassen sich wieder die zusammengehörigen Kanten gleichartig färben und genau gegenüber liegende Seitenflächen bestimmen.

Alle diese Übungen dienen der Förderung der Raumvorstellung. Es sind motivierende Aufgaben, in denen auch Kinder gut angesprochen werden, die im arithmetischen Unterricht schwach sind.

X 3.5 Sachaufgaben

Sachaufgaben gehören zum ehernen Bestandteil des Mathematikunterrichts, auch des Mathematikunterrichts in der Grundschule. Die Begründung dafür ist vielseitig (siehe Maier, H. 1970, S. 150 ff. und Winter, H. 1976, S. 266). Einmal wird die Ansicht vertreten, dass der Mathematik- und Rechenunterricht die Schüler auf das spätere Berufs- und Alltagsleben vorbereiten soll und deshalb möglichst viel anwendungsbezogene Aufgaben im Unterricht behandelt werden müssen. Zum anderen wird angeführt, dass von sachbezogenen Aufgaben eine größere Motivation als von „nackten" Rechenaufgaben ausgeht.

Beide Gründe mögen eine gewisse Berechtigung haben, aber beide Gründe sind auch in einem gewissen Umfang zu widerlegen. So spiegeln die bisher im Unterricht gestellten Sachaufgaben keinesfalls die Realität wider. Im Wirtschaftsleben z. B. richten sich die Preise keinesfalls nach dem proportionalen Schema, dass etwa für das Zehnfache einer Einheitsmenge auch der zehnfache Einheitspreis zu zahlen ist. Hier herrscht vielmehr ein System von Kaufbedingungen mit Rabatten, Zuschlägen, Sonderpreisen usw. vor.

Auch das Motivationsargument ist fragwürdig. Sind es doch gerade die Sachaufgaben, die die Schüler vor große Schwierigkeiten stellen. Andererseits geht von Standardaufgaben des Dreisatzschlusses, den die Schüler schließlich beherrschen, keine besondere Motivation aus, jedenfalls weniger als von manchen interessant gestellten Aufgaben der reinen Arithmetik oder der Geometrie.

Der Grund für die Bedeutung der Sachaufgaben im Mathematikunterricht liegt vielmehr tiefer. Er ist in den ureigensten Zielen der Mathematik und des Mathematikunterrichts selbst zu suchen: Mathematikunterricht will die Schüler zur Abstraktion befähigen. Situationen, die in der vollen Komplexität der Realität unüberschaubar, undurchdringlich und unberechenbar sind, werden dadurch, dass man vorübergehend von gewissen Komponenten abstrahiert, überschaubar und durchsichtig. In dieser abstrakten Ebene kann dann mit rechnerischen Mitteln eine Lösung eines Teilproblems ermittelt werden, das dann wieder in die Realität übersetzt und bewertet werden muss.

Dies sei an einem einfachen Einkaufsvorgang verdeutlicht: Die reale Situation besteht aus einem Komplex von Waren verschiedener Qualität, verschiedenen Preisen, Verkaufsbedingungen, Verkaufsstellen (Warenhaus, Einzelhandelsgeschäft, Versandhandel usw.). Zur rechnerischen Erfassung eines solchen Verkaufsvorgangs wird von den meisten dieser Gesichtspunkte abstrahiert. Vielmehr wird nur die Menge-Preis-Beziehung, der einzelnen Warensorten und die Summierung der Preise betrachtet. Dabei wird eine Summe gebildet, die dann wieder in der realen Situation interpretiert werden muss.

Bei der Berechnung werden z. B. Qualität, Aussehen und Verpackung der Ware, Länge des Weges zur Verkaufsstelle, Vorliebe für eine Verkaufsstelle und viele andere Gesichtspunkte völlig außer Acht gelassen. Aber gerade in dieser Vernachlässigung steckt der Wert dieses Abstraktionsvorgangs. Hier wird ein wesentlicher Aspekt, vielleicht der wesentliche Aspekt dieser ganzen Einkaufssituation, nämlich die Menge-Preis-Beziehung, klar herauspräpariert. Damit wird eine wichtige Entscheidungshilfe für den Einkauf gegeben.

Abstraktion und die Umkehrung, die Interpretation des Rechenergebnisses sind also die eigentlichen Ziele des Sachrechnens. Diese entsprechen in weitem Umfang den Zielen des Mathematikunterrichts generell.

Auch Zahlbegriffe, Zahloperationen, Größen, geometrische Grundbegriffe und viele andere mathematische Sachverhalte werden im Mathematikunterricht als Ergebnisse von Abstraktionsprozessen gewonnen. Deshalb ist Sachrechnen ein zentrales, wichtiges und unverzichtbares Gebiet des Mathematikunterrichts.

Begriffsbestimmung

Darüber, wie der Begriff des Sachrechnens zu bestimmen ist, gehen die Meinungen der Didaktiker auseinander (Maier, H. 1970, S. 155).

Im Folgenden wird unter Sachrechnen die Behandlung von Aufgaben verstanden, die eine konkrete oder fiktive Situation aus Sachbereichen (des täglichen Lebens, des Wirtschaftslebens oder andere Lebensbereiche) zum Inhalt haben und bei denen mit Größen gerechnet wird.

Diese Situationen können in vielfältiger Weise gegeben sein, etwa in sprachlicher Form (als Textaufgabe), in Tabellen, in Schaubildern, in Bildergeschichten oder gar als Spiel.

Allein aus dieser Aufstellung ergeben sich eine Reihe von methodischen Möglichkeiten. Eine Sachaufgabe braucht nicht immer in sprachlicher Form gestellt zu werden. Auch eine Tabelle (z. B. aus der Zeitung) oder eine Bildergeschichte kann Anlass für eine rechnerische Aufarbeitung einer Situation geben.

Aus unterrichtstechnischen Gründen wird die sprachliche Form allerdings weiterhin eine dominante Rolle spielen. Sie ist aber nicht unproblematisch. Jeder Lehrer weiß, wie schwer vielen Kindern in der Grundschule die Sinnerfassung bei Textaufgaben fällt. Hilfen dazu sollen in den nächsten Abschnitten gegeben werden.

Einer Erläuterung bedarf noch die Abgrenzung der Begriffe Sachaufgabe und Textaufgabe. Textaufgabe ist jede in sprachlicher Form gestellte Rechenaufgabe, also sowohl Sachaufgaben in Textform, als auch Aufgaben des folgenden Typs:

Wie groß ist der Unterschied zwischen dem Ergebnis der Division 3176 durch 8 und 3052 durch 7?

Aus dem Dargestellten ergibt sich folgender Zusammenhang:

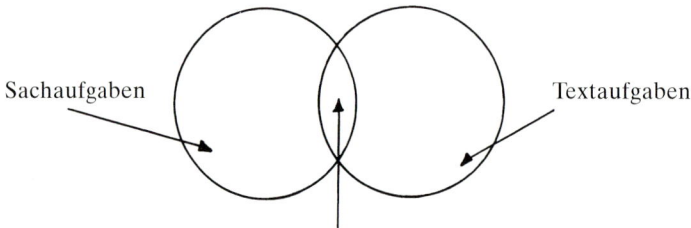

Sachaufgaben   Textaufgaben

Sachaufgaben in Form von Textaufgaben

Demnach können Sachaufgaben in Form von Textaufgaben, aber auch in anderer Form (Bilder, Tabellen usw.) gestellt werden. Andererseits braucht nicht jede Textaufgabe eine Sachaufgabe zu sein.

Das Charakteristische von Sachaufgaben wird im folgenden Schema deutlich:

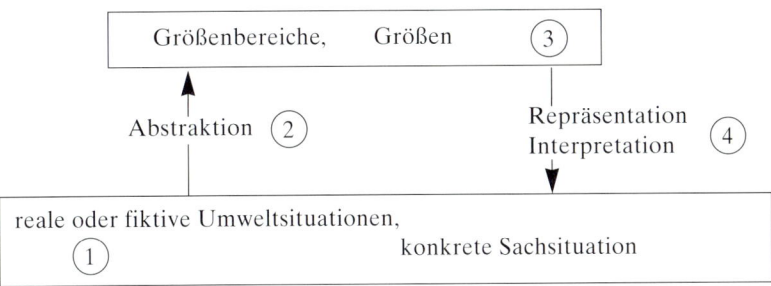

Jede Sachaufgabe geht also von einer realen oder fiktiven Umweltsituation (1) aus, die in einer der oben genannten Formen vorgestellt wird. Durch Abstraktion (2) erfolgt ein Transfer in die Ebene der Größen und Größenbereiche (3), in der auf Grund von Rechenverfahren eine oder mehrere Lösungen gewonnen werden.

Diese Lösung muss nun wiederum interpretiert werden (4), indem sie in die konkrete Sachsituation übertragen wird.

An diesem Schema wird der mathematische Bildungswert der Sachaufgaben deutlich. Wie arm und uninteressant wäre ein Mathematikunterricht, der sich nur in der Ebene der Größenbereiche und Größen vollziehen würde. Er bestünde nur in formelmäßigen Berechnungen. Die wichtigen Teilaspekte der Abstraktion und Interpretation fehlten.

Andererseits darf die Behandlung der Sachaufgaben sich nicht allein auf eine Analyse der konkreten Ebene (1) beziehen. Auch hierbei fehlt der wichtige Abstraktionsschritt.

Methodische Stufenfolge beim Lösen von Sachaufgaben

Dem oben angeführten Schema der Sachaufgaben entsprechen nun 4 methodische Stufen bei der unterrichtlichen Erarbeitung von Sachaufgaben. Bei der Besprechung dieser Stufen sei folgende einfache Aufgabe (4. Schuljahr) als Beispiel besprochen:

Es wird ein Gebrauchtwagen, der 2365 € kostet, zum Ratenkauf angeboten. Jede der 24 Raten beträgt 106,30 €. Herr Bauer bezahlt lieber sofort den ganzen Preis.

(1) In der ersten methodischen Stufe, die sich noch ganz auf die Ebene der konkreten Sachsituation bezieht, soll das Problem in der realen Situation erfasst werden. Dazu gehört eine Klärung der Situation, bei Textaufgaben ein sinnerfassendes Lesen und eine Klärung unbekannter Begriffe. Die Randbedingungen der Situation werden besprochen und Fragen formuliert. Es wird geprüft, ob alle zur Beantwortung der Fragen notwendigen Angaben vorliegen, wenn nicht, müssen sie beschafft werden. Kinder neigen dazu, gleich loszurechnen, ohne sich vergewissert zu haben, wie der richtige Rechengang ist. Häufig muss der Lehrer die Kinder hier bremsen.

In unserer Beispielaufgabe muss der Text zunächst sinnvoll gelesen, eventuell durch Schüler mit eigenen Worten erzählt und besprochen werden. Der Begriff Ratenkauf ist zu klären, wobei auch Vor- und Nachteile dieser Kaufform besprochen werden.

Vorteile: Der Gegenstand geht sofort in die Verfügung des Käufers über, auch wenn das Geld für den Kauf nicht in voller Höhe zur Verfügung steht.

Nachteile: Der Gegenstand wird in der Regel teurer bezahlt. Es kann kein Skonto erwartet werden. Daraus ergibt sich die Frage, ob das auch in diesem Fall so ist und wie viel mehr bei Ratenkauf bezahlt werden muss.

(2) Die zweite methodische Stufe ist der schwierigste Schritt im ganzen Lösungsprozess. Die Abstraktion in die Stufe der Größen ist mit der Suche nach einem Lösungsverfahren verbunden. Dazu muss die Information des Sachproblems verdichtet und aufbereitet werden. Die hierzu vorhandenen methodischen Möglichkeiten werden im nächsten Abschnitt besprochen.

Hauptaufgabe dieser Stufe ist das Aufstellen eines Lösungsplans.

Für die Lösung unserer Beispielaufgabe, in der nach den Überlegungen von (1) nach der Differenz zwischen Barpreis und Ratenpreis gesucht wird, kann zunächst ein so genannter Kurztext erstellt werden, von dem dann ein Rechenbaum entwickelt wird.

Durch Unterstreichen der wichtigsten Angaben in der Aufgabe wird dann folgender Kurztext erstellt:
Barpreis: 2365 €
Ratenpreis: 24 Raten zu 106,30 €

Die Daten werden dann entsprechend der Reihenfolge als erste Zeile eines Rechenbaums notiert.

| 2365 € | | 24 | | 106,30 € |

Nun ist zu überlegen, wie die Daten rechnerisch verknüpft werden müssen. Am leichtesten geht dies bei der Berechnung des Ratenpreises. Es müssen 24 mal 106,30 € bezahlt werden.

Schwieriger ist die Erkenntnis, dass die Unterschiedsberechnung auf einer Subtraktion beruht. Dies kann an einfachen Beispielen demonstriert werden. Schließlich steht fest, dass der Unterschied zwischen Barpreis und Ratenpreis durch Subtraktion berechnet wird.

Da wahrscheinlich der Ratenpreis größer ist als der Barpreis und bei der Subtraktion die größere Zahl links steht, empfiehlt es sich, die Größen zu vertauschen. Damit ergibt sich folgender Rechenbaum

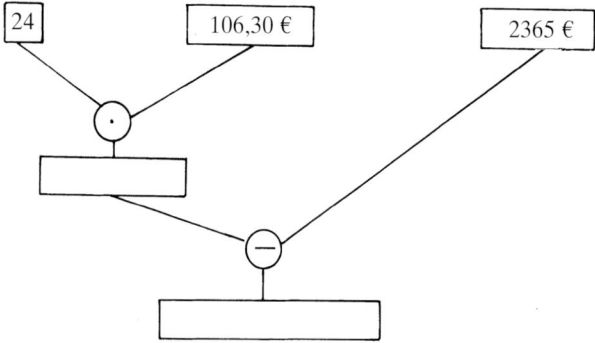

(3) Die 3. methodische Stufe ist das rechnerische Lösen der Aufgabe. Diese Lösung vollzieht sich vollkommen in der abstrakten Stufe der Größen. Zum Lösen gehört aber

auch das Schätzen und Überschlagen. Insgesamt vollzieht sich hier reines Regelrechnen. Ein Problem liegt dabei zuweilen in der Schreibweise: Sollen die Einheiten (z. B. €, m, kg usw.) mitgeschrieben werden oder nicht?

Als allgemein verbindliche Richtschnur kann aber gelten, bei kleineren Rechnungen die Benennungen mitzuschreiben, Nebenrechnungen aber ohne Benennung durchzuführen.

In der 3. Stufe wird also der Rechenbaum ausgefüllt. Dazu sind zwei Nebenrechnungen erforderlich, einmal die Berechnung des Ratenpreises und die Berechnung des Unterschiedsbeitrages

```
Ratenpreis      106,30  ·  24
                106 30  ·  24
                  21260
                  42520
                255120  Ergebnis: 2551,20 €

Unterschied     255120
              − 236500
                 18620
                186,20 €
```

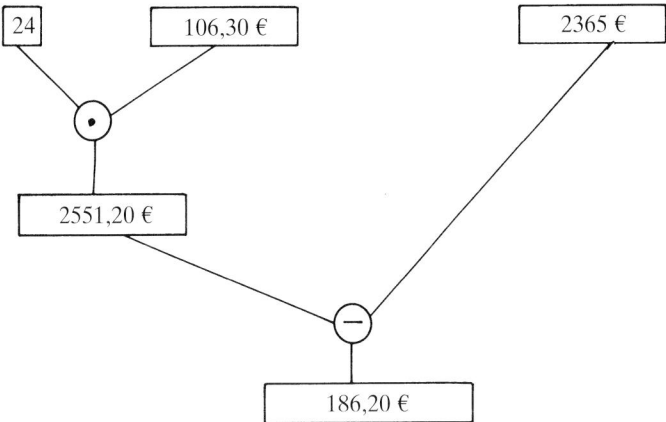

(4) Die 4. methodische Stufe besteht in der Interpretation und Überprüfung des Ergebnisses, ist also die Umkehrung der 2. Stufe. Es wird ein Schlusssatz formuliert und das Ergebnis mit den Anfangsbedingungen verglichen. Auch müssen unter Umständen Randbedingungen mitbesprochen werden. Ebenso muss man sich vergewissern, ob das gestellte Problem tatsächlich gelöst wurde.

In unserer Beispielaufgabe heißt der Schlusssatz: Herr Bauer würde bei Ratenkauf insgesamt 186,20 € mehr zahlen als bei Barkauf. Damit ist auch klar, warum Herr Bauer lieber gleich den ganzen Barpreis bezahlt.

Es kann noch überlegt werden, dass Herr Bauer bei Ratenkauf monatlich 186,20 €: 24 = 7,76 € bezahlen würde, die nicht zum Kaufpreis des Gebrauchtwagens beitragen.

Diese 4 methodischen Stufen lassen sich mehr oder weniger ausgeprägt bei allen Sachaufgaben herauslösen. Dem Lehrer ist hiermit ein methodisches Gerüst für entsprechende Unterrichtsstunden gegeben, das er mit individuellen Modifikationen immer benutzen kann.

Die schwierigste dieser 4 Stufen ist zweifellos die 2. Im nächsten Abschnitt werden daher einige Vorschläge zur Bewältigung dieser Stufe gemacht.

Beispiele und Lösungshilfen für Sachaufgaben

Sachaufgaben können behandelt werden, sobald die Fähigkeit für das Lesen der Texte ausreicht. (Andere Formen für das Darbieten von Sachsituation, z. B. Bildergeschichten, sind zwar möglich, bilden jedoch die Ausnahme.) Somit können einfache Sachaufgaben bereits am Ende des ersten Schuljahres gestellt werden. Ihre Bedeutung nimmt dann kontinuierlich bis zur 4. Klasse zu.

Im 1. Schuljahr werden einfache Aufgaben formuliert, die die Addition oder Subtraktion zum Inhalt haben. Hier lassen sich aber durchaus entsprechend der Stellung der gesuchten Größe verschiedene Typen unterscheiden.

Beispiele:

1. Peter kauft ein Auto für 2 € und einen Ball für 3 €.
   Typ a + b = □

2. Jörg hat 8 € gespart. Er möchte sich ein Buch für 15 € kaufen.
   Typ a + □ = b

3: Günter bekommt zum Geburtstag Geld geschenkt. Wenn er sein Erspartes von 12 € dazulegt, dann hat er 20 €.
   Typ □ + b = c

In allen Fällen handelt es sich um einen Simplex, der aus 3 Größen besteht. 2 davon sind vorgegeben, die 3. ist gesucht.

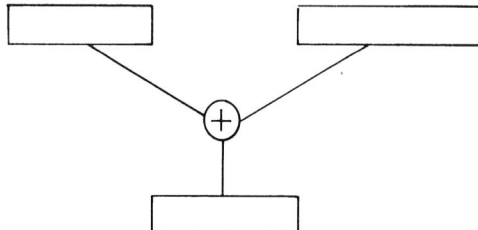

Aber auch zusammengesetzte Aufgaben sind bereits im 1. Schuljahr möglich.

Beispiel:

Ulrike hat zum Geburtstag 20 € bekommen. Sie möchte sich einen Füller für 5 € und einen Farbstift für 8 € kaufen.

Im 2. Schuljahr kann der Schwierigkeitsgrad der Textaufgaben in zwei Richtungen erweitert werden:

1. Textaufgaben mit Multiplikationen

2. Aufgaben im erweiterten Zahlenraum bis 100

Beispiel:

Eine Baufirma errichtet 6 Reihenhäuser. In jedes Haus kommen 3 Außentüren, 7 Innentüren und 8 Fenster. Wie viele Außentüren, Innentüren und Fenster braucht die Firma für die ganze Reihe?

Im 3. und 4. Schuljahr können neben Aufgaben im jeweils erweiterten Zahlenraum und mit mehreren Rechenoperationen so genannte Aufgabenkomplexe treten. Dabei handelt es sich um die Vorstellung einer Umweltsituation, die durch Einzelberechnungen durchstrukturiert wird.

Beispiel: (Lauter, Zahl und Form 4, 1977)

Große Rundfahrt		Kleine Rundfahrt	
Erwachsene	5,50 €	Erwachsene	3,30 €
Kinder	2,80 €	Kinder	1,60 €
Dauer der Rundfahrt: 90 Min.		Dauer der Rundfahrt: 45 Min.	
Abfahrtszeiten:		Abfahrtszeiten:	
9.00 Uhr	13.30 Uhr	9.00 Uhr	14.50 Uhr
11.00 Uhr	16.15 Uhr	10.30 Uhr	16.05 Uhr
		13.45 Uhr	▨▨▨▨ Uhr

Es ist eine Situation am Anlegeplatz von Ausflugsschiffen dargestellt. Die Anzahl der Sitzplätze auf den Schiffen, die Fahrpreise, die Abfahrtszeiten sowie die Fahrtdauer einer großen und einer kleinen Rundfahrt sind auf Anschlagtafeln ersichtlich.

Diese Situation gibt Anlass zu folgenden Überlegungen:

Du machst mit deiner Familie einen Ausflug an diesen See. Ihr wollt eine Rundfahrt mitmachen. Wie viel € müssen insgesamt für kleine oder große Rundfahrt bezahlt werden? Wie viel würdet ihr sparen, wenn ihr nur die kleine Rundfahrt machen würdet?

Ihr kommt um 12.00 Uhr an den See. Um 15.00 Uhr müsst ihr mit dem Zug abfahren. Welche Rundfahrt könnt ihr mitmachen?

2 Busse mit je 42 Personen kommen an der Anlegestelle an. Alle nehmen an der großen Rundfahrt mit dem Schiff Möwe teil. Wie viel Fahrgäste haben außerdem noch auf dem Schiff Platz?

Die letzte Abfahrtszeit der kleinen Rundfahrt kann man auf der Tafel nicht mehr genau lesen. Du kannst sie dir selbst berechnen, wenn du weißt, dass die letzte Ankunftszeit beider Schiffe gleich ist.

Solche und ähnliche Aufgaben lassen sich anhand dieser Situation formulieren. Das Charakteristische daran ist, dass es sich hierbei nicht um Standardaufgaben handelt, sondern um die vielseitige rechnerische Durchdringung von Sachsituationen.

Folgende Lösungshilfen stehen dem Lehrer bei der Behandlung von Sachaufgaben zur Verfügung.

1. Sinnerfassendes Lesen des Aufgabentextes

Der Lehrer muss sich davor hüten, Schüler mit schwachen Lesefähigkeiten zu beauftragen, den Text vorzulesen. Hier sollen gute Leser tätig werden. Notfalls muss der Text mehrmals wiederholt oder vom Lehrer selbst gelesen werden. Auch Nacherzählen des Textes ist hier angebracht.

2. Szenische Darstellung der Situation (Rollenspiel)

Das Ziel ist die Verinnerlichung der Sachsituation. Besonders geeignet ist die Hilfe bei Einkaufsvorgängen. Aber auch andere Situationen eignen sich hierfür.

Beispiel:

(Zitterbart 1976) Mutter stellt eine Schüssel mit 18 Pfirsichen auf den Tisch. Manfred darf verteilen. Außer ihm sitzen noch am Tisch: seine Schwester, die Eltern, die Großeltern.

3. Handelndes Tun

Entsprechend der Bedeutung des handelnden Tuns (im Rahmen des operativen Prinzips) sollte auch bei der Erschließung von Sachaufgaben darauf nicht verzichtet werden. Hierzu bietet sich vielfältig Arbeitsmaterial (Stäbe, Steckwürfel usw.) an, aber auch und vor allem Spielgeld.

Beispiel:

(Zitterbart 1976) Frau Schuster und Frau Schneider kaufen beim Gärtner zusammen 15 Körbe Johannisbeeren. Frau Schuster nimmt 3 Körbe mehr als Frau Schneider.

Lösung mit Material:

ᴗ ᴗ ᴗ ᴗ ᴗ ᴗ   ᴗ ᴗ ᴗ ᴗ ᴗ ᴗ   ᴗ ᴗ ᴗ

Frau Schneider   Frau Schuster

Lösungsmöglichkeiten:

a) Die Kinder geben Frau Schuster 3 Körbe (Marken) vorweg und verteilen den Rest.

b) Die Kinder verteilen die Körbe (Marken) gleichmäßig an beide, bis 3 übrig bleiben. Diese geben sie Frau Schuster.

4. Zeichnen und Skizzieren – Situationsskizzen

(ikonische Darstellung)
Bildliche Darstellungen sind vereinfachte Wiedergaben der Wirklichkeit. Je nach Abstraktionsfähigkeit reichen die von Kindern angefertigten bildlichen Darstellungen der Situation von sehr gegenständlichen Darstellungen mit detaillierten Einzelheiten bis zu recht abstrakten Darstellungen, z. B. Kringelbilder.

Hierhin gehören auch die genormten Darstellungsformen wie Baumdiagramm, Venndiagramm, Rechenbaum usw., doch werden diese Darstellungsformen in der Regel nicht selbstständig von den Kindern als Lösungshilfen eingesetzt. Hierzu muss der Lehrer gezielte Hilfestellungen geben.

Beispiel:

(Zitterbart 1976) Ein 962 m langer Autobahntunnel wird von beiden Seiten her durch den Berg gebohrt. Von der Ostseite her drang die Bohrung schon 368 m weit vor, von der Westseite her 396 m. Wie weit sind die Bohrkolonnen noch voneinander entfernt?

Situationsskizze:

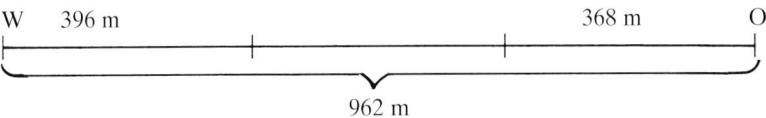

Lösung: Die Arbeitskolonnen haben insgesamt 396 m + 368 m = 764 m gebohrt.
Es bleiben noch 962 m − 764 m = 198 m.

5. Zergliedern in Terme

Dieses methodische Hilfsmittel zielt auf die Isolierung der Schwierigkeiten ab. Schon beim Lesen des Textes können zusammengehörige Größen durch Unterstreichen mit gleicher Farbe gekennzeichnet werden. Im Rechenbaum werden dann diese zusammengehörenden Größen nebeneinander angeordnet. Das systematische Aufstellen einzelner Teilterme kann auch als Lösungsplan betrachtet werden.

Beispiel:

(Zitterbart 1976) In einem Dreifamilienhaus beträgt die Monatsmiete für 2 Wohnungen im Erdgeschoss je 385 €. Die dritte Wohnung liegt im Dachgeschoss. Das Haus soll jährlich insgesamt 11 400 € Miete erbringen. Wie hoch muss die Monatsmiete im Dachgeschoss sein?

Lösung: 1. Monatliche Einnahmen beider Wohnungen im Erdgeschoss
2 · 385 € = 770 €

2. Jahresmiete für beide Wohnungen
12 · 770 € = 9240 €

3. Jahresmiete für Dachgeschosswohnung
11 400 € − 9240 € = 2160 €

4. Monatsmiete für Dachgeschosswohnung
2160 € : 12 = 180 €

Selbstverständlich gibt es auch weitere Lösungswege, die in ähnlicher Weise in Terme aufgegliedert werden können.

6. Kurztext

Aus dem Text werden wiederum auf Grund von Unterstreichungen die wichtigsten Angaben extrahiert. Dadurch werden die Informationen überschaubarer.

Beispiel:

Herr Berger zahlt im Bus für sich und seine 4 Kinder 3 € 30 ct. Wie hoch ist der Fahrpreis für ein Kind, wenn Herr Bergers Karte 90 ct kostet?

Kurztext: Fahrpreis für 1 Erwachsenen und 4 Kinder 3 € 30 ct
              Fahrpreis für 1 Erwachsenen   90 ct

Lösung: Fahrpreis für Kinder
              330 ct − 90 ct = 240 ct
              Fahrpreis für 1 Kind
              240 ct : 4 = 60 ct

Die Auswahl der Lösungshilfen hängt vor allem vom Aufgabentyp, aber auch vom Leistungsstand der Klasse ab.

3.6 Übung

Vorbemerkungen

Wenn von Üben in der Schule gesprochen wird, dann ist in theoretischen Überlegungen und praktischen Beispielen fast immer vom Fach Mathematik die Rede: Mathematik gilt als das Übungsfach par excellence. Das liegt sicherlich vor allem in der Struktur des Faches begründet: Der sukzessive Aufbau des Gebäudes der Mathematik, speziell der Arithmetik, erfordert geradezu die Festigung der Grundlagen und Zwischenstufen durch Übung. Wenn die mündliche Addition im Bereich bis 20 nicht mechanisch beherrscht wird, hat es keinen Sinn, mit den Verfahren der schriftlichen Addition oder Subtraktion zu beginnen. Wer das Einmaleins nicht beherrscht, hat beim Sachrechnen keine Chance, und wer nicht ausreichend Rechenfertigkeit beim Bruchrechnen aufweist, wird das Prozentrechnen nie verstehen.

Zum andern ist Mathematik das Übungsfach schlechthin, weil sich der Stoff so gut in Übungsformen aufbereiten lässt. In kaum einem Fach ist das Übungsgut so breit und vielseitig gestaltet wie im Fach Mathematik. Man denke nur an die vielfältigen Übungsformen, angefangen vom einfachen Abfragen der Rechensätze bis hin zu motivierenden Übungsspielen, man denke an die vielfältigen Medien, vom einfachen Arbeitsblatt bis zum Übungscomputer (etwa den Taschenrechner „Little Professor" der Firma Texas Instruments, der Rechenaufgaben stellt und die vom Schüler eingegebenen Lösungen auf ihre Richtigkeit kontrolliert).

Demgegenüber ist es fast unverständlich, dass das Thema Übung im Mathematikunterricht in der didaktischen Literatur und in Veranstaltungen der Hochschulen eher eine bescheidene Rolle spielt. Zwar mehren sich in letzter Zeit die praktischen Vorschläge für Übungsspiele – etwa in der Zeitschrift „Mathematische Unterrichtspraxis" und anderen Zeitschriften (siehe auch Leutenbauer 1980), doch scheint jedem Kenner der Situation die Diskrepanz zwischen Bedeutung der Übung für den praktischen Unterricht und ihrer Berücksichtigung in der wissenschaftlichen Didaktik unübersehbar.

Übrigens ist diese Erscheinung nicht auf den Mathematikunterricht beschränkt. So schreibt Loser schon 1968: „Wo immer in pädagogischer Absicht das Lehren untersucht wird, findet die Übung also erstaunlich wenig Beachtung, weil, ausgehend vom je einmaligen Erlebnis, von der schicksalhaften Zufälligkeit der echten Begegnung, von der geistigen Erweckung im fruchtbaren Moment, die Hochform des Lehrens in der Verlebendigung von Sinngehalten im ringenden Geist und in der „suchenden Seele" gesehen wird, der gegenüber das gedächtnismäßige Einprägen durch ständige Wiederholung und Übung als zweitrangig, weil uneigentlich erscheinen musste" (Loser 1968).

Speziell im Mathematikunterricht mussten die Bestrebungen um das „Entdeckende Lernen", wie sie seit der Reform des Mathematikunterrichts zu Beginn der Siebzigerjahre in allen Lehrplänen und Lehrbüchern verankert waren, zu einer solchen Unterbewertung der Übung führen, zumindest der mechanischen Übung, weil sie weithin als einzige Übungsform gepflegt und verstanden wurde.

Der Lehrer, dem im täglichen Unterricht die Notwendigkeit des Festigens und der Übung stetig vor Augen geführt wird, bekam dann auch diese Unterbewertung der Übung am deutlichsten zu spüren. Er fühlte sich in diesem Punkt von der Theorie im Stich gelassen. Die Notwendigkeit der Übung ist bei allen unbestritten. Was aber vordringlich wichtig ist, ist eine Differenzierung und Typisierung von Übungsformen und vor allem ihr Einbau in die didaktisch-methodische Behandlung der einzelnen Unterrichtsthemen.

Hier wird nun versucht, Formen der Übung vorzustellen, so wie sie in der Literatur vorzufinden sind, und diese Formen dann exemplarisch mit Formen des Rechnens zu verknüpfen, so wie sie vor allem für die Grundschule von Bedeutung sind.

Stufung der Übung

Mehrere Autoren (Vortmann/Schmid 1975 und Potschka 1978) haben versucht, Formen der Übung und eine damit zusammenhängende Stufung vorzustellen. Wenn auch die Termini zum Teil unterschiedlich sind, so ergibt sich sowohl hinsichtlich der Zahl der Stufen als auch des Ansatzes weitgehend Übereinstimmung, so dass hier versucht werden soll, eine vereinheitlichte Fassung darzustellen.

Ausgangspunkt ist die operatorische Übung (Aebli 1968), die wesentlich auf den von Piaget stammenden Begriff der Operation fußt. Wie die Operation eine durch Verinnerlichung beweglich gewordene Denkhandlung darstellt – ihre wichtigsten Eigenschaften sind die Reversibilität (Umkehrbarkeit) und die Assoziativität („auch Umwege führen zum Ziel") –, so hat die operatorische Übung das Ziel, durch die vertiefte Einsicht in den Operationszusammenhang die mathematische Operation flexibel und sinnzusammenhängend zu gestalten. Aebli spricht hier von der „Durcharbeitung" des Begriffs. Es ist zwar nicht unbedingt notwendig, aber doch zumindest für die Grundschule ein typisches Charakteristikum der operatorischen Übung, dass sie vom konkreten Hantieren mit Arbeitsmaterial ausgeht. Ihr didaktischer Ort ist demnach gleich nach der Einführungsphase, denn die Vorstellung und Verfügbarkeit eines mathematischen Begriffs erfordert seine operative Durcharbeitung in der Übung. Ein mathematischer Sachzusammenhang ist erst dann vollständig aufgeklärt und verstanden, wenn er in allen Richtungen und in allen Variationen „durchgespielt" und durchdacht worden ist.

Es sei noch darauf aufmerksam gemacht, dass die operatorische Übung im Verlauf des Lernprozesses, wie er in den bekannten Lernstufen von Roth (1971) gekennzeichnet ist, früher anzusetzen ist als nach diesem Schema vorgesehen: Während Roth nach den Stufen der Motivation, der Schwierigkeit, der Lösung und Ausführung die Übung erst für die fünfte Stufe vorsieht, wäre die operatorische Übung nach unseren Überlegungen gleich nach der Stufe der Lösung anzusetzen.

Eine weitere Form der Übung wird von verschiedenen Autoren unterschiedlich bezeichnet. Während Potschka die auf die operatorischen Übungen folgende Stufe mit „Vormechanischem Üben" bezeichnet, sprechen Vortmann/Schmid (1975, S. 41 ff.) von operativen Fertigkeitsübungen.

In der Sache sind sie sich weitgehend einig. Es handelt sich bei dieser Übungsform um ein Zwischenglied zwischen operatorischer und automatisierter Übung. Charakteristische Züge der Operation (z. B. die Assoziativität, also die Möglichkeit, auf verschiedenen Wegen zum Ziel zu kommen) werden noch gewahrt. Im Vordergrund steht das einsichtige Erfassen des Lösungsweges und noch nicht die Geschwindigkeit. Trotzdem handelt es sich nicht mehr um operatorische Übungen, weil ein Materialeinsatz nicht mehr erfolgt und die Tendenz auf Geläufigkeit der Ausführung abzielt. Ohne schon jetzt durch ins Einzelne gehende Beispiele den Zusammenhang der theoretischen Überlegungen zu sprengen, sei bei dieser Übungsform an das Rechnen mit Rechenvorteilen erinnert.

Die dritte Stufe der Übung ist dann das, was in der Literatur mit „voll-automatisierten" oder mechanischen Übungen bezeichnet wird. hierbei wird der direkte Bezug zu den Sinnzusammenhängen der Operation stark reduziert. Im Vordergrund steht das automatische Beherrschen des zu übenden Sachverhalts. Eine Steigerung der Geläufigkeit ist das Ziel dieser

Übungsform. Der Ablauf der Übung beruht schwerpunktmäßig auf dem Reiz-Reaktionsschema, motivierende Elemente müssen im Allgemeinen von außen herangezogen werden. So finden sich zu diesen Übungsformen vor allem Übungsspiele wie Würfelspiele, Quartettspiele, Rechendominos, Kartenspiele usw., die ihre Motivationspotenz auf Grund ihres Wettspielcharakters besitzen.

Erwähnt werden soll noch eine vierte Übungsstufe, die integrierende Wiederholung. Sie hat vor allem das Ziel, das Gelernte ständig zu sichern und dabei durchaus auf operatorische und vormechanische Elemente zurückzugreifen, um eine vollständige Ablösung der Automationen zu verhindern. Somit greift die integrierende Wiederholung den Gedanken des operatorischen Durcharbeitens wieder auf. Zeitlich ist die integrierende Wiederholung deutlich getrennt von den übrigen Übungsformen angesiedelt. Aus diesem Grunde werden wir diese Form auch aus der folgenden Betrachtung herauslassen.

Formen des Rechnens und ihr Zusammenhang mit den Stufen der Übung

Mit Rechnen bezeichnen wir sehr unterschiedliche geistige Tätigkeiten, ohne uns jedesmal Rechenschaft über die zugrunde liegenden Vorgänge und Verfahren zu geben. Rechnen nennen wir z. B. das auswendige Hersagen eines Rechensatzes wie $3 \cdot 4 = 12$, das Ausführen des Verfahrens der schriftlichen Division, aber auch das Lösen einer komplizierten Gleichung (ganz abgesehen von weitergehenden Tätigkeiten wie das sinnvolle Bedienen eines Taschenrechners oder Computers). Schon 1971 hat Griesel (1971, S. 181) Arten des Rechnens analysiert, wie sie vor allem im schulischen Lernen in der Grundschule auftauchen. Etwas genauer wurde dieser Ansatz 1982 untersucht und anhand von Beispielen erläutert (Lauter 1982, S. 8).

Im Folgenden soll versucht werden, die Arten des Rechnens zu charakterisieren und sie dann mit den vorhin dargestellten Übungsformen in Beziehung zu bringen. Wenn dies geleistet werden kann, dann ist damit dem Lehrer ein Hilfsmittel an die Hand gegeben, den didaktischen Ort der jeweiligen Übungsform selbst zu bestimmen oder umgekehrt zur jeweiligen Rechenart geeignete Übungsformen auszuwählen.

Jeder Mensch beginnt das Rechnen mit so genannten Primitivformen, wobei dieser Begriff nicht abwertend gemeint ist, sondern nur zur Charakterisierung dieser elementaren Rechenformen dienen soll. Mathematisch handelt es sich um Darstellungen von Zahlen und arithmetischen Operationen durch Mengen und Mengenverknüpfungen, Längen und Längenverknüpfungen oder ein anderes geeignetes Modell. An diese Darstellung muss die Anforderung gestellt werden, den mathematischen Zusammenhang „isomorph" darzustellen.

So wird etwa die Addition natürlicher Zahlen durch die Vereinigung von Ding- oder Zeichenmengen dargestellt, unabhängig davon, ob die Termini der Mengenalgebra benutzt werden oder nicht.

Im Lehrplan von Bayern sind z. B. Primitivformen angesprochen bei folgenden Empfehlungen für die Unterrichtsgestaltung:

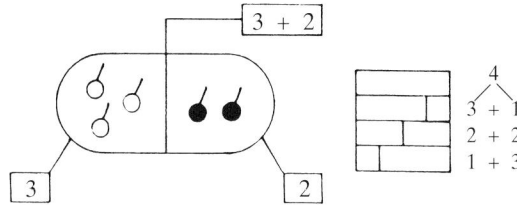

217

Primitivformen sind auch das Operieren am Zahlenstrahl

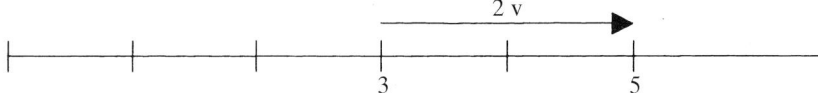

sowie das Bestimmen eines Rechenergebnisses durch Weiterzählen.

Die Subtraktion wird ähnlich auf das Wegnehmen von Dingen aus Dingmengen, das Trennen von Stabkombinationen oder durch Zurückschreiten am Zahlenstrahl zurückgeführt.

Auch das Arbeiten mit dem Operatormodell

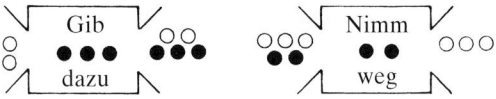

ist eine Primitivform des Rechnens.

Bekannt sind auch die entsprechenden Darstellungsformen für die Multiplikation und Division, z. B. als zeitlich-sukzessive oder räumlich-simultane Malsituationen, und auch wieder als Operatormodelle:

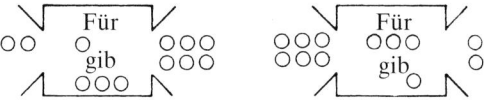

Hier ist auch das viel diskutierte Fingerrechnen einzuordnen. Es herrscht vereinzelt große Unsicherheit und Unklarheit darüber, ob Fingerrechnen bei den Schülern zuzulassen oder gar zu fördern ist oder nicht. Auf der Stufe der Primitivformen ist Fingerrechnen eine legale und gute Verdeutlichung der Rechenoperation. Die Finger sind halt das „handlichste" Arbeitsmaterial, das dem Kind immer und überall zur Verfügung steht. Problematisch wird das Fingerrechnen nur, wenn es in weitere Rechenstufen mitgezogen wird, die die Rechenergebnisse auf ganz andere Art gewinnen.

Die zu den Primitivformen gehörende Übungsform ist die operatorische Übung. Das Zurückgreifen auf konkretes Arbeitsmaterial ermöglicht eine Durcharbeitung des Sachverhalts mit allen Eigenschaften der Operation.

Das Vorgehen sei im Folgenden an einer Unterrichtsskizze zur Einführung der Multiplikation verdeutlicht.

Vorausgegangen sind anhand einiger Beispiele die Vorstellungen der Multiplikation über gleich mächtige Mengen und die Schreibweise mit dem Malzeichen.

Es wird nun folgende Situation dargestellt: Familie Brand, bestehend aus Vater, Mutter, den beiden Mädchen Doris und Ulrike und den beiden kleinen Brüdern Martin und Stefan, will einen Sonntagsausflug machen und im Grünen das Picknick halten. Es muss einiges besorgt und eingepackt werden, nämlich für jede Person zwei Brötchen, drei Tomaten und vier Zwetschgen.

Die Situation wird mit Steckwürfeln oder anderem Material dargestellt:

Brötchen:

OO OO OO OO OO OO

$6 \cdot 2 =$ ☐

Tomaten:

OOO OOO OOO OOO OOO OOO

$6 \cdot 3 =$ ☐

Zwetschgen: ●●●● ●●●● ●●●● ●●●● ●●●● ●●●●

$6 \cdot 4 =$ ☐

Für die Eltern werden 4 Dosen Bier mitgenommen. Wie viel kann dann jeder trinken?
Darstellung mit Material

$2 \cdot$ ☐ $= 4$

Die beiden Buben und Doris hätten für den Tag gern jeder 3 Dosen Cola

$3 \cdot 3 =$ ☐

Ulrike meint, sie würde nur 2 Dosen Limonade trinken

$2 \cdot 1 =$ ☐

Die Mutter hat auch 8 Birnen eingesteckt, aber nur die Kinder essen gerne Birnen. Reichen die Birnen, wenn jedes Kind 2 isst?

☐ $\cdot 2 = 8$

Auch Äpfel hat die Mutter mitgenommen, für jeden Erwachsenen 2 und für jedes Kind 1

$2 \cdot 2 + 4 \cdot 1 =$ ☐

Dieses Beispiel mag hier genügen. Es kann beliebig ausgedehnt werden. Besonders deutlich wird dabei der Zusammenhang zwischen Primitivformen des Rechnens, hier der Multiplikation, und der operatorischen Übung. Die Aufgaben werden durch Material, z. B. mit Steckwürfeln, dargestellt und das Ergebnis gewonnen. Gleichzeitig wird die Situation in mehreren Richtungen durchgearbeitet, etwa reversibel

$6 \cdot 3 =$ ☐ $2 \cdot$ ☐ $= 4$ ☐ $\cdot 2 = 8$

oder assoziativ (damit ist hier nicht das Assoziativgesetz der Multiplikation gemeint, sondern die Eigenschaft von Operationen, auch auf Umwegen das Ziel zu erreichen).

$2 \cdot 2 + 4 \cdot 1 =$ ☐

Wie sind nun die Primitivformen und damit die operatorische Übung zu beurteilen?

Der wichtigste Vorteil liegt zweifellos in der Anschaulichkeit. Die enaktive oder ikonische Darstellung ermöglicht eine Konkretisierung, die es den Kindern erlaubt, den Sachverhalt völlig zu durchschauen. Ein weiterer Vorteil ist in der Kontrollmöglichkeit gegeben. Etwa durch die reversible Aufgabenstellung ist es den Kindern möglich, vom gefundenen Ergebnis zurückzurechnen und somit das Ergebnis zu kontrollieren.

Nachteilig wirkt sich vor allem die Materialgebundenheit und die geringe Geläufigkeit des Verfahrens aus, die es praktisch als ausgeschlossen erscheinen lassen, über einen sehr begrenzten Zahlenraum hinauszugehen.

Somit wird klar, dass der Rechenunterricht nicht bei diesen Primitivformen stehen bleiben kann, sondern andere Formen des Rechnens erschließen und üben muss.

Einfache Rechensätze wie $4 + 2 = 6$ oder $3 \cdot 4 = 12$ werden von Erwachsenen unmittelbar wiedergegeben; quasi erfolgt auf den Reiz $3 \cdot 4$ die Reaktion 12, ohne Einbeziehung einer weitergehenden Vorstellung oder weiterführender Rechenwege. Es handelt sich dabei um mechanisches Rechnen. Der Mensch kennt einen mehr oder weniger großen Vorrat von Rechensätzen auswendig und kann diese Rechensätze trägheitslos reproduzieren.

Diese Rechensätze wurden gelernt entweder durch wiederholte Durchführung von Primitivformen des Rechnens oder durch bewusstes Auswendiglernen von Rechensätzen. Natürlich ist das Repertoire von auswendig gelernten Rechensätzen individuell verschieden, aber jeder Mensch muss über einen Schatz von Rechensätzen verfügen, die er schnell und zügig nennen und auf die er bei weiterführenden Rechnungen zurückgreifen kann. Zu diesem Repertoire müssen auf alle Fälle die Rechensätze des Einsundeins, also

$$1 + 1 = 2, \qquad\qquad 1 + 2 = 3, \dots \qquad\qquad 9 + 9 = 18,$$

die Rechensätze des kleinen Einmaleins sowie die Ergänzungen zu 10, also

$$3 + \square = 10 \qquad 4 + \square = 10 \text{ usw.}$$

gehören.

Hier ist nun auch der didaktische Ort der mechanischen Übung. Sie dient dem Aufbau, der Festigung und der Pflege eines solchen mechanisch beherrschten Repertoires von Rechenaufgaben, sog. Stützpunktaufgaben, und zu diesem Zweck ist ein gewisser Drill durchaus angebracht.

Allerdings ist es sinnvoll, gerade in diesem Bereich die bekannten Übungsgesetze (Odenbach 1974) zu befolgen, von denen hier nur einige wieder in Erinnerung gerufen werden sollen:

– Ohne Übungsbereitschaft kein Übungserfolg
– Das Erlebnis des Erfolgs weckt neue Übungsbereitschaft
– Das Üben in sinnvollen Zusammenhängen ist erfolgreicher als Üben zerstückelten Wissens
– Ein Wechsel in der Übungsform weckt neue Übungsbereitschaft und bringt größeren Übungserfolg.

Zur Steigerung der Motivation sind für diese Übungsformen eine Fülle von Spiel- und Arbeitsformen entwickelt worden, die wohl jedem Lehrer bekannt sind, so dass wir uns hier mit der Erwähnung einiger Beispiele begnügen können (siehe auch Feiks/Unmuth 1983, Krampe 1983, Leutenbauer 1980):

- Einfaches Abfragen von Rechensätzen
- Wettspiele, Rechenstaffeln usw.
- Rechendominos
- Würfelspiele
- Rechenpuzzles
- Kartenspiele, Quartettspiele usw.
- Ausmalen nach Ergebniszahlen
- Eintragungen von Rechenergebnissen in Schemata, z. B. Sterne, Türme, Rechenbäume, Zielscheiben usw.

Das mechanische Üben ist immer dann angesprochen, wenn vom Beherrschen von Rechensätzen die Rede ist. Der Lehrplan spricht hier in der Regel von der „gedächtnismäßigen Verfügbarkeit der Einmaleinssätze".

Die Vorteile des mechanischen Rechnens und damit die Begründung der mechanischen Übung liegen einmal in der schnellen Verfügbarkeit der Rechensätze, zum anderen in der Voraussetzungslosigkeit des Auswendiglernens. Dazu ist kein Arbeits- oder Anschauungsmaterial nötig, ja nicht einmal die mathematische Einsicht in die Richtigkeit der Rechenbeziehung.

Genau hier liegen aber auch die Gefahren und die Grenzen des mechanischen Rechnens und der mechanischen Übung:

Mechanisch gelernte Rechensätze und Rechenverfahren werden nicht kontrolliert und sind daher stark fehleranfällig.

Tatsächlich treten im Bereich des mechanischen Rechnens ganz typische Fehler auf, z. B. Nähefehler:

$$9 + 6 = 16 \qquad\qquad 8 + 5 = 12$$
$$3 \cdot 6 = 24 \qquad\qquad 7 \cdot 8 = 48$$

Es werden also Rechensätze mit Nachbarsätzen verwechselt, ohne dass das Ergebnis kontrolliert oder hinterfragt werden kann.

Ein weiterer Fehlertyp beim mechanischen Rechnen ist die so genannte Ranschburg'sche Hemmung, das sind Fehler, bei denen sich Reize aus gleichen oder ähnlichen Elementen zusammensetzen:

$$6 \cdot 6 = 66 \qquad\qquad 4 \cdot 4 = 24$$

Wegen der Unkontrollierbarkeit und der Fehleranfälligkeit, vor allem aber deshalb, weil niemand in der Lage ist, unbeschränkt Rechensätze auswendig zu beherrschen, kann man nicht beim mechanischen Rechnen und Üben stehen bleiben. Auch der Lehrer sollte sich der Grenzen dieses Rechnens bewusst sein und nicht sein und seiner Klasse Heil ausschließlich im mechanischen Rechnen und Üben suchen. Neben der Unvollkommenheit kommt durch die ausschließliche Verwendung dieser Rechenform auch die Schönheit und die Eleganz des Rechnens und der Mathematik zu kurz.

Die Begrenztheit des mechanischen Rechnens verlangt geradezu nach einem weitergehenden Rechenverfahren, mit dem man in der Lage ist, im Prinzip alle Rechenaufgaben der Grundrechenarten mit natürlichen Zahlen zu lösen, also z. B. auch Aufgaben wie

$$741 + 128 = \square \qquad \text{oder } 24 \cdot 13 = \square,$$

die vermutlich niemand auswendig reproduzieren kann.

Solche Aufgaben werden gelöst, indem man sie auf andere auswendig gelernte Stützpunktaufgaben zurückführt. Das geschieht mit Hilfe der arithmetischen Gesetze.

Über die Rolle der arithmetischen Gesetze im Mathematikunterricht ist viel diskutiert worden. Oft wurden sie als mathematischer Ballast empfunden und deshalb nicht oder nicht ausreichend in den Unterricht einbezogen.

Das Lernen dieser arithmetischen Gesetze ist nie Selbstzweck. Auch die Fachtermini Kommutativgesetz, Assoziativgesetz usw. gehören nicht in den Unterricht, wohl aber die Inhalte dieser Gesetze selbst. Sie erleichtern und ermöglichen erst das Rechnen im erweiterten Zahlbereich.

So ist z. B. das Kommutativgesetz der Addition $a + b = b + a$ immer dann nützlich, wenn der erste Summand klein gegenüber dem zweiten Summanden ist.

$7 + 81$ rechnet wohl jeder als $81 + 7$,
da nach dem Kommutativgesetz
$7 + 81 = 81 + 7 = 88$ ist.

Im Unterricht reicht die Erklärung, dass bei der Addition die Zahlen vertauscht werden können.

Ähnlich die Rolle des Assoziativgesetzes $(a + (b + c) = (a + b) + c)$. Es erlaubt verschiedene Zerlegungen und kann dann angewandt werden, wenn eine Zehner- oder Hundertergrenze überschritten werden muss, z. B. beim klassischen Zehnerübergang:

$$
\begin{array}{llll}
8 & + 7 & = & \\
8 & + 2+5 & = & \\
10 & + 5 & = 15 &
\end{array}
$$

Das Distributivgesetz $(a \cdot (b + c) = a \cdot b + a \cdot c)$ schafft die Verbindung zwischen der Addition und der Multiplikation. Es liegt z. B. folgendem Rechnungsgang zugrunde:

$$
\begin{array}{lll}
23 \cdot 6 & = & 20 \cdot 6 + 3 \cdot 6 \\
& = & 120 \quad\;\; + 18 \\
& = & 138.
\end{array}
$$

Im Unterricht genügt die Formulierung: Beim Multiplizieren kann man Zehner und Einer getrennt malnehmen.

Das Distributivgesetz liegt auch der Analogie „Wie man mit Einern rechnet, so kann man auch mit Zehnern rechnen", zugrunde

$$
\begin{array}{lll}
10\,a + 10\,b = 10\,c & \Longleftrightarrow & a + b = c \\
20 + 50 = 70,\, da & & 2 + 5 = 7.
\end{array}
$$

Weitere wichtige Rechengesetze sind die so genannten dekadischen Analogien: Wie man im ersten Zehner rechnet, so kann man in allen Zehnern rechnen.

$$73 + 5 = 78,\, da \qquad 3 + 5 = 8$$

oder die so genannten Nachbaraufgaben

$$
\begin{array}{ll}
29 + 6 = 35,\, da & 30 + 6 = 36 \\
31 - 8 = 23,\, da & 30 - 7 = 23
\end{array}
$$

Erwähnt seien vor allem auch die Umkehrrechnungen

$$a + b = c \Leftrightarrow c - b = a \text{ für } b < c$$
und $\quad a \cdot b = c \Leftrightarrow c : b = a \text{ für } b \text{ Teiler von } c$

Speziell die zweite Beziehung erlaubt die Beherrschung der Divisionsaufgaben, weil nicht das „Einsdurcheins", sondern das „Einmaleins" auswendig gelernt wird und die Divisionssätze als Umkehrsätze erschlossen werden. Diese Rechnungsart greift also auf die mechanisch gelernten und geübten Stützpunktaufgaben zurück und ist unter Zuhilfenahme der arithmetischen Gesetze in der Lage, praktisch alle vorkommenden Rechnungen durchzuführen (siehe auch S. 105).

Mit Hilfe der Umkehrrechnungen oder anderer Rechenwege ist es außerdem möglich, das Ergebnis zu kontrollieren. Auf Grund dieser Vielseitigkeit und Sicherheit ist die Technik des Rechnens durch Zurückführen auf andere Aufgaben den beiden vorher genannten Techniken überlegen, allerdings muss sie auf diese Formen zurückgreifen.

Die zugehörige Übungsform ist die operative Übung. Sie weist noch Kennzeichen einer operatorischen Durcharbeitung auf, weil sie auf den rechnerischen Gesamtzusammenhang abzielt. Andererseits strebt sie aber auch auf eine geläufige Durcharbeitung hin.

Diese Übungsform wird mit Erfolg eingesetzt beim Erarbeiten der verschiedenen Zahlenräume.

Als Beispiel sei hier die übende Erarbeitung der Addition und Subtraktion im Bereich bis 100 (siehe S. 74 ff.) erwähnt.

Diese Erarbeitung erfolgt in sieben Schritten.

Da sich die komplizierten Typen jeweils auf verschiedene Art auf einfachere Rechentypen zurückführen lassen, ergibt sich so eine Vielzahl von verschiedenen Rechenwegen wie etwa bei diesem Beispiel

37 + 49	
30 + 40 + 7 + 9	= 86
37 + 40 + 9	= 86
30 + 49 + 7	= 86
37 + (50 − 1)	= 86
40 + 50 − 4	= 86 usw.

Die vorherrschende Unterrichtsweise wird darin bestehen, verschiedene Rechenwege durchzugehen: „Wie hast du gerechnet?", „Beschreibe deinen Rechenweg!", „Hast du verstanden, wie Maria gerechnet hat?", „Kannst du noch einen anderen Weg finden?", „Kann man diese Aufgabe noch geschickter rechnen?". Bei solchen Übungen wird deutlich, dass mathematische Tätigkeit etwas mit Kreativität zu tun hat. Die Motivation zu diesem Rechnen kann nun überwiegend intrinsisch erfolgen. Der Reichtum an Lösungsmöglichkeiten bietet hier ausreichend Ansporn zum entdeckenden und flexiblen Lernen.

Hier konnte nur am Beispiel der Arithmetik gezeigt werden, wie eine Strukturierung der Übung in die drei genannten Typen einen Schlüssel dafür bietet, den didaktischen Ort der Übung näher zu bestimmen. Es zeigt sich, dass diese Übungstypen den Formen des Rechnens entsprechen, wie sie im mündlichen Rechnen in der Grundschule gepflegt werden müssen. Vermutlich lassen sich diese Übungstypen auch bei anderen Themen der Grund- und Hauptschulmathematik an geeigneter Stelle einsetzen. Dazu hier nur einige Gedanken:

– Wie können die Übungsformen bei der Behandlung der Größen eingesetzt werden?
– Ist es sinnvoll, Sachrechnen mit mechanischen Übungen zu festigen?
– Welche Bedeutung haben operatorische Übungen in der Geometrie?
– Wie müssen Übungsformen auf Differenzierungsmaßnahmen abgestimmt sein?

Diese Fragen sind für den konkreten Unterricht von großer Bedeutung und jeder Lehrer muss sie für seine Situation immer neu beantworten.

Literaturverzeichnis

Aebli, Hans: Grundformen des Lernens, Klett, Stuttgart 1969, 6

Athen, H., Bruhn, J.: Lexikon der Schulmathematik, Band 1 1976, Band 2 1977, Band 3 1977, Band 4 1978, Deubner, Köln

Baginski, K. u. a.: Relationen, Mathematik für Grundschullehrer E9, Deutsches Institut für Fernstudien, Tübingen 1974

Bauersfeld u. a.: Alef 1, Wege zur Mathematik, Handbuch zum Lehrgang Teil 1, Schroedel, Hannover 1970

Besuden, H.: Geometrie in der Grundschule, Zentralblatt für Didaktik der Mathematik, Heft 2 1976

Breidenbach, W.: Methodik des Mathematikunterrichts, Schroedel, Hannover 1969

Bruner, J. S.: Der Prozess der Erziehung, 2. Aufl., Berlin 1972

Dienes, Z. P., Golding, E. W.: Mathematisches Denken und logische Spiele, Herder, Freiburg 1968

Dienes, Z. P.: Aufbau der Mathematik, 3. Auflage, Herder, Freiburg 1969

Dienes Z. P.: Golding, E. W.: Methodik der modernen Mathematik, Herder, Freiburg 1970

Duvert, L., Gauthier, R., Glaymann, M.: Relationen, Herder, Freiburg 1968

Ellrott, D., Schindler, M.: Reform des Mathematikunterrichts, Klinkhardt, Bad Heilbrunn 1975

Feiks, D., Unmuth, W.: Übungen zur Orientierung im Zahlenraum 1–20, Mathematische Unterrichtspraxis III/83, S. 9

Feil, S.: Zur Behandlung der schriftlichen Rechenverfahren im Unterricht der Grundschule, in: Lauter (Hrsg.): Der Mathematikunterricht in der Grundschule, Auer, Donauwörth 1976

Fricke, A., Besuden, H.: Mathematik in der Grundschule 3, Klett, Stuttgart 1967

Fricke, A.; Besuden, H.: Mathematik, Elemente einer Didaktik und Methodik, Stuttgart 1970

Fricke, A., Besuden, H.: Mathematik in der Grundschule 4, Klett, Stuttgart 1975

Gerster, H. D.: Aussagenlogik, Mengen, Relationen, Herder, Freiburg 1972

Gerster, H. D., Walter, R.: Mehr System im Mehrsystemrechnen, Herder, Freiburg 1973

Gerster, H. D.: Fehlertypen im Mathematikunterricht der Grundschule, Vortrag auf der Bundestagung für Didaktik der Mathematik, Freiburg 1979

Gerster, H. D.: Schülerfehler bei schriftlichem Rechenverfahren, Diagnose und Therapie, Herder, Freiburg 1982

Grass, K., Hole, V., Werner, W.: 1 × 1 der Mathematik, Band 1 1974, Band 2 1975, Band 3 1976, Band 4 1977, Körber und Fezer, Ebersbach

Griesel, H.: Die Neue Mathematik für Lehrer und Studenten, Band 1 1971, Band 2 1973, Schroedel, Hannover

Hole, V.: Erfolgreicher Mathematikunterricht, Herder, Freiburg, 1. Aufl. 1973

Kirsch, A.: Elementare Zahlen- und Größenbereiche, Göttingen 1970

Krampe, Mittelmann, Kern: Rechenbeispiele für die Klassen 1/2, Auer, Donauwörth 1983

Krampe, Mittelmann: Rechenbeispiele für die Klassen 3/4, Auer, Donauwörth 1983

Krampe, Jörg: Übungen zur Steigerung der Rechenfertigkeit im Bereich der 1 × 1-Sätze, Mathematische Unterrichtspraxis II/83, S. 5

Lauter, J. (Hrsg.): Zahl und Form, Bd. 1, Autorin: Feil, S. 1976, Band 2, Autoren: Roßmanith, I. und Uhr, H. 1976, Band 3, Autoren: Roßmanith, I. und Uhr, H. 1976, Band 4: Autoren: Feil, S., Roßmanith, I., Uhr, H. 1977

Lauter, J.: Zehn Jahre danach. Zur Situation des Mathematikunterrichts an Grund- und Hauptschulen heute, Pädagogische Welt 32/9, 1978, S. 514

Lauter, J.: Probleme des Sachrechnen in Grund- und Hauptschule, Pädagogische Welt 32/11, 1978, S. 655

Lauter, J.: Didaktische Aspekte zum Rechnen mit natürlichen Zahlen in der Grundschule, Blätter für Lehrerfortbildung 1982, Heft 1, S. 8

Leutenbauer, H.: Abwechslung beim Einmaleinsüben, Päd. Welt 33/6, 1979, S. 369

Leutenbauer, H.: Das praktische Übungsbuch für den Mathematikunterricht in der Grundschule, Auer, Donauwörth 1980

Loser, F.: Die Übung im Unterricht und ihr Beitrag für eine pädagogische Theorie des Lehrens und Lernens, Zeitschrift für Pädagogik 1968, Nr. 2, S. 145 ff.

Maier, H.: Didaktik der Mathematik 1–9, Auer, Donauwörth 1970

Müller, G., Wittmann, E.: Der Mathematikunterricht in der Primarstufe, Vieweg, Braunschweig 1977

Neunzig, W., Sorger, P.: Wir lernen Mathematik, Bd. 1, Herder, Freiburg 1971

Odenbach, K.: Die Übung im Unterricht, Westermann, Braunschweig 1974, 6

Oehl, W., Palzkill, L.: Die Welt der Zahl – Neu, 1. Schulj., Schroedel, Hannover 1971

Oerter, R.: Moderne Entwicklungspsychologie, 14. Aufl., Auer, Donauwörth 1974

Piaget, J.: Psychologie der Intelligenz, Stuttgart 1967

Piaget, J.: Die Genese der Zahl beim Kind, in Piaget u. a.: Rechenunterricht und Zahlbegriff, Braunschweig 1970, 4. Aufl.

Potschka, H.: Die mathematische Übung in ihrer didaktischen Stufung, Westermanns Pädagogische Beiträge 30 (1978), S. 110

Retter, H. (Hrsg.): Lernangebote für den Kindergarten und die Schuleingangsstufe, Herder, Freiburg 1975

Schäfer, D.: Schulung des räumlichen Vorstellungsvermögens durch Operieren mit Würfelspielen und -netzen, Pädagogische Welt 33/1, 1979, S. 39

Schmidt, R.: Zahlkenntnisse von Schulanfängern, Hessisches Institut für Bildungsplanung und Schulentwicklung, Wiesbaden 1982

Schmidt, R. u. a.: Mathematik, Denken und Rechnen, Band 3 1976, Band 4 1977, Westermann, Braunschweig

Uhr, H.: Überlegungen zu Sprachgebrauch und Schreibweise bei der Multiplikation, Pädagogische Welt 2, 1976, S. 110–115

Uhr, H.: Begründung, Inhalte und Durchführung des propädeutischen Geometrieunterrichts, in Lauter (Hrsg.): Der Mathematikunterricht in der Grundschule, Auer, Donauwörth 1976

Vortmann, H., Schmid, H.: Die Übung im Mathematikunterricht der Grund- und Hauptschule in Unterrichtsbeispielen, Henn, Ratingen 1975

Winter, H.: Vorstellungen zur Entwicklung von Curricula für den Mathematikunterricht in der Gesamtschule, in: Beiträge zum Lernzielproblem, Henn, Ratingen 1972

Winter, H.: Die Erschließung der Umwelt in Mathematikunterricht der Grundschule, Beiträge zum Mathematikunterricht 1976, Schroedel, Hannover

Winter, H.: Zur Division mit Rest, Der Mathematikunterricht 4/1978, S. 38

Wittmann, E.: Grundfragen des Mathematikunterrichts, Vieweg, Braunschweig, 1. Aufl. 1974

Zitterbart, E.: Das Text- und Sachrechnen in der Grundschule, in: Lauter (Hrsg.): Der Mathematikunterricht in der Grundschule, Auer, Donauwörth 1976

Sachregister

Der Leser benutze zusätzlich das Inhaltsverzeichnis.